チャンス発見の
データ分析

モデル化＋可視化＋コミュニケーション
→シナリオ創発

大澤幸生=著

東京電機大学出版局

本書の全部または一部を無断で複写複製（コピー）することは，著作権法上での例外を除き，禁じられています。小局は，著者から複写に係る権利の管理につき委託を受けていますので，本書からの複写を希望される場合は，必ず小局（03-5280-3422）宛ご連絡ください。

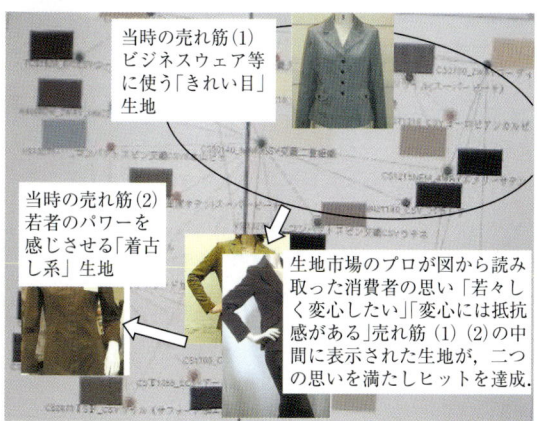

口絵1　図 3.14 より

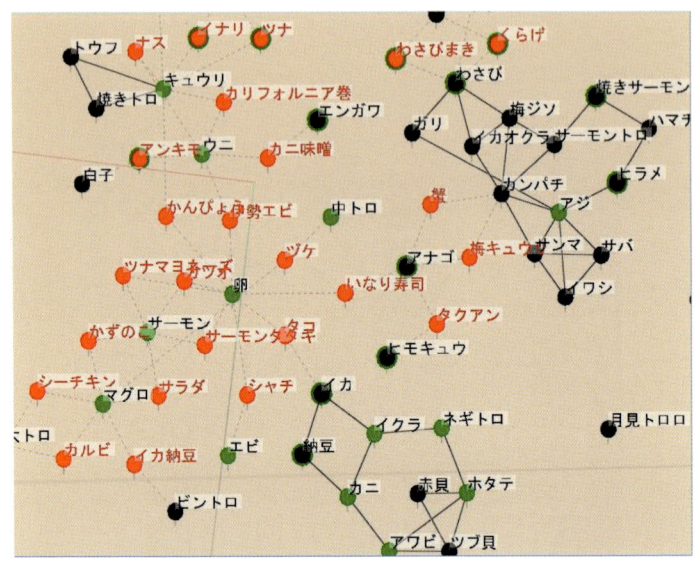

口絵 2　図 7.8 より

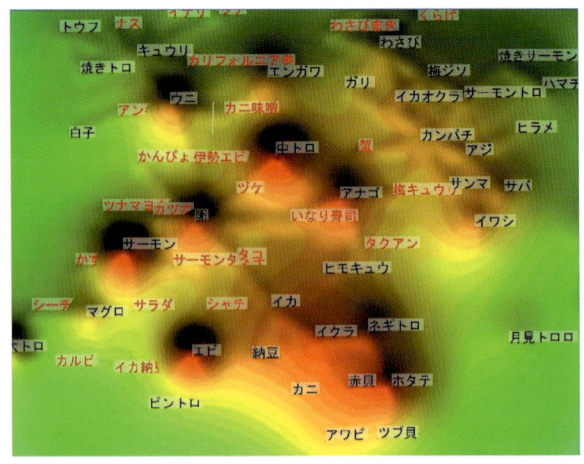

口絵 3　図 7.9 より

はじめに

　チャンス発見とは，2000年4月から筆者らを起点として沸き起こった意思決定技法のパラダイムである．およそ日本語で言う「チャンス」を発見するということに近い意味を持つに過ぎないコンセプトであるにも関わらず，何の資格があってこれを新しいパラダイムと言うのかと読者は疑念を抱くかもしれない．

　だとすれば，チャンスを発見するということを実現するために，読者の身のまわりにはどのような道具立てが準備されているか考えてみて欲しい．読者が仮にビジネスマンになったばかりの新社会人であるとすると，身近なところから言えば，

- チャンスを獲得して成功した人の体験談，ノウハウ
- チャンスを獲得するための秘訣を書いた書籍．「チャンスをつかむ鍵は日頃の努力だ」という主張を貫徹し，根性論・人生論に帰着するものが多い．

というようなところが多い．これらは，成功者の人生をドラマ化したテレビ番組や，書店で「ビジネス書」とされるコーナーの中心を占めている．一方，そのようなビジネス書が抽象的な精神論に終始するという批判に応えるかのように，書棚の随所に

- 市場データからのデータマイニング，データ解析の参考書
- マーケティング理論の専門書
- 組織におけるイノベーションの原理を論じた書物

といった名著が見受けられることが，この10年ほどで多くなった．新社会人として未来への希望に燃える読者は，ビジネスにおける最新手法を学ぼうと考えてそれらの高度の書籍を2冊ほど購入するだろう．はたして半年後，その高度な書籍は読者の部屋の片隅で，最初の10ページくらいだけかすかな手垢に汚れて固まっている．あるいは，「理工系の本はうちに何でもあるよ」と豪語する古本屋の棚で，「これなんか新品同様ですよ」と店長の自慢の一品にのし上がっている．

　まだそれなら良かろう．問題は，そうではなく必死でデータマイニングの書物を読

i

■はじめに

み，自社に統計ツールやデータマイニングツールを導入してもらった人の方である．そこまで導入を進めるのに，数千万から数億円というコストをかける例も少なくない．しかし，結局，その高額なツールが会社の情報システム部の一室で眠りについていく．ツール導入の提案者に待っているのは，「データマイニングツールにかかったコストはどうやって回収してくれるのかな？」と冷たく肩を叩く上司である．

なぜそういうことが起きるか考えてみよう．もともとデータマイニングの書籍を購入した理由は，会社に眠る膨大なデータの中に何か，誰も気づいていないビジネスチャンスが潜んでいるのではないかと思ったからに違いない．しかし，そういった売り場に置かれた書籍に載っているデータマイニングのツールというのは実はそのニーズに応える技術ではなく，例えば，次のようなパターンを生み出す．

「スルメはビールと一緒に売れることが多い」（当たり前ではないか？）
「ビールは牛乳と一緒に売れることが意外に多い」（それは少し意外だ）
「ビールを野菜と一緒に買う人は，魚も買うことが多い」（理由を教えてくれ！）

つまり，

① 当たり前でもともと知っていた知識
② 意外だが興味を引かない，すなわち意味の少ない知識
③ 理由を知りたいほど興味を感じるが，背景の文脈がわからないので使えない知識

のいずれかをコンピュータが出力する場合がほとんどであり，ビジネスに活かせないのである．

せめて「ビールを野菜と一緒に買う人は，魚も買うことが多い」という人が心優しい主婦であることがわかれば，家族の健康を思い，亭主のストレスを癒そうとする心優しい妻の心根が見えるだろう．それをビール会社の社員が知れば，健康志向のビールの需要を訴えて自社に利益をもたらすことができるかもしれない．また，スーパーマーケットの社員ならば，そのような献身的な主婦にこそ自分自身のための買い物をしてもらおうではないかと考えるかもしれない．それは，家事と子育てに疲れる心身を休めるひとかけらのチョコレートかもしれない．もっとも，チョコレートは甘くて太るイメージが付きまとうので，カカオ含有率の高い健康チョコレートを特製し，うまくコストを抑え低価格で売り，試食もしてもらう．節約家の彼女らはそのチョコレートを試食し，元気を回復して店内で買い物をし，もちろん，そのチョコレートも買ってくれるだろう．特製チョコレートは他の店には無いので，次もこのスーパーで購入してくれるようになる．

■はじめに

しかし，市場データというのは，顧客についてそこまでのことを教えてくれない．買い物をする女性は，万が一の保身のため，サービスカードを最初に発行するときに自分の年齢などは書かず，氏名欄に亭主の名前を書くことも少なくない．まして心優しい主婦であるかどうかなど，登録のしようもない．客が店に来て，その人が単なるルーチンワークではなく夫を思う気持ちでビールを買い，魚を買ったことを理解するためには，その前後に珍しい加賀太胡瓜を購入したことの意味まで合わせて考えねばなるまい．滅多にデータに現れない希少アイテムの位置付けを理解するためには，売れ筋アイテムと希少アイテムを含めて市場を可視化することが必須といえよう．

さらに言えば，特製チョコレートなどという新製品は，過去の市場データ（この場合ではスーパーマーケットの店舗 POS データ）に出ているはずもない．データに入っていないものを，データマイニングでパターンとして取り出すことはできない．この壁を乗り越えて特製チョコレートを作ろうと思いつくのは，現状では天才的な店員しかいない．

これで，データマイニングの参考書が越えられない壁がはっきりしてきた．つまり，顧客の心根を察し，満足と感動を与えるような意思決定をとるために要求されるのは，

「データの中での頻度の少ないアイテムを，いかにして他のアイテムと同じ市場のマップの中で可視化するか」

「データの中に出現しないアイテムをどうやって補い，ビジネスに役立つシナリオを描き出すか」

に対する答えであった．本書はこの問いに答える技術を，精神論や体験談ではなく，チャンス発見にとって有用となる技術と理論的な枠組みをおさえながら世に送るものである．5 年あまりに及ぶ学際的な研究が，実用者と研究者に益することを確信する．

なお，本書の構成については，第 10 章に全体のむすびとして図示している．先に全体を把握したい読者には，第 10 章の図 10.1 をまずご覧戴きたい．この説明をまえがきではなくむすびに含めるのは，全体を把握するために提示する各章の題目を理解するためには，先に各章の内容をざっと眺める方がわかりやすいからである．もっとも，各章の位置付けを把握するためには，第 10 章の図を眺めておく方がわかりやすいであろう．それゆえ，著者として読者に推奨するのは，各章を読む前後に第 10 章の図を眺めるという方法である．

■はじめに

　本書の全体を通して，実環境から収集したデータから「シナリオマップ」なるものを可視化し，これを人間が独自の経験と頭脳，そして対人コミュニケーションを使って自らの行動環境の構造を把握していくというチャンス発見技法が，いかに各種実践の場において有用であり，そのための各種技術がいかなる原理で働くものであるかを深く習得されることを願ってやまない．

2006年8月　　著者しるす

目 次

はじめに .... *i*

第1章　序論：チャンス発見とは *1*
1.1　「チャンス」という語の深さ *1*
1.2　シナリオの多様性とチャンス *3*
1.3　シナリオマップに基づくチャンスの定義 *4*
1.4　コンピュータの限界 *13*
1.5　チャンス発見のために必要な技術と理論 *14*
参考文献 *17*

第2章　チャンス発見の原理 *19*
2.1　基本的な考え方 *19*
2.2　チャンス発見のプロセス *22*
2.3　チャンス発見の三つの原理 *24*
2.4　「洞察」とチャンス発見の関連 *26*
2.5　人と環境の相互作用プロセス―見直すべき主観の力― *28*
2.6　各種の外部（環境）データ *29*
2.7　各種の内部（主体）データ *30*
2.8　環境と主体の相互作用を支えるコンピュータ *33*
2.9　チャンス発見とスモールワールド *34*
2.10　チャンス発見とコミュニケーション *36*
2.11　チャンスと隣人に対する人の意識 *37*
参考文献 *39*

第3章　シナリオマップとその構成 *45*
3.1　シナリオマップとは *45*
3.1.1　シナリオマップの定義 *45*
3.1.2　X氏の生活のシナリオマップを描く *46*

■目次

　　　3.1.3　コンテキスト間の「橋」　　　　　　　　　　　　　　　48
　　　3.1.4　チャンス発見に使えるシナリオマップとは　　　　　　　51
　3.2　2階層シナリオマップとその構成要素　　　　　　　　　　　　53
　3.3　シナリオマップの類型　　　　　　　　　　　　　　　　　　　56
　　　3.3.1　数量変化をグラフで表したシナリオマップ　　　　　　　57
　　　3.3.2　空間配置によるシナリオマップ　　　　　　　　　　　　58
　　　3.3.3　ネットワークモデルによるシナリオマップ　　　　　　　62
　参考文献　　　　　　　　　　　　　　　　　　　　　　　　　　　66

第4章　ネットワークモデルによるシナリオマップ　　　　　　　69
　4.1　KeyGraphによるシナリオマップの可視化　　　　　　　　　　70
　　　4.1.1　KeyGraphにおける内部処理の手順　　　　　　　　　　 70
　4.2　共起度の計算　　　　　　　　　　　　　　　　　　　　　　　74
　4.3　肝炎進行・回復に関するシナリオマップ（前書までの展開）　　78
　4.4　肝炎シナリオマップからのシナリオ解釈とその検証　　　　　　80
　4.5　KeyGraphのツール化の例：Polarisのアーキテクチャと実行例　86
　　　4.5.1　Polarisの内部アーキテクチャ　　　　　　　　　　　　 87
　　　4.5.2　Polarisの機能　　　　　　　　　　　　　　　　　　　 88
　4.6　ネットワークモデルにおけるチャンス認知　　　　　　　　　　93
　　　4.6.1　写真貼付を用いたPolaris出力からのシナリオ創発　　　 93
　　　4.6.2　グループディスカッション参加者におけるKeyGraphの認識過程　95
　　　4.6.3　実験結果の解釈：「準備された心」が先行する　　　　　96
　参考文献　　　　　　　　　　　　　　　　　　　　　　　　　　　99

第5章　ネットワークモデルにおける可解性改善手法　　　　　　101
　5.1　ある寿司屋で　　　　　　　　　　　　　　　　　　　　　　 102
　5.2　シナリオマップの可視性最適化問題：線状可の定式化とreach値　105
　5.3　reach値とスモールワールド度　　　　　　　　　　　　　　　107
　5.4　reach値によるアプローチの結果と問題点　　　　　　　　　　109
　5.5　リンク数漸増および単純なデータへの絞込みによる可読性向上　112
　5.6　時間ごとに変化するシナリオマップの理解を高める「紙芝居KeyGraph」　119
　参考文献　　　　　　　　　　　　　　　　　　　　　　　　　　 126

第6章 フローモデルに基づくシナリオマップ … 127

- 6.1 時間の流れと因果の向き　127
- 6.2 方向付き（有向）ネットワークモデルによるシナリオマップ　128
- 6.3 協調仮説推論 CCMA
  ：知識ベースを持つ推論エンジンによる変化点理解の試み　135
  - 6.3.1 興味の変化点をとらえる難しさ　135
  - 6.3.2 ユーザの興味の理解部における CCMA の働き　137
  - 6.3.3 CCMA 推論プロセスの概要　138
  - 6.3.4 キーワード提示部・文書リストへの提示部　142
  - 6.3.5 IndexNavigator の評価実験　142
  - 6.3.6 CCMA の限界　145
- 6.4 議論構造の要約と可視化　146
  - 6.4.1 議論構造の可視化とチャンス発見　146
  - 6.4.2 要約と議論構造理解　147
  - 6.4.3 影響普及モデル（Influence Diffusion Model：IDM）
    ：語彙的結束性に基づく話題の同定と構造化　149
- 6.5 IDM を用いたヒューマンネットワーク分析　156
  - 6.5.1 リーダとフォロワ　156
  - 6.5.2 有向ヒューマンネットワークの可視化　158
  - 6.5.3 IDM に関する補足　160
- 6.6 活性伝播法（Priming Activation Indexing：PAI）
  ：コンテキスト遷移を見る　160
  - 6.6.1 文章における主張と理解のキーワード抽出　161
  - 6.6.2 コンテキストの変化をとらえる活性伝播（PAI）アルゴリズム　162
  - 6.6.3 PAI の適用例：グループディスカッションデータへ　165
- 参考文献　172

第7章 ポテンシャルモデルに基づくシナリオマップ … 175

- 7.1 多階層シナリオマップとしてのポテンシャル場　175
- 7.2 ポテンシャルモデルによるシナリオマップの描画アルゴリズム　178
- 7.3 ポテンシャル場モデルにおけるビジネスチャンス発見　179
- 7.4 単純化したポテンシャルモデルとその応用例　183
- 7.5 KeyBird：ポテンシャルマップを鳥瞰する　185

7.6	ポテンシャル場で表すチームワーク：ラグビーを例に	187
7.7	ラグビーにおけるフォーメーション分析のための定式化とアプローチ	190
	7.7.1　ラグビーにおけるフォーメーション分析の重要性	190
	7.7.2　ラグビーにおけるポテンシャルモデルの概要	191
	7.7.3　ポテンシャルモデルに基づくラグビーのシナリオマップ	192
	7.7.4　ポテンシャルモデルを用いたフォーメーション分析の試行	194
7.8	分析アプローチと分析手順	199
	7.8.1　分析手順	199
	7.8.2　試合データでのフォーメーション分析と評価	200
7.9	ポテンシャルモデルの展望	203
参考文献		205

第8章　シナリオマップのモデル統合とその応用　207

8.1	KeyGraph と IDM の統合によるシナリオ理解プロセス ：肝炎進行シナリオ理解を例に	207
	8.1.1　個別罹者のシナリオ理解における難しさ	207
	8.1.2　伝播モデル（IDM）の可燃冠者血液検査データに対する適用	208
	8.1.3　KeyGraph と IDM の統合プロセスの結果	211
8.2	ポテンシャルモデルと KeyGraph の併用による消費者分析	213
	8.2.1　データの例	213
	8.2.2　手法の概要	216
	8.2.3　消費者行動ダイナミクスチャートによる分析	217
	8.2.4　消費者行動ダイナミクスチャートと KeyGraph のポテンシャルモデルによる統合	220
8.3	反応なき反響：KeyGraph と IDM の併用によるコミュニケーション分析	222
	8.3.1　「反応なき反響」とは	222
	8.3.2　KeyGraph と IDM の比較：簡単なテキストデータを例に	225
	8.3.3　ソフトドリンク（緑茶飲料）プレスリリース後の表皮者の声の分析	227
8.4	影響度と被影響度を用いたデータ要約によるシナリオマップの改善	230
	8.4.1　チャンス発見のためのデータ要約とは	230
	8.4.2　影響度と被影響度を用いたデータ要約アルゴリズム	231
	8.4.3　影響度と被影響度の計算	232
	8.4.4　実データへの応用事例	235
8.5	モデル統合アプローチの意味	241

参考文献　　　　　　　　　　　　　　　　　　　　　　　　　　　*244*

第 9 章　データ結晶化：見えざるチャンスの発見へ ………………… *247*
　9.1　データ結晶化が解決しようとする実問題　　　　　　　　　　　*248*
　9.2　データ結晶化ツールの基本アルゴリズム　　　　　　　　　　　*251*
　9.3　データ結晶化ツールの動作例　　　　　　　　　　　　　　　　*254*
　9.4　チャンス発見プロセス上におけるデータ結晶化　　　　　　　　*258*
　9.5　データ結晶化の展望　　　　　　　　　　　　　　　　　　　　*260*
　　　参考文献　　　　　　　　　　　　　　　　　　　　　　　　　　*261*

第 10 章　おわりに ……………………………………………………… *263*
　10.1　マーケティングシミュレーション　　　　　　　　　　　　　 *263*
　10.2　システムデザイン分野　　　　　　　　　　　　　　　　　　 *265*
　10.3　プロジェクト型ビジネス分野　　　　　　　　　　　　　　　 *265*
　10.4　サバイバル教育と防犯　　　　　　　　　　　　　　　　　　 *266*
　10.5　医療　　　　　　　　　　　　　　　　　　　　　　　　　　 *267*
　　　 参考文献　　　　　　　　　　　　　　　　　　　　　　　　　 *268*

索引 ……………………………………………………………………… *269*

第1章

序論：チャンス発見とは

1.1 ■「チャンス」という語の深さ

　筆者らが2000年に「チャンス」という用語の定義を「意思決定において重要な事象・状況」としてから5年が経過した．その後，チャンス発見手法に関する研究は，その重要性とともに欧米にも受け入れられるようになった[1.1, 1.2, 1.3]．"chance discovery（チャンス発見）"に関する国際ワークショップは，2006年のパリ（フランス）での会議をもって7回目を数える．

　オックスフォード上級者辞典[1.4]によれば，英語の"chance"という語は「たまたま，偶然，確率，不確実性，リスク，何かをするのにちょうどよいとき」という多様な意味を持つ．すなわち，一歩日本から出れば，日本人にとってなじみの深い「何かをするのにちょうどよいとき」という意味だけではないのである．この言葉の持つ多義性のために，チャンス発見という概念が広く受け入れられるまでには相当の時間と労力が必要であった．

　もともとは「サイコロが転がること」が"chance"の語源である[1.5]．サイコロの目は1になったり2になったり不確実な挙動をとる．これは「不確実，偶然」というチャンスの意味に対応する挙動である．この不確実性ゆえに，何かを決めるために人はサイコロを振るようになった．サイコロの各面に可能性のある選択肢を書いて，どの面が出るかによって意思決定しようというのである．

　自分の進路を完全に託したサイコロが転がって目が出てしまえば，人は選択の余地を失って意思決定ができなくなる．しかしこの状態もまた，チャンスの原義に含まれている．一度出てしまった後のサイコロの目は，チャンスという語のもう一つの意味として辞書に記された「何かするためにちょうどよいタイミング」がまさに今であることを，一切の不確定性を排してはっきり教えているのかもしれないからである．

　このようにチャンスはその語源において，不確実性と確定した状況の両方を含む言葉であった．サイコロが転がっている状況の全体を指すものであって，サイコロの目が出た結果だけを指してきたのでも，永久に転がりつづけるサイコロを空想したのでもなかった．それゆえに，「たまたま，不確実性」と対照的な「ちょうどよいタイミ

ング」という意味が生まれたのである．

　では，サイコロは転がさなければ役に立たないだろうか．考えてみると，転がすこと自体にはあまり意味がないことに気付く．現実世界では，未来が不確実なうちに，つまりサイコロの目が出るのを待たずに行動する必要があるし，損得にかかわる重要な意思決定をしなければならない場合は，せっかく転がっているサイコロの向きを途中で横から変えてしまうような「いかさま師」もいる．さらに言えば，サイコロの目が出てしまった後でさえ，自分の望む選択肢でないことに気付けば人は「やり直し」という意思決定をとることもある．

　それならばいっそ転がすのではなく，六つの面をそれぞれ見て，それらの面の向こう側に約束されたシナリオを考えることに意味はないだろうか．そうすることは，永久に転がるサイコロを上から見続けるのと同じことのはずである．

　例えば6つの目があるサイコロを考えよう．これを転がすと，1が出るかもしれないし2が出るかもしれないし6の目が出るかもしれない．正確な6面体のサイコロであれば，それぞれの目の出る確率は6分の1ずつである．例えば，サイコロを転がして1の目が出たら今日は勉強をする．2の目なら彼女とデートをしよう，3の目だったら読書をし，4の目だったら…と考える．果たして2の目が出る．そして彼女に電話をかけるが，無残にもその日は断られてしまう．仕方ないからもう一度サイコロを転がすと，今度は1が出る．どうもしかし，こんな6面体に言われて勉強するというのは気乗りがしない．また転がす．結局，その日は雨だから家で読書をすることになった．結局，最初から自分はそうしたかったのだということに，そこでやっと気付くのである．こういうことであれば，サイコロを振る前にそれぞれの目をじっと見て，その先のシナリオの良し悪しを検討すれば，その後の選択は済んだはずである．

　このような調子で人はサイコロの目に未来を預け，自分自身にとって嬉しい選択肢や困った選択肢を与える．それらが確率的，すなわちランダムに選ばれるようにすることによって，意思決定のための思考から逃避しようとするのである．しかし，実は多くの場合，心の中に答えが準備されていて，それに従おうとするものである．サイコロは，ある選択肢を実行することによって生起するシナリオ（シナリオとは一貫したコンテキストを有する事象時系列である．より精緻な「コンテキスト」の定義は後述する）に人を直面させることによって，人の心の中に準備された答えに気付かせる道具と見ることもできる．

　「サイコロが転がる状況全体」を意味していたチャンスとは，このように見れば，人に様々なシナリオを考えさせるものであると言い換えることもできる．悲観的な見方をすれば，チャンスというものは人を不確実性におとしいれる．しかし，そのよう

なチャンスが表れる以上は，求めると求めまいとに関わらず，その不確実性は避けられない．ならば，現在おかれている不確実性の意味を理解し，未来に現れるかもしれない数々のシナリオを事前に把握し，最善のシナリオを導くためにチャンスを把握することが重要な問題となる．これが本書で扱うチャンス発見という問題である．

1.2 ■ シナリオの多様性とチャンス

　現実の選択肢の中ではなくて遊びの世界であれば，不思議なことに人は出てしまったサイコロの目をそのまま受け入れることができる．例えば，昔からある双六（すごろく）という遊びや，それを発展させた人生ゲームなどはその代表である．人生ゲームでは，ボードの地図上に様々な方向から交差する道が描かれていて，プレイヤーは道と道との交点で，これが現実の人生なら途方にくれるような選択に迫られる．しかし，遊びであるからルーレットを回せばよい．これは，確率的に進路を選ぶという意味で多面のサイコロを転がすことと同じである．出てくる目によってどちらに進むべきかは，最初から地図に示されている．つまりプレイヤーは，

・ランダムに，たまたま出たサイコロの目
・地図に最初から示されている，サイコロの目と行き先の対応関係

だけに従って進んでいけばよい．そこには，プレイヤーの心の中に準備されていた意思などが入り込む余地はまったく存在しない．遊びの世界では，そこまで人はサイコロに身を任せてしまうのである．

　現実世界での選択と遊びの世界の選択で，なぜサイコロに対する人の態度はこのように変わってしまうのだろうか？　遊びであればサイコロの目に頼っても構わないが，現実の世界ではサイコロの目に完全に頼らず，自分の意思を明確にしなければ，思考を怠ってランダム性に身を任せた結果として大損が現実のものになってしまう．そのとき，何も考えなかったことに対する後悔の大きさはどれほどのものであろうか．この遊びと現実との感覚の差には注目したい．

　ワインのオークションに参加している人が，サイコロを転がして出た目の数に1万円をかけた金額をライバルのつけ値に加えていくなら，これは損を損と感じない金持ちの遊びであり，本書の想定する読者とは違う．本書の読者の姿としては，必ずしもビジネスが順風満帆ではない，あるいは自分の人生に問題を感じて新しい進路を模索しようとする人を想定している．次章ではチャンス発見のプロセスについて述べるが，そこで述べるように，人の関心はチャンス発見を実現するための必要条件とな

る．

　前述のような遊びをする金持ちとは反対に，自分の予算とワインの価値を見比べ，ライバルの様子を観察してそのワインの本当の値打ちを読み取りながら入札する価格を大きくしていくなら，それは単なる遊びではなく，本書で扱おうとしている現実における意思決定プロセスである．同じサイコロを転がしても，遊びであれば出た目に従ってもよい．しかし現実の意思決定では，最初にサイコロの目，つまり可能性のある選択肢をすべて見て，その先のシナリオを理解しようとする努力が払われる．

　ひとまず本書で扱うチャンスとは，金持ちの遊びにおけるサイコロと現実の意思決定者が懸命に読み取ろうとするサイコロの両方を包含して意味する．すなわち，サイコロが存在して転がることにより，未来の不確実性を可視化し，何らかの意思決定に作用しつつある状態である．この状態については，本節におけるチャンスの定義として具体化されるだろう．

　その上でチャンス発見学においては，金持ちではない方，すなわちサイコロの先にある数通りのシナリオを理解しようと努力するプロセスに焦点を当てる．すると，チャンスには以下のような性質があることを踏まえておくことが重要となる．

ランダム性・不確実性

　どの選択肢を選ぶべきか，一意に決めることが難しい．そのチャンスがなぜ自分の前に示されたかという原因もなかなか理解できない．一方的に外界から押し付けられ，たまたま生じたように感じられる．そのため，未来も不確実なままで，はっきりとした見通しが立ちにくい．放置したままでは未来が確定できないことに気付くとき，人は自発的な意思決定の必要性を知る．

現実世界における人の意思決定の支援力

　現実の損得が関係するような場合は，サイコロの目に書かれた未来だけに身を任せることができない．そのため，チャンスを見てから意思決定に至るまでに，自分が元々持っていた経験を使用し，思考して判断することが必要となる．すなわちチャンスは，人の意思決定を支援するヒントに役割を留めてこそ有益となる．

　これらの考えを基礎として，本章ではチャンスとは何であるのかを定義する．

1.3 ■シナリオマップに基づくチャンスの定義

　科学では，過去に起きたことを説明する一般的な法則を求め，その法則が今後にお

いても成立するという「再現性」が求められる．そのような法則は，元々観察された様々な出来事に比べれば，極めて単純化されたものである．村上によれば，科学において単純な法則で多くの事象を説明しようとする態度は，一神教であるキリスト教の精神に由来するという[1.6]．これが正しいとすれば，科学において再現性を求める態度は，歴史における一時的なものの考え方に過ぎない．

　実際，様々な出来事を還元するという還元主義に対する批判は，実に多くの分野で近年盛んに行われるようになった．例えば経済学における合理性とは，人の社会的営みを予測するためのすべての知識を人々が互いに知っていると仮定し，したがって社会の未来も予測可能であるというものであった．これに対してサイモンは，人の認知できる世界はそのごく一部にすぎないことを指摘し，知識の完全性を前提とする合理性の仮説に異議を唱えた[1.7]．すなわち，どのように知的な人であっても未来を一意に特定して予測することはできないので，考えられる未来のシナリオは多様に存在することになる．そのサイモンでさえ，人は「認知」から「意思決定」を経て「行動」に至るというモデルの上で意思決定プロセスを論じていたが，ミンツバーグはさらに，意思決定という段階がこの位置に存在するのではなく，行動における環境とのインタラクションの中で意思決定に該当する意識の変化が起こると考えた[1.8]．

　同時期，ガルブレイスも『不確定性の時代』[1.9]を著し，現代社会における未来の不確実性を指摘している．未来が不確実な時代において，人は情報に対する関心や欲求を高めることを指摘したガルブレイスの考えは，環境との相互作用によって意思決定らしきものに役立つ情報の決め手を人は認知するというミンツバーグの主張と一致する．これは行動ファイナンス理論[1.10]などの形となって，新しい経済学として結実している．ダイナミックな社会環境における人の営みに切り込む研究は，こうして20世紀半ばから21世紀にかけて成長を遂げてきた．

　すなわち，環境の中に多様なシナリオが生まれる可能性を認め，無理に一つのシナリオだけを選ぶことを，大げさに言えばわれわれ人類はやめようとしているわけである．再現性のある知識や法則だけを認めていては，この要求に応えることはできない．なぜならば，例えばある事象が昨日起きたとして，その先に幸せなシナリオがあったならば，再現性のある法則は今日も同じ事象の先に同様の幸せなシナリオを導くはずだからである．すなわち，再現性を強く主張すると，ある状況の先に不確定性，すなわち多様なシナリオが存在することを認められなくなってしまう．

　チャンス発見という研究分野のひとつの特徴は，得られる知見が再現性を持たないことを許容する点である．ある事象があったときに，その先に複数のシナリオがあることを認める．したがって，その事象を見てどのようなシナリオを人が選択するかに

ついてはその人の自由を許し，その選択を意思決定とみなす．そして，その自由の許される状況または事象を「チャンス」と称するのである．例えば，先述のサイコロが与えられたとき，人はその先にあるシナリオの多様性を理解し，自分の関心に依存して意思を決定することができる．すなわち，あるチャンスが利益に結びつくのか損失に結びつくのかという知見に対して再現性を求めようと固執することに大きな意義は無い．これは，社会環境のダイナミズムを生き抜こうとする人々の要求に応えようとする，様々な学術分野の流れと足並みを揃える方向性ということができる．

特に，ビジネスのように現実の利益や損失に関係する意思決定では，行動プランの再現性をうまく捨てることが要求される．ある行動の結果が，同じ状況で同じように行動することである程度まで再現されなければ，意思決定は困難となる．しかし，実際の状況のうち，人々があまり注意を払っていない，あるいは未知の部分においてわずかなズレがあっても，結果が期待から乖離することはしばしば起きる．このように，ある行動の結果についてはある程度再現性を期待し，同時にある程度再現性を諦める必要がある．この調整を行うための道具が，本書に述べるシナリオマップである．

例えば，A社が開発した新製品の販売を開始したとする．この製品は超小型高解像度のデジタルカメラで，一台5万円である．幸いにも一気に人気商品となった．この製品はこのまま流行を形成していくのかどうか，さらに大量生産に踏み切るべきかどうかについて社内で議論していた．日本から世界の市場へと，夢は膨らむ．このようなとき，足元の国内顧客のクレームへの配慮を怠りがちであるが，気を付けていると，果たしてクレームが付き始めた．その一つが，カメラが小さすぎて紛失したときに気付づかなかったというものである．電話でその顧客に対応した女性は，そんなことは本人の責任だと思ったが，ともかく営業部と相談しようと考え，「申し訳ありません，後ほどご連絡させて頂きますので，ご連絡先を」と，相手の電話番号を聞いて電話を切った．

さて，あなたが営業部長で，この女性担当者から相談を受けた場合，どうすべきだろうか．以下の3通りのシナリオを考えてみよう．

シナリオ1

もし，何も対応しなかったとすれば，問い合わせた顧客はデジカメを紛失するほどいつも持ち歩くほどのユーザなので，顧客自身のブログやWEBページに「A社はこういう迷惑を顧客にかけても平気だ」と書き込むかもしれない．どんな企業であっても顧客に何らかの不満をもたらすことがあるので，A社だけが悪いのでは

ない．しかし，世間はそう考えずに，「自分もA社にこんな目に遭わされた」と書き込む人が出てくる．しかしブログでは翌日には別の内容が書き込まれ，A社の対応に関する話題は次第に取り上げられなくなる．1週間ほどそのブログはA社叩きで盛り上がり，次第に沈静化する．

シナリオ2
　営業部長として，あなたは部下を集めて案を練る．その結果，「紛失したという商品と同じ商品の新品を差し上げよう」と決める．結果的にクレームを出した顧客は一旦満足する．満足のあまり，BBSで「A社を叩こう」なるコミュニティを見つけ，「いや，A社は紛失しても新品をくれる良い会社だ」と書く．A社の評判は向上し，何万人という人がA社の携帯可能な電子製品を買うようになる．しかし，A社は大きな損失を蒙ってしまうだろう．その何万人という顧客が，紛失をしたふりをしてA社に新品を要求し，証拠も要求できないままに新品を与える羽目になるからである．かといって，もし新品を渡さなければ，今度は「A社は顧客を差別する」という中傷が出回ってしまうだろう．

シナリオ3
　営業部長とあなたはやはり部下を集めて案を練る．その結果，「なぜ紛失したのか，それは軽すぎたからだろう．だからといって単に重くしては商品価値が下がるから，カッコいい伸縮式のストラップを作って付属品にしよう」と決めた．その程度のものなら短期間で準備することができる．付属品にするので，クレームを問い合わせてきた顧客には，ストラップの試作品を無料で進呈する．その後でデジタルカメラを販売する場合は，常にこの伸縮式のストラップを付属品とした．クレームに誠実に対応したことで信頼を勝ち取り，ストラップの人気も相まって，A社のデジタルカメラはさらに売上を伸ばすこととなる．

　ビジネスにおいては，未来の不確実な状況で，潜在的に存在する顧客の満足を図ることによって得る信頼は大きな資産になり，そのための努力は社会貢献とも言える．未来が不確実な状況では多様なシナリオが存在する可能性を持ち，顧客クレームという一見不愉快な事象からも様々なビジネスのシナリオが生まれる．どのような事象であっても，その先に未来の利益に結び付くシナリオ，あるいは損害を少なく抑えるシナリオの存在を読み取り，それを「チャンスが到来した」と考えることが前向きな対応である．このような前向きな考え方とは逆に，顧客のクレームから逃げ出しては上記のシナリオ1になってしまう．後ろ向き，前向きと言うのは精神論と解釈されるか

もしれないが，複数のシナリオの結果となる損得を自分の評価指標で評価し，その中で最善のものを選択することは精神論ではなく，チャンス発見の方法そのものである．このようなシナリオに基づく未来の創造方法は，実際のビジネスや製品・ソフトウェアのデザインに役立てられている[1.11, 1.12, 1.13]．

上記のたとえ話は，図1.1のようなビジネス世界の地図の上に描くことができる．スタートは，新製品の開発と販売というメーカーでは比較的ありふれたエピソードである．そこへ内容としては珍しい，「デジカメが小さすぎたので紛失した」という顧客のクレームを聞いたところから，三つの異なるシナリオが分岐していることがわかる．ブログへの掲載から盛り上がりと鎮静化，BBSへの掲載から群衆行動，そして正しい対応から信頼を勝ち取るという，どれも容易に想像できる日常的なエピソードに移っていくシナリオである．

この場合，「顧客のクレーム」が一つのチャンスになっている．なぜなら，これは三つの面があって，それぞれに固有の未来のシナリオが書かれているようなサイコロが転がったという事象に相当するからである．このようにシナリオマップでは，ありふれたコンテキストからそれとは別のコンテキストへ移動する際に経験するやや珍しい事象が，いくつかの珍しくないエピソードの間の接点として表される．言い換えれば，可能性のあるシナリオとシナリオとの交点にチャンスが見い出される．そのよう

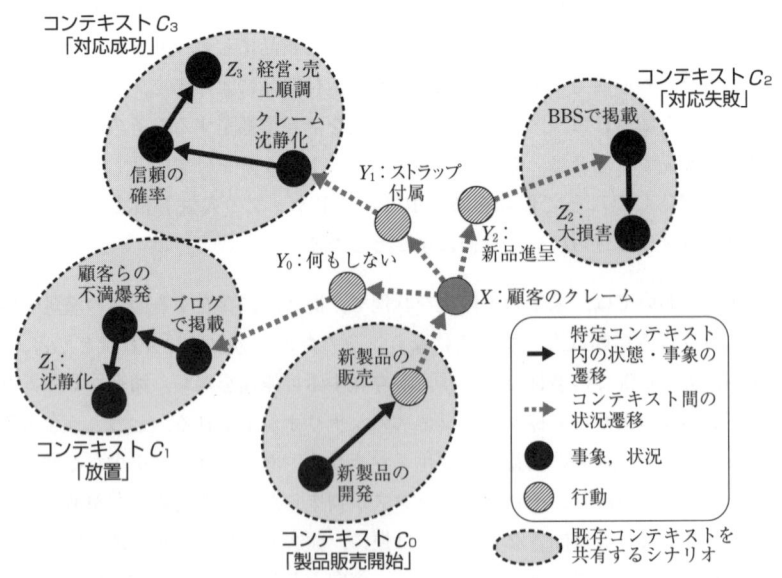

図1.1　チャンスとしての顧客クレームとその周辺のシナリオマップ

なシナリオの交点に位置する事象を正しくその時点で認識することは，選択を絞り込むための参考情報となる．しかし，それだけで選択肢を一つだけに絞ることができるわけではない．一つ一つのシナリオの良し悪しを評価し，自分なりの評価指標で比較・選択しなければならないからである．そこで，ここでは一旦チャンスを次のように定義する．

定義 1.1：チャンス

あるコンテキストにおいて，事象（あるいは事象の集合からなる状況）X が生起した時点における行動が，新しいコンテキストに移るために期待されるとき，事象 X をチャンスという．

これまで，チャンスは「意思決定において重要となる事象・状況・またはそれらについての情報」と定義されてきた[1.14]．定義 1.1 は，この従来の定義と矛盾せず，意思決定を「行動の期待」（行動が必要であると判定する一歩手前）に置き換えただけのものである．なお，事象と状況の関係については，以下に定義する．この定義を受け入れるためには，「状況」および「コンテキスト」も定義する必要がある．これらについては多様な定義があるが，以下のとおりに定義する．

定義 1.2：状況

「状況」とは，ある瞬間において主体によって認知されている事象のすべてを包含する状態を意味する．ただし本書では，状況を「複数の事象が同時に生起するという一事象」として断りなく扱うことがある．また，一つの事象を，それを包含するある状況として扱うこともある．

定義 1.3：コンテキスト，シナリオ

状況・事象からなるある系列を通じて一貫する前提があるとき，その前提を「コンテキスト」と呼び，その状況・事象からなる系列を「シナリオ」と呼ぶ．

定義 1.4：意思決定

「意思決定」とは，ある状況におけるシナリオの選択である．すなわち，状況 X において選択する行動によって，コンテキスト $C_1, C_2 \cdots C_c$ 中のシナリオがそれぞれ将来に生起する可能性を有するとき，このうち一つを生起させる行動を選

ぶことを指す．

定義 1.1〜1.4 を合成すると，チャンスについての下記の定義に達する．

定義 1.5：チャンス

あるコンテキスト C と同時に発生する状況 X が次の条件を満たす場合，X をチャンスと呼ぶ．

C と異なるコンテキスト C' に含まれる状況 Z_k に遷移させるために，状況 X における行動 Y_k が期待され，Y_k により X から Z_k へ遷移する度合いの強さ $s(X, Y_k, C, C')$ は，ある閾値 θ を上回る．このことが，ある整数 $r(r>0)$ に対して $K=0, 1, 2 \cdots r$ のすべてについて真である．ただし，Y_0 は何もしないという行動を表す．

例えば，状況 X における行動 Y_k によりコンテキスト C から C' に遷移するとき，コンテキスト C' で最初に起きる事象が Z_k であると仮定すれば，Y_k による X から Z_k への遷移確率 $p(X, Y_k \to Z_k)$ は $s(X, Y_k, C, C')$ の一種である．特に，X から別のコンテキストに移行可能であれば X をチャンスとみなすことができるので，閾値 θ を 0 と設定すれば，現在のコンテキストに留まることを選択肢に含めると，二つ以上の目のあるサイコロが転がる状態と一致する．

状況 X における「何もしない」という行動 (Y_0) の選択が，結果として損失を受け入れざるを得ないコンテキストに遷移させるならば，X をチャンスとして現在のコンテキストを維持する行動 Y_1 を選択するほうがましである．また，もし行動 Y_0 が現在のコンテキストを維持するものであり，行動 Y_1 が大きな利得を得るコンテキストへ導く場合も，やはり Y_1 なる行動を選択すべきである．状況 X の先には複数のシナリオがあって，その中から一つを選ぶ必要があるからこそ，X は意思決定において重要となるのである．これが定義 1.5 の意味である．

繰り返すが，前著[1.14]におけるチャンスの定義では「意思決定において重要となる事象，状況，あるいはそれらについての情報」をチャンスとした．この定義が上記のチャンスの定義と一致するかどうか，簡単な例を用いて考えてみよう．

ある事象に意思決定が左右されるということには，その事象が生起することによって意思決定の選択肢が増えるという場合と，同じ選択肢集合における各選択肢の優先度すなわち価値観が変化する場合とがある．たとえば，「えっ，この値段でこんな服あったの？この服を着ればあのレストランで食事をしたり，あの店で買い物したりし

ても恥ずかしくない」というシナリオを考える場合，増える選択肢というのは「こんな（新しい）服」そのものである．そして，同じ選択肢で優先順位が変わるというのは，「あのレストランで食事をして，あの店で買い物をする」という既知の選択枝の新たなメリット（この場合は実現可能性）をさらに大きくすることである．これらのいずれを考慮しても，ここでの「こんな服」との出会いは，従来の定義によってチャンスと呼ばれるにふさわしい．

一方，定義1.5からすれば「こんな服」との出会いは，これまでの生活におけるコンテキスト C から，「あのレストランで食事をしてあの店で買い物をする」というシナリオが考えられるような新たなコンテキスト C' に移行する際に必要となったチャンス X であり，服の購買はコンテキスト遷移を生起させる行動 Y となる．このように，定義1.5は従来のチャンス発見の定義を言い換えただけのことである．

「チャンス」と関連した対象として「リスク」があるが，これについてはリスク学事典[1.15]に従うと，定義1.6のように定義される．一方，金融工学におけるリスクは定義1.7のとおりであり，リスクの定義は必ずしも異分野を通じて一定ではない．障害が確実に到来する場合には前者の定義によるリスクは高くなり，後者の定義では低くなるなど，極端な相違が見い出される．

定義 1.6：リスク 1

有害な原因（障害：ハザード）により損失を伴う危険な状態（peril）が発生するとき，[損失]×[その損失の発生する確率]の総和をリスクと呼ぶ．

定義 1.7：リスク 2

投資する時点で将来の利回りを確実に予測できないという不確実性を，投資に伴うリスクと呼ぶ．

しかし，両方の定義を定義1.8の「リスク要因」の定義によって統一することは可能である．定義1.8は定義1.7を言い換えただけのものであるが，ここでいうリスク要因は，定義1.6における「ハザード」に該当すると考えてもよかろう．

定義 1.8：リスク要因

状況 X において，事象（人の行動も含めて）Y_k が状況 Z_k に遷移する原因となるような組 (Y_k, Z_k) が複数組（$k=1, 2 \cdots r$ において $r>1$）存在し，それぞれ

の遷移が 0 でない遷移確率 $p(X, Y_k \to Z_k)$ を有するとき，$Y_1, Y_2 \cdots Y_r$ をリスク要因と呼ぶ．

定義 1.5 と定義 1.8 を比較すると，リスクが存在する状況とチャンスは，いずれもある状況における複数の未来の可能性に直面しており，それゆえに生じる不確実性に対応しようとするのである．実際，先述のオックスフォード事典には「チャンス」（chance）の意味として「リスク」（risk）が含められている．

あえてリスクとチャンスの相違を解釈するならば，チャンスという言葉のもつ好機の側面は，不確実性を活かしてよいシナリオを創り出そうという創造欲から人が認知するものであり，チャンスの意味するリスクという側面は，不確実性による損失を防御しようとする危機意識から認知されるものである．このような違いがあることにより，チャンスは現在のコンテキストを変えてしまうような冒険的な行動の元となる一方，リスクを管理するマネジメントにおいては新しいコンテキストに遷移するというような冒険は好まれにくい．このように，チャンスとリスクという両概念は互いに関連し，補完しあう位置付けとして考えることができる．

ここで，ようやくシナリオマップそのものを定義することができる段階に至った．直感的には，図 1.1 のような意思決定を行う世界を模式的に可視化した地図がシナリオマップであるが，ここでは定義 1.5 に対応させて以下のように定義する．

定義 1.9

シナリオマップ Σ とは，以下の条件を満たす四つの条件の組（Δ, Ξ, Ψ, σ (Ξ, Ψ, Ξ, Δ)）である．ここで，それぞれの条件は下記の通りである．

Δ：コンテキスト C の集合

Ξ：状況・事象の集合

Ψ：行動の集合

σ：行動 $Y \in \Psi$ が状況（事象の生起している状況も含む）$s_1 \in \Xi$ から $s_2 \in \Xi$ に遷移させる度合いと，状況（または事象）s_1, s_2 がそれぞれコンテキスト C_1, $C_2 (\in \Delta)$ においてどれだけ確実に発生するかという度合いからなる行動，状況，コンテキストの相互関係の強さを，集合 X, Ξ, Ψ に含まれるすべての (s_1, s_2, y, C_1, C_2) の組について与えた値の集合．

なお，ここでの関連の強さ σ は，シナリオマップを可視化する各ツールにおいて独自に定義される値である．また，各ツールに与えられる入力データによっては，行

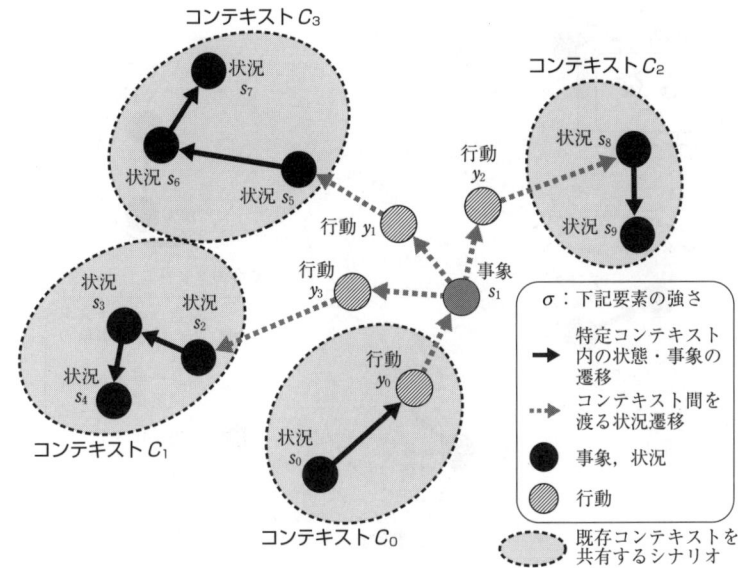

図1.2　図1.1を定義1.9の記号で表したもの

動の集合 Ψ と状況（あるいは事象）の集合 Ξ が，両方を合併した一つの集合 $\Xi \cup \Psi$ として与えられることもある．

1.4 ■コンピュータの限界

　様々なビジネスの成功談や失敗談の事例集のようなデータを元にして，図1.1のようなシナリオマップを描くことができるだろうか．もし，それが自動化できるならば，ビジネスの意思決定にとってのメリットははかりしれない．この点は，既に読者もここまでの展開から理解したところであろう．

　しかしながら，先に例示したようなシナリオマップは，ごく簡単なビジネスの概要を仮に可視化したという程度の想像の産物であり，実際のビジネスデータからこのようなシナリオマップを全自動でコンピュータによって描くことは極めて困難となる．なぜなら，実際に世の中で生起する事象や行動をすべてデータにとることはできないからである（一般化されたフレーム問題[1.16]）．

　例えば，新製品を開発したというデータとその新製品を販売したというデータは，通常はそれぞれ開発部と販売部という別の部署の別のデータベースに格納されているものである．さらに，その新製品の競争力を知るためには，厳密には他社の開発デー

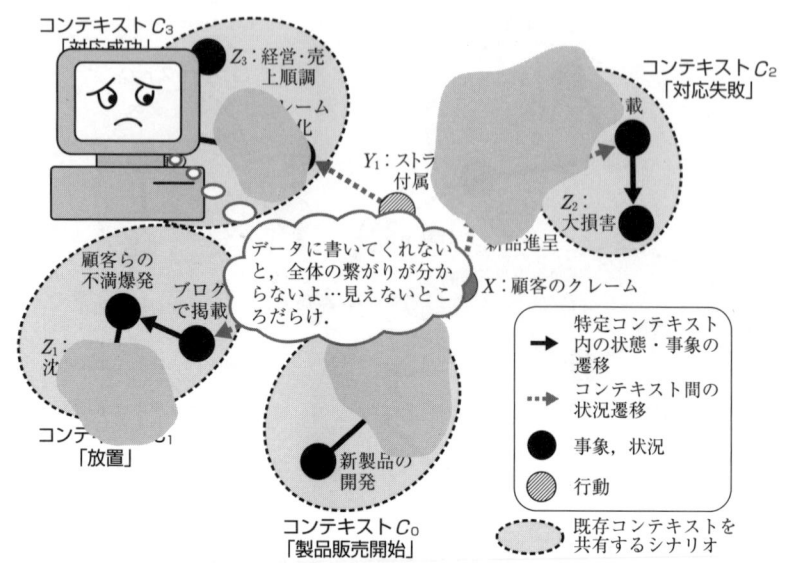

図1.3 コンピュータにシナリオマップが描けるか？

タも知っている必要がある．それらのデータを集めるには，それらがすべてネットワークで接続されており，そのネットワークから自由に情報が得られなくてはならない．そんなことをしては，チャンスを発見する以前に犯罪となってしまう．

また，顧客のクレームは営業部あるいはCRM（カスタマーリレーション）の部署で管理されており，さらにブログやBBSといった外部のデータまでをあらゆる社内データと統合して可視化するという技術は，実現が非常に難しい．なぜなら，そのためには有限個ではない異なるデータベースのデータから，互いに関連するものだけに絞って抽出し統合するような仕掛けが必要だからである．しかし，データ間の関連性というものは状況に依存して異なり，かつあらゆる状況を勘案するということはコンピュータにはできない．

では，どうすれば世の中の状況をシナリオマップの形に表し，その上でチャンスを発見できるだろうか．この問題について，筆者らは独自の研究・実践を通して培った手法をもっている．次章からは，その内容を理論と技術の双方から述べていく．次節にはその概要を示す．

1.5 ■チャンス発見のために必要な技術と理論

　本書にて解説するチャンス発見の手法とその背景の理論は，全体が大きく二つに分かれている．一つは，チャンス発見のヒントとなるデータを可視化する手法の数々である．いま一つは，そのような手法の数々がツール化されて，一般ユーザがこれを使用できる状況におかれたとき，それらのツールを活用してチャンス発見に至るプロセスである．

　後者のプロセスでは，異なる視点をもつ人が集まって未来のシナリオを話し合うというコミュニケーションが必要となる．このコミュニケーションでは，儲け話などのような明るい未来のシナリオについての発言もあるが，悲観的に大きな損失や致命的な悪化といった辛いシナリオを述べる発言も出現する．そして，明るい未来と暗い未来のシナリオが同居しているならば，それらのシナリオの分岐点にある事象がチャンスとなる．なぜなら，それはその後に来るシナリオを選ぶべき瞬間を意味し，意思決定において重要な事象あるいは状況だからである．チャンス発見技術は，いうなれば好機と危機のマネジメントのための手法であるといえる．第 2 章に示すように，様々なシナリオが交わり，その交点にチャンスをさらに見い出すようなコミュニケーションのプロセスは，様々なビジネスの利益をもたらす成果を生むこととなった[1.17].

　このコミュニケーションは，参加者がシナリオマップを共有してそれを観察しながら進めることによって，具体的な成果を生むようになる．シナリオマップは，参加者たちが話題にしている現実社会あるいは自然環境のおおまかな構造について，実データを元にツールを用いて二次元画面上に可視化したものである．

　これは，「三国志」という小説を読むときに，本の中に三国志に関係する当時の中国の地図が表示されていることをイメージするとわかりやすい．未知の地名が次々と出てくる小説の難解さも，この地図を見ながら読むことで解消される．地図の上を軍隊の通る軌跡を思い描きながら読解することが可能となるのである．同様に，他者が述べる未来のシナリオについても，現実世界の構造を地図状に図示したシナリオマップの上をたどることによって理解を深め，自分の考えているシナリオとの関連を考えることができるのである．このシナリオマップを実データから生成する手法は，チャンス発見を行う上で非常に重要な技術となるので，本書はシナリオマップの背景の理論・技術の説明と，理解を助けるための応用事例からなっている．

　幸いにしてチャンス発見は，本書の第 1 章から第 9 章までではとても網羅できようもない奥深さをもつ研究領域に育とうとしている．それゆえに，新たな問題が次々に現れてくる．例えば，好機と危機という非常に極端な分岐点という状況を，どのよう

な気持ちで人は迎えれば良いのだろうか？ビジネスで言えば，大きな契約がとれた場合を考えてみると，明るい気持ちで見れば「儲かりそうだ」と好機に見えるが，暗い気持ちで見れば「また忙しくなる」という沈痛な気持ちになる．だからと言って，明るい気持ちになってばかりいると仕事を引き受けるばかりで，遊びにも行けなくなってしまう．

これは，同じシナリオマップ上の同じチャンスであっても，人の視点によって解釈がそれぞれに違うということである．第2章では，このような人の主観に由来する視点の差に着目する．アリストテレス以来，科学は客観的にみて良いと評価できる法則を求めて成長してきた．パターンをデータから求める研究は，意思決定から人の主観を排除しようとして進んできたのである．これに対してチャンス発見では，主観を積極的に活かすプロセスを開発してきた．そのようなヒューマンファクターを含めたチャンス発見の原理を第2章で論じ，そこでシナリオマップというものがチャンス発見のプロセスで果たす役割を示す．その上で第3章から第7章にかけて，シナリオマップについての理論および技術とその発展について述べる．その発展を理解する上では，本章に示したチャンスの定義が関係することになる．そのことは，読者がシナリオマップの新しい技術を研究開発する上での指針を示すものとなるであろう．

そして第8章では，第7章までに述べる様々なシナリオマップを統合し，チャンス発見の中でも困難な問題を解決する展開について述べる．第9章ではその展開をさらに拡張することによって，従来極めて困難とされてきた「データ中に存在しないチャンスの発見」を目指す技術を紹介する．

それでもチャンス発見という狙いからすれば，まだまだ筆者らにも手付かずの問題が多い．例えば，先に述べた人の「視点」である．本来，視点というのは気分に支配されるものである．その気分は，肉体の欲望に由来することさえある制御困難なものである．一体，肉体あるいは身体と呼ばれるものをチャンス発見プロセスにどのように活用し，また抑制していくべきなのか．しかし，本書の範囲はそれよりもずっと手前までである．それゆえにこそ，この研究分野の一層の発展に読者自身が寄与するチャンスも狙いながら読んで頂ければと思う．

参考文献

[1.1] Ohsawa, Y., Parsons, S., and McBurney, P. (eds), "Chance Discovery: The Discovery and Management of Chance Events", Papers from the 2002 AAAI Fall Symposium Technical Report FS-02-01, AAAI Press (2003)

[1.2] Oehlmann, R and Tsumoto, S., "Special Issue on Chance Discovery", Journal of New Mathematics and Natural Computation Vol. 1., No. 3-No. 4. (2005)

[1.3] Ohsawa, Y., "Chance Discovery with Emergence of Future Scenarios", Keynote Lecture, International Conference on Knowledge-Based Intelligent Information and Engineering Systems (KES 2004), (2004)

[1.4] "Oxford Advanced Learner's Dictionary: 7th Edition Resource Book", Oxford University Press (2005)

[1.5] Yoshikawa, F., "Decisions by Chance and on Chance: Meaning of Chance in Recent New Stories", Chance Discovery pp. 16-29, Springer (2003)

[1.6] 村上陽一郎『新しい科学論-事実は理論をたおせるか』講談社ブルーバックス, 講談社 (1979)

[1.7] Simon, H.A., "A Behavioral Model of Rational Choice", Quarterly Journal of Economics 69 (1955)

[1.8] Mintzburg, H., et al, "The Structure of Unstructured Decision Making", Administrative Science Qurterly, Vol. 21, pp. 246-275 (1976)

[1.9] Galbraith, J.R., "Designing Complex Organization", Addison Wesley (1973)

[1.10] ゴールドベルグ, J., ニーチュ, R.V., 『行動ファイナンス』真壁昭夫監訳, ダイヤモンド社 (2002)

[1.11] ハイデン, K.V.D., (著), 西村行功 (翻訳)『シナリオ・プランニング「戦略的思考と意思決定」』ダイヤモンド社 (1998)

[1.12] Carroll, J.M., MIT Press, "Making Use: Scenario-Based Design of Human-Computer Interactions", MIT Press (2000)

[1.13] Rosson, M.B., et al., "Usability Engineering: Scenario-Based Development of Human-Computer Interaction", Morgan Kaufmann (2001)

[1.14] 大澤幸生 (監修・編著)「チャンス発見の情報技術」, 東京電機大学出版局 (2003)

［1.15］　日本リスク研究学会編『リスク学事典』TBSブリタニカ（2000）
［1.16］　松原仁「一般化フレーム問題の提唱」（マッカーシー，J.，ヘイズ，P.J.，松原仁『人工知能になぜ哲学が必要か』）哲学書房（1990）
［1.17］　チャンス発見コンソーシアム（http://www.chancediscovery.com）

第2章

チャンス発見の原理

2.1 ■基本的な考え方

　チャンス発見という分野は，2000年に初めて国際会議のセッションとして研究者が集まって以来，地道に成長を積み重ねている．しかしながら，その内容を知っているのは，研究者よりも一般ユーザであると言えるかもしれない．2003年の4月21日に「チャンス発見の情報処理技術」なるセミナーが東京で行われ，200名以上の聴講者が殺到した．開催当日の3週間前に当初予定の定員100名を越えたため，広い会議場を取り直したが，また数日で200名を突破してしまった．

　この注目度の元になったのは，チャンス発見という分野で練り上げられた手法を用いて日東紡績において予言された商品のヒットが，実際に2002年に起きたことであった．このニュースは，日経BizTechを含む五つのWebニュースに報道されたほか，繊維ニュースや日本繊維新聞など繊維業の主たる業界紙で取り上げられた．匿名コミュニティサイトとして知られる「2ちゃんねる」ではニュース+のコーナーで本稿筆者を話題に盛り上がり，147件のコメントにまで成長した．AERA誌は2ページのカラーでチャンス発見手法の実施に企業社員たちが取り組む風景や，われわれと(株)博報堂との共同研究の成果からその一部の出力図などを掲載した[2.1]．これらのニュースからチャンス発見への関心が高まり，注目度を確立したのである．

　このような事実は，学術的に無意味な大衆のブームであろうか．そう呼ばれる批判が妥当かどうかを判断するには，セミナーの参加者達がチャンス発見の狙いを正しく理解して参加登録したかどうかを見ればよい．なぜなら，彼らがわれわれの考えを理解して参加するのならば，これまでに人工知能・社会心理学・マーケティング学といった分野を横断する学際融合から確立してきたチャンス発見の考え方そのものが，ビジネスという実環境での意思決定において有用と評価されたことになるからである．

　このように言うと，「考え方だけでは使えない」と反論する技術者は多い．しかし，実際にはシステムそのものよりも，そのシステムを使う上での考え方の方がはるかに有用となることが多い．例えば，パソコンは一年ごとに買い換えないと世の中のメディアの進歩を享受できない．これは，パソコンの中に入っている技術を丸ごと買い替

えることにあたる．技術の価値はこのように一過性である方が，開発者にとっては職に困らなくてよいとも言える．しかし，文書整理のコツや様々な記憶デバイスを使い分ける際の「考え方」は，ユーザの生活に溶け込んでいるので次に買うパソコンを使う際にも役立つ．

　さて，ともかくセミナー参加者を対象として，申し込み段階で参加動機について自由回答形式のアンケートを行った．この回答データに KeyGraph を援用したチャンス発見手法を適用したところ，途中経過として図2.1を得た．

　KeyGraph は，適切な形式の実データを入力として与えるとシナリオマップを可視化するツールの一つである．KeyGraph[2.2，2.3，2.4，2.5]そのものについては第3章以降で詳しく述べることとして，本章ではその概念について，対象データを文書データとして簡単に説明する．

　まず，文書データにおいて出現頻度の高い語と，それらの語の間の濃い（実線の）リンクからなるクラスタ（連結グラフ：図2.1の点線の楕円内）を「島」とする．一

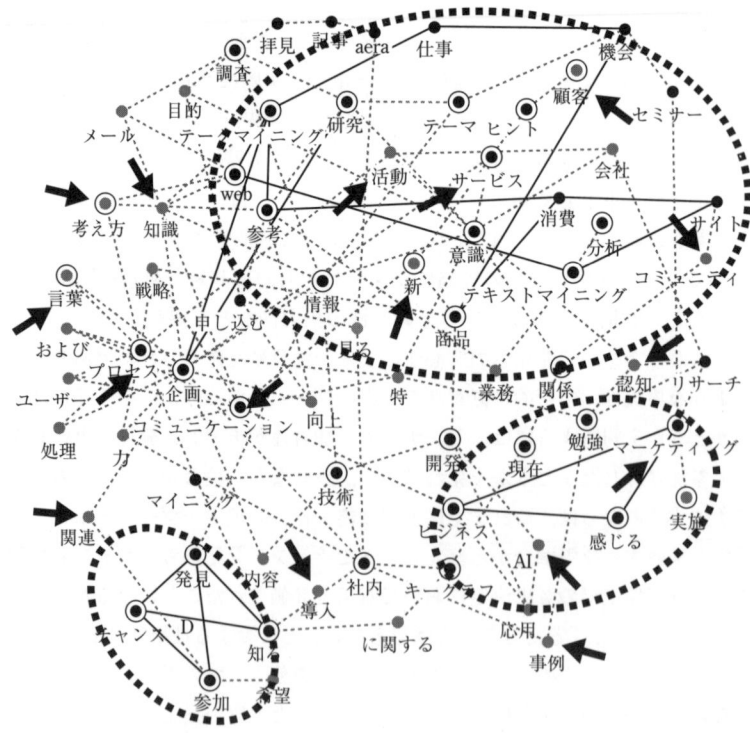

図2.1　チャンス発見セミナーの参加者の声を，KeyGraph（後述）で可視化した結果

つの島は同じ回答者の回答の中にともに現れやすい語の集合で，対象の文書データに含まれる一つの典型的な概念を表す．島と島を渡す点線リンクは「橋」と呼ばれる．この「橋」は，高頻度な語ではないかもしれないが典型的な概念を結び合わせるコンセプトであり，図 2.1 の矢印で表される部分である．点線リンク上のノードは，出現頻度が低いのでその存在の重要性は気付かれにくいが，マップ全体を結ぶ深い意味を持つ語となる可能性がある．図 2.1 からは，

・正しい「コミュニケーション」を行い，「新」しい「商品」や「サービス」を生み出したい．
・チャンス発見の「プロセス」という「考え方」を学び，顧客からのクレームやアンケートにおける自由回答など，「言葉」を活用した「サービス」を充実させたい．
・「マーケティングリサーチ」においては顧客にとっての商品，企業にとっての顧客を「認知」するというプロセスが，今後さらに重要になるだろう．
・「人工知能（AI）」が盛んにマスコミに現れるようになったが，そのビジネス応用が可能ならば成功や失敗の「事例」が知りたい．

といったニーズが，チャンス発見手法への期待として潜んでいることがわかる．これらのニーズは，われわれの本来の考え方，すなわちチャンス発見は意思決定のためのプロセスであり，コンピュータを人の認知プロセスにうまく取り入れて初めて有用となるという考え方と合致する．セミナー参加者らは，チャンス発見の狙いを正しく理解していたのである．したがって，少なくともわれわれの「考え方」は，実用面からの社会的ニーズにとって意味があったということである．本章では，第 1 章におけるチャンスの定義を前提として，チャンス発見の基本的な考え方に焦点を当てて論じていく．

加えて一点，この段階でシナリオマップというものの具体的な形態を予告しておこう．図 2.1 がシナリオマップであるという理由は，この図から上記に箇条書きしたよ

表 2.1　図 2.1 と定義 1.9（第 1 章）の対応関係

略称	図 2.1 の各要素	定義 1.9 における各要素
	ノード	事象（状況 $x \in X$ または行動 $y \in Y$）
島	黒ノードと実線からなる塊	コンテキスト（$C_1, C_2 \cdots C_m \in \Delta$）
橋	島 c_1 と島外のノード x を結ぶ点線および島 c_2 とノード x を結ぶ点線からなるパス	状況（または事象の発生）x における行動 y が導くコンテキスト C_1 と C_2 の間の遷移の強さ $s(x, y, C_1, C_2)$：定義 1.5 参照． あるいは行動 y によるコンテキスト C_1 の中の状況 s_1 からコンテキスト C_2 中の状況 s_2 に遷移する可能性の強さ $\sigma(S_1, S_2, y, x, C_1, C_2)$：定義 1.9 参照．

うな近未来のビジネス戦略に関するシナリオが描かれたからでもあるが，定義 1.9 に従った要素を描画した図とも言うことができる．すなわち定義 1.9 のうち，表 2.1 の右要素が，図 2.1 の中のそれぞれの左要素に該当する．

2.2 ■チャンス発見のプロセス

　データマイニングという枠組みを創始した人々の中でも，Fayyad らは「良い知識とは『正しく新しく有用で，究極的に理解できる』知識である」と述べている [2.6]．この最後の「究極的に理解できる (ultimately understandable)」ということの意味を，「非常に理解しやすい」ととらえる人もいる．しかし Fayyad の考え方は，彼自身のビジネス展開（デジマイン社：http://www.digimine.com など）を見ると，「努力すれば最終的に理解できる」という意味でとらえるべきであることがわかる．これは，チャンス発見にとって特に重要かつ必要となる考え方である．なぜならば，チャンスという事象は稀な事象で，未知因子が関わっている可能性もある．たとえチャンスが目の前に現れたとしても，

① その事象の重要さに気付くこと
② その重要である理由を理解すること
③ その理解に基づいて行動を起こすこと

というプロセスのすべてが難しいからである．その事象が稀でないとしても，意思決定にとって重要であるということは，逆に言えばそこで不適切な意思決定をすると，損失が発生してしまう可能性があるということである．未来が不確実であるという特徴をチャンスは備えているので，意思決定に至るまでのプロセスにおける①，②，③という要素を漏らさず実行していくことが必要となる．

　このプロセスをモデル化したものが，図 2.2 に示す二重らせん [2.2, 2.4, 2.5] である．これは，コンピュータがどのように人と関わり合って，チャンス発見を促進するかという人間工学的なプロセスモデルである．図 2.2 のように，人は「チャンスを求める関心を持つ」→「チャンスに気付く」→「チャンスの価値を理解する」→「行動やその提案を行う」→「新しいチャンスに関心を抱く」→…という順に，チャンス発見のプロセスを辿っていく．これは，実際のビジネス現場でチャンス発見が成功した場合の流れをまとめたプロセスモデルとなっている．

　チャンスの価値とは，チャンスを含む複数のシナリオとそれらの効用から評価されるものである．ウェーバーは，「価値」は行動を制約するものと一旦仮定し，そこか

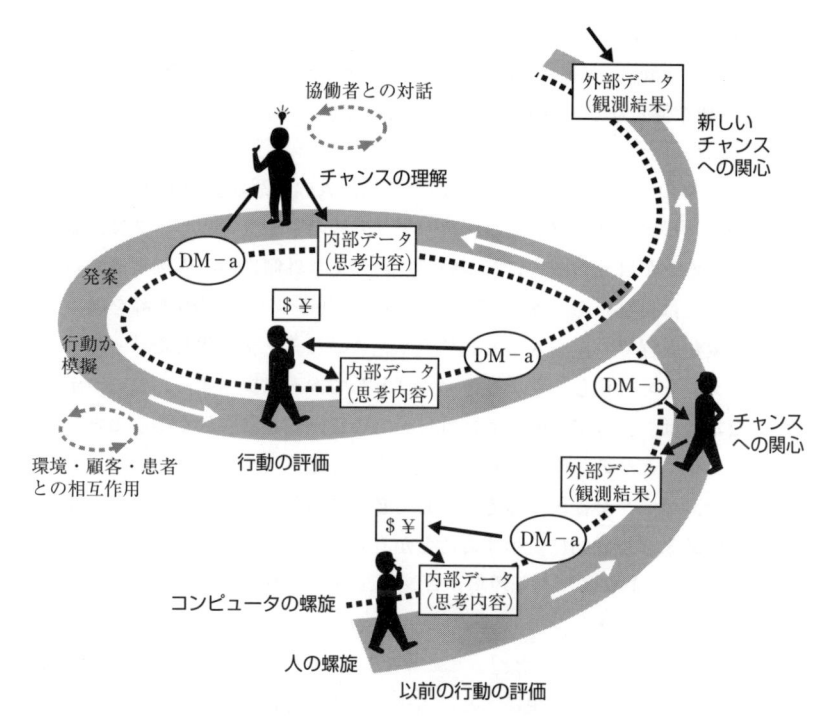

図 2.2　チャンス発見の二重螺旋モデル

ら人を解放することを論じた[2.6]．しかしチャンス発見は，価値による制約を前向きに捉える．もし，ある事象 X を含む複数のシナリオについて，それらのシナリオを経た結果として得られる利益，すなわち効用に差があるならば，その事象 X では特に注意を払って意思決定を行う必要がある．すなわち，各シナリオの効用が行動を制約すると言える．そこで，チャンスの価値を下記のように定義する．この定義の意味は，チャンスの後に生じるコンテキストとしていくつか可能性があるとき，異なるコンテキストで得られる最大の効用に，どれだけの差があるかという値を定義したものである．どのコンテキストでも同じ効用が得られるのであれば，意思決定などせずに運命に任せればよいのである．

定義 2.1

　コンテキスト C_0 の中の状況 X_0 から，事象 Y を経て次に到達可能なコンテキストを $C_1, C_2 \cdots C_n$ とし，状況 X_0 から事象 Y を経て状況 X に至る遷移の効用を $e(X_0$

, Y, X) とすると,次式の $value(Y)$ をチャンス Y の価値と呼ぶ.

$$value(Y) = \text{var}_{C \in \{C_1, C_2 \cdots C_n\}} \{\max_{X \in C} \quad e(X_0, Y, X)\} \tag{2.1}$$

* ただし,$\text{var}_{C \in \{C_1, C_2 \cdots C_n\}}$ は $C_1, C_2 \cdots C_n$ に渡るカッコ内の値のばらつきの大きさ(標準偏差などで評価することが可能な値)である.

チャンス発見の二重螺旋プロセスにおいては,人の意思決定プロセスを幹線として,そこにコンピュータを取り込む.このプロセスの中でコンピュータは,チャンス発見主体である人が自分の関心に基づいて,自分より外側にある外部環境から獲得した「環境(または外部)データ」,および自身がチャンスの意味の理解を進めていく内部環境の変化過程で,声やメモとしてチャンスの意義を文書化した「主体(または内部)データ」を可視化し,シナリオマップとして本人に提示する.このシナリオマップを見た本人は,自分でも明示的に気付いていなかった潜在的な関心事と,それに適合するチャンスとその意味を把握できるようになる.

この意味で,データを提示する方法として必要に応じてデータマイニングのツールを用い,その結果を視覚的に表示することが有効となる(この具体的な技術については後述する).このように,人と環境がコンピュータの力を活用しながら相互作用を繰り返すことによってチャンス発見が実現できることが,意思決定現場における実例から明らかとなってきた[2.7, 2.8].ここまでに述べたチャンスおよびその価値に関する定義付けは,ビジネスの現場におけるチャンス発見に効果を発揮するシナリオマップを可視化するツールの位置づけを理解する上で役割を担うこととなる.この続きは第3章以降で詳細を解説する.

2.3 ■チャンス発見の三つの原理

カッコ書きで先に示したように,環境データは「外部データ」,主体データは「内部データ」と呼ばれることもある.これらは意思決定主体にとって,そのデータが外在するか思考の内部から生まれるかという区別に由来している.そこでは,外在する環境を外部環境,思考する人間の内面を内部環境と考える.英語で主体データを subject data と訳す場合,これは subjective data すなわち主観的なデータという意味に誤解されることが多いので,外部・内部データと称するのはその意味でも便利である.また,主体の心身の中も外もそれぞれ環境であり,その間で自我,すなわち意思決定システムが活動するという経営戦略の思想を踏襲することにもなる.しかし,認知心理学においては,研究対象となる人間としての被験者の回答を subject data と呼

ぶことが定着しているので,「主体データ・環境データ」という名称と「内部データ・外部データ」という名称の優劣を判じることはしない.

ただし,筆者は必ずしも経営学という体系を支持あるいは拒絶するだけの素養を持たないが,経営学の一部におけるように,主体の思考内容と外部環境をともに環境とみなすと,チャンス発見の考え方は三つの原理に縮約することができる.

原理1
　チャンス発見は環境の諸要素間の相互作用プロセスから実現される.

原理2
　チャンスは準備された環境に到来する.

原理3
　環境はいくつかのコンテキストを含み,チャンス発見にはそれらコンテキスト間の相互作用を活性化するためコンテキスト間を連結する橋のような要素を見い出すことが必要となる.

ある事象を意思決定に活用しようとしても,その事象が珍しすぎると過去の経験をそのまま適用することはできない.しかし,過去の経験や知識と目の前の事象をまったく関連付けずに根拠のある意思決定をすることは不可能である.特に,組織を動かすような意思決定をする場合には,理解しやすい根拠が必要となる.そこでアナロジーを用いて,近似的に現状と近い過去の経験を関連付けて,現状の説明に活かすことが有効となる[2.9, 2.10].

欧米には"A chance favors a prepared mind"ということわざがある(パスツールが言ったとされる).この"mind"は「心」と訳されるが,心を表す英語の名詞にはthought, mind, heart などがあり,この順に論理的な思考から感情的な側面へと表現の比重が変わる.論理と感情の中間に位置するmindは,チャンスを理解する力を発揮する可能性をもつ内部環境にあたる.Dietrichらはアナロジーを用いて,チャンスと対応付けることのできる経験の蓄積を"prepared mind"と考え,新しい事象を理解するために必要と思われる経験や知識と関連付ける論理的な枠組みを提案している[2.9].組織の意思決定にチャンスを活かしたいのであれば,日頃から知識や経験の再利用を活性化し,それらと新しいチャンスとを関連付けやすい状態に高めておく知識マネジメント活動も一つの有効な手法といえよう.

内部と外部の環境が相互作用するという観点からすれば,図2.2はチャンス発見プロセスの原型といえる.しかし内省してみると,人の内部環境だけでもいろいろな要

素から成り立っている．たとえば，先のセミナーについてのニュースを読んで関心を示す人たちにとっては，ビジネスにおける「コミュニケーション」と「商品開発」という一見関係の遠い事柄への関心が，二つの島として共存しているのかもしれない．そこに図 2.1 の中央付近にある「新」というコンセプトが投げこまれると，

- 「商品」に関する消費者アンケートの調査と，消費者との「コミュニケーション」の内容を解析するツールによって，
- 「新」しいコンセプトの「商品」の「開発」と「サービス」を生み出したい．
 （カギカッコ内は図 2.1 の KeyGraph の中で重要な位置に配置された語）

という二つの連想が同時に発火し，その瞬間からコミュニケーションというものが商品開発と切り離せないものとなる．これは「コミュニケーション」への関心を持つ人々と「新商品開発」への関心を持つ人々が同時にセミナーに参加していたために，それら別々の人が持っていたコンセプトが KeyGraph の中で結合し，一つのシナリオを構成したものといえる．その背景では，セミナーにチャンス発見という共通のコンセプトで人々が集まり，参加者同士で話し合うことができたことも一因となったであろう．これは，先の原理 1 で言う「環境の諸要素の間で起きる相互作用」の一例として位置付けることができる．

　このようにチャンス発見プロセスでは，まず個人または組織による経験と知識の再利用が活性化され，そのコラボレーションの環境を前提として駆動されるのが理想的である．そのとき，チャンスとされる事象や状況，またはそれらについての情報は，環境の中にある別々のコンテキスト間を橋渡しして，環境内の様々な相互作用を活性化することになる．このような理想状態を準備するためには，チャンスを得るための各個人の準備された心や組織内での信頼関係も大切であるが，本書ではそれらが準備された環境での技術的な手法と理論に焦点を絞る．

2.4 ■「洞察」とチャンス発見の関連

　第 1 章から用いている「コンテキスト」という語は，本来，人の認知や決定，行動の当事者にとっての適切性を支える前提を意味し，言い換えれば意思決定に際しての価値観に相当する[2.11]．前節の言葉で言えば，人の集まりの中でのひとつひとつの島は似た価値観の人や考えの集まりを表すので，あるコンテキストに対応していると言える．すると，前節に示した三つの原理をさらに簡単に一文でまとめると，チャンスとはコンテキストを遷移させるきっかけとも言うことができる．

ここで，第 1 章で述べたチャンスの定義（定義 1.5）に立ち戻ってみよう．チャンスの働きはコンテキスト遷移を促進することに他ならない[2.14]．このため，庄司らの言うような話題の軸の変化（後述）をもたらす店員の発言や新商品についての情報が買い物する時点で与えられ，これがチャンスとなって人々の購買意欲が高まるプロセスに点火するわけである[2.13]．

このようなコンテキストの遷移は，認知科学における「洞察」というテーマで研究されてきたこととも関連が深い．洞察とは，本来，問題解決に対して適切に働いていた制約が，逆に特定の問題に対して不適切な制約として働くことで行き詰まり（インパス）に陥ってしまった場合において，多くの失敗を繰り返して制約を乗り越え，ある瞬間に突然答えを発見するまでのプロセスである[2.14]．したがって，もしここまでの本書の定義における「コンテキスト」が，問題解決に対して働く制約と一対一に対応するのであれば，洞察とチャンス発見は近い考え方であることが示唆される．そしてこの考え方は，次のように検証すると正しいことがわかる．

まず，定義 2.1 において，事象 Y によって状況 X から状況 X_k へ遷移することによる効用を $e(X, Y, X_k)$ とし，式 (2.1) の $value(Y)$ をチャンス Y の価値と呼んだのを思い出そう．この効用が状況ではなく，C_1 から C_2 へのコンテキスト遷移によるものと仮定して少し分解すると，$e(X, Y, X_k)$ は $e(C_1, Y, C_2)$ となる．そこで，e について次の 3 通りの解釈を考える．$interest(C)$ でコンテキスト C のもたらす利益を表すと，

① $e(C_1, Y, C_2) = interest(C_2) - interest(C_1)$
② $e(C_1, Y, C_2) = interest(C_2) + interest(C_1)$
③ $e(C_1, Y, C_2) = interest(C_2 \text{ and } C_1)$

このうち①は，C_2 が C_1 よりも効用が増加するから遷移するという場合である．②は，これまでのコンテキストに在留する効用に遷移後の効用を加えて進んでいくシナリオを得ようとする遷移を意味する．③は，単に加えるだけではなく，これまでの効用と遷移後の効用が相互作用を起こし，新たな効用を創発させるという場合に当たる．

$interest(C_1)$，$interest(C_2)$，$interest(C_2 \text{ and } C_1)$ を同じ評価軸で測定できるのであれば，これらの遷移の効用はコンテキスト C_1 にいながらにして見積もることができる．その場合は一人でシナリオマップを見渡して，自分のいるコンテキストと他のコンテキストの効用をそれぞれ求めて比較すれば，①と②の効用を求めることができる．しかし，C_1 と C_2 において生起する事象あるいはその系列の効用は，それぞれのコンテキストに固有の指標で評価しなければならないという場合がある．たとえ

ば，初めて行く高級レストランでは，これまで友人と通っていた居酒屋で高く評価していたドブロクが低級の安酒とされ，注文すると周囲の白い目のせいで不愉快になる．このような場や人によって異なる評価指標が価値観は，すなわち洞察理論における制約に相当する．洞察をともなうようなチャンス発見は，単に一人でシナリオマップを見ても実現が困難となる．複数の人が集まり，お互いにとって新しい価値観を提供し合うようなコミュニケーションが必要となる（それで十分とは限らない）．それはすなわち，上記の③に相当するコンテキスト遷移にあたる．すなわち，C_1, C_2, C_3 …などの様々なコンテキストで生きてきた参加者たちの中から一人のコンテキストだけを優先するというのではなく，それぞれのコンテキストにおけるものごとの評価の仕方を互いに取り入れて，新たなコンテキストを築くことがコミュニケーションの一つの重要な役割となる．例えば，高級レストランでドブロクを飲むことがある種の新しい嗜好として定着していくこともあり得るのであり，そのためには高級レストランのウェイターと居酒屋党の客とのコミュニケーションが突破口になるかもしれないのである．

2.5 ■人と環境の相互作用プロセス―見直すべき主観の力―

　一世一代の決定をしなければいけないときに，判断に主観が混ざってしまうことを恐れる人は多い．しかし主観とは，ある時期にごく少数の人が信じていることに過ぎない．それ以上でもそれ以下でもない．そして，この主観こそがチャンス発見の本質的なカギとなる．この考え方は，ポストモダンマーケティングと呼ばれる最近のマーケティングの考え方にも見られる．ポストモダンマーケティングでは，ネットワーク型社会における相互作用と個人の主観の関わりに焦点をあてるからである[2.15]．

　実際，現在においては客観的と言われている知識さえも最初は主観からスタートしたものがほとんどである．地動説はコペルニクスの勝手な視点に過ぎなかったし，ピカソの前衛的な絵画は単なるひとりよがりだと嘲笑された．少数派の考え方や感性が大衆のコンテキストと相互作用を起こして流通し，多数派になったのである．われわれは，あるチャンスらしきものから人手を介して提案される未来のストーリーをチャンス発見の一つの成果物とみなす．それは，最初は誰か一人による主観的な「ものがたり」に過ぎないが，そのうちに良質な「ものがたり」としてグループの合意に達し，客観的にも正しいと評価されるようになることである．目の前の出来事からストーリーを構築することは重要であり[2.16, 2.17]，そのためには客観的なコンピュータの計算ではなく，ばらつきのある人間の想像力に依存せざるを得ない．

そもそもチャンス発見では，原理2で示した通りに準備された環境を必要とする．社会全体から見ればミクロな存在である個人の場合，準備された環境とはある事象をチャンスと解釈する主観的な心的状態を意味する．またマクロな社会の場合，大雑把に言えば，社会心理学における普及過程[2.18]がある少数派の発言に刺激されて始動し，社会全体の活性化を呼ぶ．この場合，最初の発言が原理3の橋になることもあるし，活性化されたコミュニケーションから生まれた発言が新たな橋となることもある．このようにチャンスを発見する主体が個人であっても集団であっても，コンピュータに頼りすぎず，自分でチャンス発見プロセスを導く態度は欠かせない．

2.6 各種の外部（環境）データ

図2.2で述べた内部データと外部データのうち，外部データとは普段から読者が「データ」と呼ぶ外界の観察結果である．スーパーの店員から見ると，顧客が商品を購入した履歴やアンケートの回答データは外部データであるし，もちろん地震観測の結果も外部データである．一方，アンケートの対象となった顧客から見れば，アンケートデータは内部データということになる．

これまでにチャンス発見に関連する研究の中で扱ってきたデータの中から一部を示すと，次のようなリストになる．これを研究者である筆者の眼で見れば，すべて外部データである．

自然観測データ
a. 地震履歴データ[2.19]
b. 気象（特に天候）データ[2.20]

個人の行動，現象についてのデータ
c. パソコンユーザがファイルを用いた履歴[2.21]

複数の人の行動，現象についてのデータ
d. 顧客らによる購買をレジで記録したデータ（POSデータ）[2.22, 2.23, 2.24]
e. 食品消費を記録したデータ[2.25]
f. 商品（ワイン）を嗜好家が推奨したデータ[2.26]
g. サンプル展示会でのピックアップデータ[2.27]
h. 選択式アンケートデータ[2.28]
i. 自由回答方式のアンケートデータ

j. ゲノムチップ観測データ [2.29]
k. 肝炎医療データ [2.30]
l. 企業の財務データ [2.31]

複数の人や組織の相互作用についての行動データ

m. グループインタビューのデータ [第6章]
n. 銀行窓口の会話を要約したもの（要秘匿）
o. 店舗における会話プロトコル [2.32]
p. オンラインコミュニケーションのデータ [2.33, 2.34, 2.35, 2.36, 2.37, 2.38]
q. ラグビープレイ中における選手移動データ [2.39]
r. Webリンク構造のデータ [2.40]

このように，チャンス発見については様々な場面での需要から広い範囲のデータに取り組むニーズ駆動の体制で研究を進めてきた．

2.7 ■各種の内部（主体）データ

あるデータが内部データであるか外部データであるかは，意思決定主体が誰であるかに依存する．前節でいえば，c以降でj, k, l以外はすべて内部データにもなり得る．

たとえば，前節の〔d. 顧客らによる購買をレジで記録したデータ（POSデータ）〕を考えてみる．顧客を外部環境の一部と見なせば，その購買履歴は外部データである．しかし，顧客自身が実はチャンス発見プロセスの上に乗っていて，客のふりをしたマーケットリサーチャーでもあるならば話が違う．実際，あるPOSデータを解析する際に，われわれ自身も対象の店舗に足を運んで商品を購入するという経験を試みたことがある．こうすると，データの解釈に有効な背景知識が得られるからである．たとえば，調査対象のスーパーマーケットの入り口に野菜があることを知っていれば，POS解析で「野菜が多く売れる」という結論を出しても当たり前すぎて意味がないことは簡単に理解することができる．このときのわれわれの様な客が商品を購入する場合，その購買データを発見プロセスにおける自分自身の関心・行動の内部データとして利用することができる．

内部データとして扱われることの多いものは，iとmである．特に，〔m. グループインタビューのデータ〕は，KeyGraphの出力図を見ながらチャンス発見に至るグループワークにおいて，参加者らの会話をテキスト化したものとしてよく用いられ

る．これを内部データとして KeyGraph にかけるという作業を，図 2.2 のプロセスの一部として取り入れるのである．たとえば図 2.4 は，インターネットと実世界での人の情報利用に関する研究[2.28]におけるアンケートデータに対する KeyGraph の出力図である図 2.3 を見ながら，8 名の社会人が行った会話のテキストを KeyGraph によって分析したものである．また，別の手法（IDM：第 6 章）によれば，図 2.5 のような構造を得ることができる．いずれの場合でも，情報への欲求という感情的な側面に研究者の新たな関心が発生したことがわかる．これは，本人たちも議論中には気付かなかった焦点である．実際，情報を求める人の感情の側面までをも重要視し，雑談や喧騒のような会話まで研究対象とするようになったのもこの頃からであった[2.36, 2.41]．研究における大きな方向を決めるのも意思決定であるので，この新しい関心を呼ぶアイデアの出現は研究者にとっての有効なチャンスとなった．

〔p. オンラインコミュニケーションのデータ〕における会話内容が内部データとして有効であることは，グループインタビューの場合と同様であるが，同じ部屋で考えを共有しながら会話を進めるのに比べると，意思決定を支援する効果は劣る．実空間での出会いと議論を楽しく盛り上げるエージェントなどは，チャンス発見における支援システムとしてもその展開が期待される[2.42]．

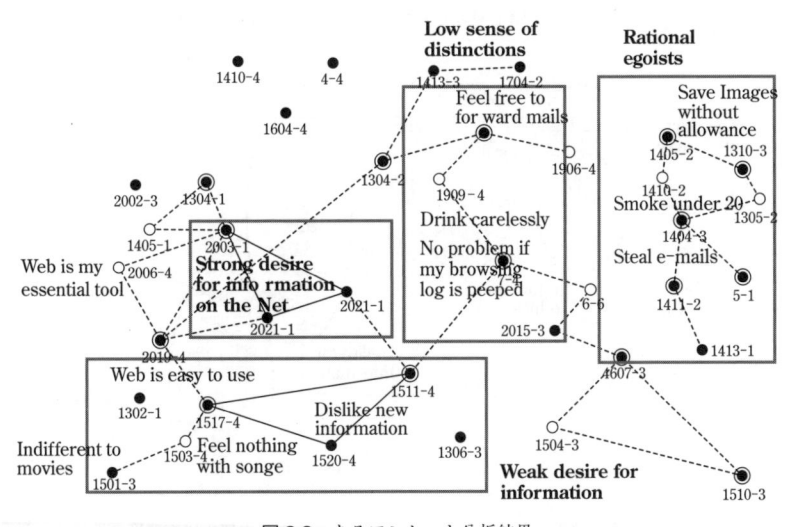

図 2.3　あるアンケート分析結果

第2章■チャンス発見の原理

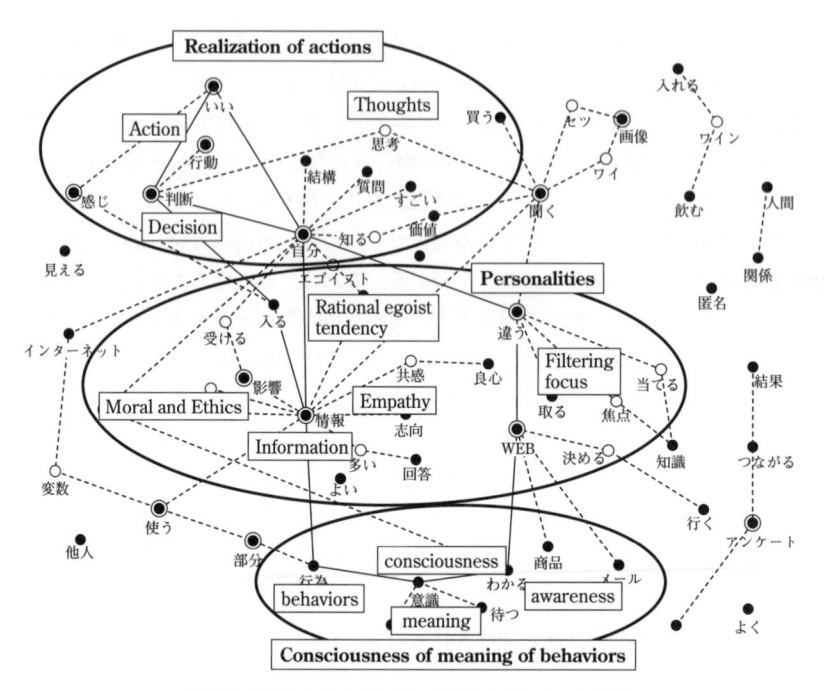

図2.4　図2.3を見ながら行った議論のKeyGraph結果

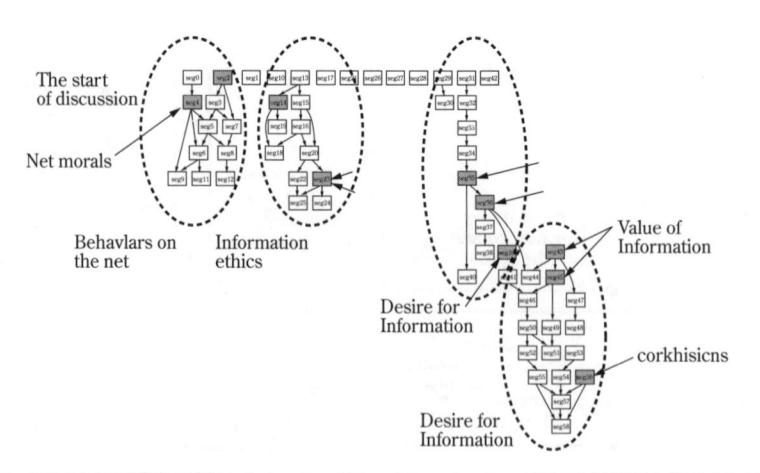

図2.5　図2.4と同じ議論に適用したメッセージチェーン．メッセージ間の応答関係と単語の共有の度合いから計算して，影響力のあった発言を得る．

2.8 ■環境と主体の相互作用を支えるコンピュータ

　気象予報士の福田は，2002年の東京における初雪が早く到来し，降雪が深くなることを大澤研究室の11月の研究会で予言した．根拠は次のとおりであった[2.20]．

① 　決定木（C5.1）で学習したルールによれば，今年の初雪は全国的に早くなると考えられる．実際に日本北部については，10月で得た結果の通りに早い時期に初雪が観測された．

② 　①の解析が11月時点までの降雪と一致していることを考えると，その年の過去（夏ごろから）の天候データの中から冬の降雪に関係する項目が抽出される．抽出された項目から新たに降雪深と過去の天候の関係を学習したところ，東京における12月の降雪深が深くなることが予測され，①と互いに支持し合う結果となった．

　この予言は，東京での2002年12月9日の大雪によって裏付けられることとなった．決定木のように普及したデータマイニングツールで，なぜ他にない成果を得たのだろうか．その答えは，福田本人が気象予報士として日々環境データを収集，解析する中で培った経験が，①の結果により刺激され，②で関係する項目が的確に選択されたからである．福田によれば，これは人間がその環境と相互作用していくプロセスからの気付きを，コンピュータが支援したのであったと言う．

　では，この相互作用を支援するコンピュータの出力はどのようなものであるべきか．ここでは，従来のデータマイニングとは異なる指標で解析ツールの良し悪しを判定しなければならない．例えば，データマイニングで得られるルール「aが真ならばbも真」の精度を評価する指標として，「支持度（aとbが共に真であるデータの割合）」と「確信度（aが真であるデータのうちbが真である割合）」がある．この両方の値が高いルールを「高精度」と評価するのが古典的なデータマイニングの考えであった．

　この考え方に対して最近では，例外的なルールは興味深い知識を表す可能性があるという考え方に基づいて，この「例外的なルール」に相当する「支持度の低いルール」「希少事象の予測ルール」を得る手法の研究も進んでいる[2.43, 2.44, 2.45]．しかし杉崎は，特に環境が動的に変化する現場では，確信度さえも低いルールが有用な知識を表すことを実証した[2.46]．例えば，「aが真ならばbも真」という条件付確率が低いということは，「aが真でcが真ならばbも真」という，重要な未知事象cを見落としていることが多いからである．遠洋漁業のように環境の厳しい変化にさらされる場合，この未知事象を把握できるか否かは生死に直結する．杉崎が対象とした

のは，この遠洋漁業データから市販のデータマイニングツールによって見い出された「Aという天候でBのような地点で網をCの角度で下ろすならば，DというタイプのオキアミがEという量だけ取れる」などのルールであった．このようなルールの条件付確率が100％に近づくことはほとんどないが，むしろそれゆえにこそ，その背景に「オキアミ」という生物の隠れた習性があることに，経験豊かな漁のプロは気付くのである．実際，杉崎らがこのようなルールをオキアミ漁の現場に携わる人たちに見せたところ，確信度の低いルールから有益な知識を得ることは予想を超えて多かった．被験者らは，ルールを経験と照らし合わせることによって未知事象cを補っていたのである．

かといって，「支持度と確信度が共に低いルールが良い」というわけではない．経験的に言えば，支持度と確信度は必ずしも現場で働く人の感じる知識の有用性と相関がない．これは，チャンス発見における知識の有用性と先述の「相互作用」との関わりを意味している．すなわち，未知事象cを理解するために，人は現場における経験を動員するか，あるいは現場の観察をやり直す．このとき，未知事象cの確率が低い場合は，より経験豊かな人の意見を聞くか観察を念入りに行うことによって，新規性の高い知識を得ることができる．一方，cの確率が十分高い場合には，自分の経験だけを思い起こせば理解でき，その理解は自分の経験を言葉として定着させることに役立つのである．

2.9 チャンス発見とスモールワールド

ある事象に意思決定が左右される場合には，次の二通りが考えられる．

a. 同じ選択肢集合における各選択肢の優先度が変化する場合
b. 意思決定の選択肢が増える場合

様々な事象をクラスタ（コンテキストに相当）に分け，現在起きている事象をそのいずれかのクラスタの中に位置づけることができれば，人はそのクラスタに該当するコンテキストに注意の重み付けをしてものごとを考えることができるようになる．すなわちクラスタリングによって，人は上記aに相当するチャンス発見を行うことができる．一方，環境の中に制御すべき対象を新たに見い出し，その制御によってコンテキスト間を移動することができるならば，bのように意思決定の選択肢を増やすことも可能となる．その対象というのが2.8節で述べた「未知事象」であり，2.2節などで述べてきたコンテキスト間の移動を誘発するのである．そこで，この未知事象を発

見し，かつコンテキスト間を結ぶ「橋」を見い出すことを支援できるようなデータマイニング手法があれば，チャンス発見の実現可能性が強化される．このために，先の原理3に記したような環境におけるコンテキストと「橋」の関係をデータから可視化する技術が必要となった．そのような技術が，KeyGraphや図2.5のコメントチェーンであった．

このような手法を理論的な体系化に基づいて発展させるために，松尾らがヒントにした"スモールワールド（Small World）"は，たくさんのノードについて内部のノードが密に結合しているいくつかのクラスタ（表2.1の島に相当）と，クラスタの間を結ぶ弱い紐帯（橋に相当）からなる世界に近い[2.47]．各ノードが人を表すならば，各クラスタ内では密な情報のやりとりがあることになり，それはコンテキストの共有が確立したコミュニティとなる．例えば，あるコミュニティAに対して外部のコミュニティBから情報が与えられる場合を考える．AとBのコミュニティ間の距離が適度に近ければ，Bからの新情報を元にAの内部でコミュニケーションが活性化する．それはコミュニティ間の距離が，同じような関心があるという程度に近く，新しさを感じる程度に遠いからである．そのようなAとBの共存は，活気ある集団を構成する．

松尾らは，図2.6のようなクラスタ群とその間の弱い結合からなる構造をとらえるために，もし取り除いてしまうとグラフ内における任意のノード対の距離の平均値が増加してしまう（connectivityが高いという）ようなリンクを選び，これを取り除くことによって意味のあるクラスタ群を得るという工夫を加えた．その上で，KeyGraphと同様にそれぞれのクラスタを島として橋を渡すなら，各島は意味を把握し

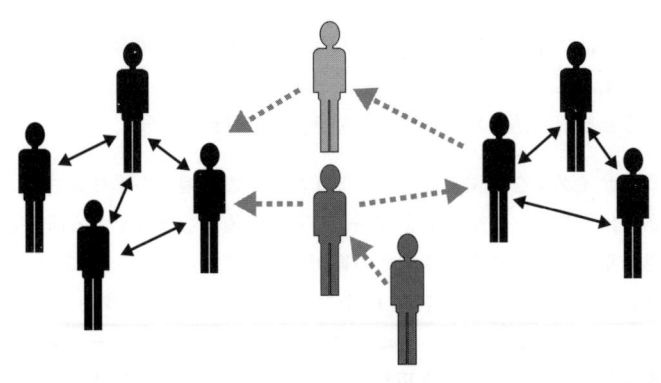

図2.6　スモールワールドの例．島になっている左右の密な集まりが日常から接し，別の島に新鮮な情報を与える．イノベーターの発言が全体に影響することもある．

やすい塊となる．特に，星型（放射状）の島では中央のノードが直接その島の意味を表し，ダイヤモンド型（クリーク）の島は全体で共通する未知概念を表すと考えた[2.48]．これらと同様に，人の集まりのグラフ表現からコミュニティを抽出する手法は翌年にHubermanらによって再発見されて報道されたが，チャンス発見研究者たちがより早い発見者であったとただちに修正された（[2.49]など）．

Goldbergらは，チャンス発見の原理における各島が，遺伝的アルゴリズムにおけるビルディングブロック（共存しがちな遺伝子たち：上記のクラスタあるいはKeyGraphにおける島に相当）に該当することを指摘し，KeyGraphなどでとらえられる「橋」を利用することにより，現実世界における意味を持つ未知のビルディングブロックを形成できるという興味深い実験結果も示している[2.50]．

2.10 ■チャンス発見とコミュニケーション

組織においてチャンス発見を行う場合には，グループでの議論が有効となる[2.25, 2.27, 2.51]．この理由を先の三つの原理を参照しながら考えてみる．例えば8人のメンバーからなるグループを考えてみよう．各2人ずつは普段から似た環境で仕事をしている．一緒に仕事をすることで考えや経験を共有しているので，一つの「島」にいるということができる．これらの4組が一同に会し，マーケットデータをKeyGraphによって可視化した結果を参照しながら議論すると，次のようなことがおきた．

① 各メンバーは，自分にとって理解しやすい島を図から見つけて理解する．
② 各メンバーは，自分の理解している島のその隣の島との接点に橋が渡されていることに気付き，隣の島を理解した人との会話に価値を感じて実際に会話を始める．隣の島との会話に価値を感じる人と感じない人に分かれる場合は，元の島が分断されることもある．
③ 隣り合う島を取り込んだ新しい島ができ，その状態から①に戻る．

このようなサイクルを循環する中でコミュニティの再編成が繰り返され，それが企業組織であれば新しいマーケットを開拓したり，学術的な研究をする研究者たちであれば新発見を重ねたりする創造性の高い集団となることがこれまでに見い出されている．たとえば，大澤と福田は数名の主婦に食品消費データに対するKeyGraphの出力結果を提示し，その観察下でのグループインタビューによってチャンスと見られる希少消費を発見するプロセスを実現している[2.25]．彼らはここで，チャンスの価値を測定する指標としてPUG指標を提案した．PUG指標によるチャンスの価値は，

P：チャンスを元に意思決定の提案を出せるかどうか（0 または 1 の値をとる）
U：チャンスが気付かれにくいこと（参加者のうちどれだけの割合がチャンスに気付いたかという割合の逆数）
G：集団の中で提案が成長する度合い（チャンスに気付いた人は，最初から比べてどれだけ増加したか：1 以上の値をとる）

という 3 指標からなるベクトルによって数値的に評価することができる．例えば，食品消費データを可視化した KeyGraph の中で，「ハム」や「卵焼き」など洋風朝食食材の島に注目するメンバーたちと，その隣にある「菓子パン」など軽食の島に注目する別のメンバーたちがいた．これら両方の主婦たちはそのうちに，それまであまり注目していなかった食材「ビタミンサプリメント」が両島の間にあることに注目するようになり，自分たちが良く知る二つの島を朝食とする消費者群の両方が深い興味を示す可能性を持つことに気付いた．実際，ビタミンサプリメントは朝食時にも消費されやすいメニューにその後育っている．このとき，はじめはビタミンサプリメントの重要性に気付く主婦は 8 人のうち 1 名であった（U が 8 と高い）が，10 分程度すると全員が興味を示すようになった（G が 8 と高い）．その背景には，「ビタミンサプリメントは菓子パンしか食べない女子高生の栄養補給にも役立つし，主婦にとっては準備しやすいオーソドックスな朝食の補助としても便利な食材であるので，我が家にも取り入れよう」という意思決定へのシナリオがあった（P が 1 と高い）のである．

2.11 チャンスと隣人に対する人の意識

以上の効果は，必ずしもノードとリンクからなるグラフを視覚化するデータマイニングの出力結果がなくても実現できる．問題は，そこにユーザが島を見い出し，橋を見い出すかどうかにかかっているのである．したがって，ノード間の関連性を二次元画面上の距離に反映して，空間配置するだけでも効力を得る可能性はある [2.32]．情報検索の履歴などを内部データとし，免疫ネットワークの原理を転用してユーザ内部の心的な状態の構造をとらえ，必要に応じて視覚化する手法は，原理 1.2 を積極的に具体化した成果といえる [2.52]．すなわち，外部から入ってくる情報に対して心が準備している状態を，免疫とのアナロジーでとらえたものである．さらにデータとコンピュータを用いなくても，対話する二人がそれぞれ異なる島にいて，片方の話者が両者の間の橋の存在について相手に気付かせるだけでも，二人が意気投合するコンテキストを発見してコミュニケーションを活性化させることがある．

このように，橋の存在に気付くためのチャンスへの関心の高さや，島のそれぞれを識別するといった人々の意識は，チャンス発見のカギとして欠かせない．例えば，「2ちゃんねる」の膨大なコミュニケーション履歴を証拠として，それぞれの発言がどの発言と同じ参加者によるものであるかを理解できる（識別性という）コミュニティは，ただ騒ぐだけではなく意味のある意見が次々に出される形で活性化するという結果が示された[2.36]．これは，個々人がまず別の島から発言しているという意識がコミュニティの活性化に貢献することを示唆する結果といえる．

Webページの集まりという世界を，各ページの読者や作者の持つコンセプト間の関係性の巨大な記述として眺めると，彼らが互いに適切な距離を感じるかどうかという測定手法もチャンス発見において重要な技術といえる[2.53]．言い換えると，自分たちがスモールワールドのような構造をなしているというメンバーの意識そのものが，その集団によるチャンス発見を支える力となる．実際，活性化するコミュニティの構造をメッセージのやりとりからとらえると，その構造はコミュニティの創造性に関連していることがわかってきた[2.51]．

このようにチャンス発見へのアプローチのためには，データ可視化技術を適用する以前にデータ収集，人の関心，人間関係など様々な要素を考慮する必要がある．本書は，チャンス発見におけるデータ可視化手法の背景にある基礎モデルを中心に据えていくことになるが，それらの手法は本章に述べた様々な要素の中に位置付けてこそ意味をなすということをここで確認しておきたい．

参考文献

[2.1] 「人工知能でチャンス発見」週刊 AERA, 朝日新聞社, 2003.4.7, pp. 63-64

[2.2] 大澤幸生（監修・編著）「チャンス発見の情報技術」, 東京電機大学出版局 (2003)

[2.3] 大澤幸生, Benson, N.E., 谷内田正彦「KeyGraph：単語共起グラフの分割・統合によるキーワード抽出」電子通信学会誌論文誌, J82-D1, No. 2, pp. 391-400 (1999)

[2.4] Ohsawa, Y., Benson, N.E., and Yachida, M., "KeyGraph: Automatic Indexing by Co-occurrence Graph based on Building Construction Metaphor", Proc. Advanced Digital Library Conference (IEEE ADL' 98), pp. 12-18 (1998)

[2.5] Ohsawa, Y. and McBurney, P., eds. "Chance Discovery", Springer Verlag (2003)

[2.6] マックス・ウェーバー著, 木本幸造 訳『社会学・経済学の「価値自由」の意味』日本評論社 (1972)

[2.7] 臼井優樹, 大澤幸生「生地メーカーにおける暗黙的顧客ニーズの発見」ファジィ学会論文誌, Vol. 15 No. 3, pp. 275-285 (2003)

[2.8] Horie, K., Ohsawa, Y., "Products Designed on Scenario Maps using Pictorial KeyGraph", Journal of Applied Computer Science, to appear (2006)

[2.9] Dietrich, E., et al "Prepared Mind: The Role of Representational Change in Chance Discovery" in Ohsawa, Y. and McBurney, P., "Chance Discovery", Springer pp. 208-230 (2003)

[2.10] Abe, A., "Prepared Mind: The Role of Representational Change in Chance Discovery" in Ohsawa, Y. and McBurney, P., "Chance Discovery", Springer pp. 231-248 (2003)

[2.11] 根来龍之「対話型戦略論：コンテキストの吟味と共創」」産能大学紀要, Vol. 19 No. 2 (1999)

[2.12] Nara, Y. and Ohsawa, Y., "Tools for Shifting Human Context into Disasters Chance Discovery and Management session", Proc. Fourth International Conference on Knowledge-Based Intelligent Engineering Systems & Allied Technologies (KES 2000) (2000)

[2.13] Shoji, H., "Human-to-Human Communication for Chance Discovery in Business", in Ohsawa, Y. and McBurney, P., "Chance Discovery", Springer, pp. 72-83 (2003)

[2.14] 三輪和久，寺井仁「チャンス発見と洞察問題解決」第51回人工知能基礎論研究会資料（SIG-FAI51）(2003)

[2.15] 井関利明「ビジネス・パラダイムの転換とポストモダン・マーケティング」日経広告研究所報 181 号（1998）

[2.16] Prendinger, H. and Ishizuka, M., "Methodological considerations on chance discovery", New Frontiers in Artificial Intelligence, LNAI 2253, Springer Verlag, pp. 425-434 (2001)

[2.17] Campose, J. and Figueiredo, D., "Programming for Serendipity Chance Discovery, " Papers from the 2002 AAAI Fall Symposium Technical Report FS-02-01, AAAI Press, pp. 48-60 (2003)

[2.18] Rogers, E.M., "Diffusion of Innovations", Free Press (1995)

[2.19] Ohsawa, Y., "KeyGraph as Risk Explorer from Earthquake Sequence", Journal of Contingencies and Crisis Management (Blackwell) Vol. 10, No. 3, pp. 119-128 (2002)

[2.20] 福田寿 他「マーケティングにおけるチャンス発見」（大澤幸生『チャンス発見の情報技術』第17章，東京電機大学出版（2003）

[2.21] Ohsawa, Y., "Get Timely Files from Visualized Structure of Your Working History", to appear in IEEE Proc. Knowledge-based Intelligent Information Engineering Systems (KES' 99) (1999)

[2.22] Ohsawa, Y. and Fukuda, H., "Potential Motivations and Fountains of Chances, Chance Discovery from Data session", Proc. International Conference on Industrial Electronics, Control and Instrumentation (IECON 2000) (2000)

[2.23] 庭瀬聖子 他「KeyGraph と統計手法を用いた消費者イメージの測定手法」第51回人工知能基礎論研究会（2003）

[2.24] 大澤幸生 他「二重螺旋モデルを用いたスーパーの顧客行動変化の予兆発見」情報処理学会第128回知能と複雑系研究会＋人工知能学会第56回知識ベースシステム研究会（SIG-KBS）合同研究会（2002）

[2.25] Ohsawa, Y. and Fukuda, H., "Chance Discovery by Stimulated Group of People-An Application to Understanding Rare Consumption of Food ", Journal of Contingencies and Crisis Management Vol. 10, No. 3, pp. 129-138 (2002)

[2.26]　Mizuno, M., "Chance Discovery for Consumers", in Ohsawa, Y. and McBurney, P., "Chance Discovery", Springer Verlag, pp. 367-381（2003）

[2.27]　臼井優樹「チャンス発見の実践, -繊維業界における事例と未来社会への提言-」人工知能学会誌, VOl. 18, No. 3, pp. 301-306（2003）

[2.28]　Ohsawa, Y. and Nara, Y., "Decision Process Modeling across Internet and Real World by Double Helical Model of Chance Discovery", New Generation Computing, Vol. 21 No. 2, pp. 109-122,（2003）

[2.29]　堀本和秀, 大澤幸生, 石塚満「KeyGraph 手法によるマウス拒絶反応に関するDNAマイクロアレイデータからの発見支援」情報処理学会全国大会（2001）

[2.30]　Ohsawa, Y., Matsumura, N., Okazaki, N., Saiura, A. and Fujie, F., "Mining Scenarios for Hepatitis B and C", in Paton, R. (ed)" Multidisciplinary Approaches to Theory in Medicine", Elsevier, pp. 209-230（2005）

[2.31]　Ogawa, S., "Trust Evaluation Mode", Journal of Contingencies and Crisis Management, Vol. 10, No. 2, pp. 63-72（2002）

[2.32]　Shoji, H., Mori, M., Hori, K., "S-Conart : Concept Articulation for Shoppers", In the Fall Symposium on Chance Discovery Technical Report, FS-02-01, AAAI（2002）

[2.33]　McArthur, R., Bruza, P., "Discovery of tacit knowledge and topical ebbs and flows within the utterances of online community", in Ohsawa, Y. and McBurney, P. (eds)" Chance Discovery", Springer Verlag（2003）

[2.34]　Fruchter, R., Ohsawa, Y., and Matsumura, N., "Knowledge reuse through chance discovery from an enterprise design-build enterprise data store", New Mathematics and Natural Computation, Vol. 3（2005）

[2.35]　松村真宏, 大澤幸生, 石塚満「テキストによるコミュニケーションにおける影響の普及モデル」人工知能学会論文誌, Vol. 17 No. 3, Vol. 17, No. 3, pp. 259-267（2002）

[2.36]　松村真宏 他「2ちゃんねるが盛り上がるメカニズムの解明」第51回人工知能基礎論研究会（2003）

[2.37]　Kato, Y. et al, "An Approach to Discovering Risks in Development Process of Large and Complex Systems", New Generation Computing, Vol. 21, No. 2（2003）

[2.38]　Kamata, M., "Software requirement acquired through human-centric chance discovery", Chance Discovery, Papers from the 2002 AAAI Fall Symposium Technical Report, FS-02-01, AAAI Press pp. 99-105（2003）

[2.39] 田口仁 他「スポーツ競技におけるフォーメーションの数学的解析による知識発見」第51回人工知能基礎論研究会（2003）
[2.40] Matsumura, N., Matsuo, Y., Ohsawa, Y., and Ishizuka, M., "Discovering Emerging Topics from WWW", Journal of Contingencies and Crisis Management, Vol. 10, No. 2 pp. 73-81（June 2002）
[2.41] 大澤幸生，松村真宏，中村洋「フレーミングは議論を阻害するか―2ちゃんねるは何故面白い？」第11回ITRC研究会（2002）
[2.42] 角康之，間瀬健二「エージェントサロン：パーソナルエージェント同士のおしゃべりを利用した出会いと対話の推進」電子情報通信学会誌, Vo. J84-D-I, No. 8, pp. 1231-1243（2001）
[2.43] Suzuki, E., Kodratoff, Y., "Discovery of Surprising Exception Rules Based on Intensity of Implication", Proceeding of PKDD, pp. 10-18（1998）
[2.44] Weiss, G.M., Hirsh, H., "Learning to predict rare events in event sequences", in Agrawal, R., Stolorz, P. and Piatetsky-Shapiro, P.（eds）, Fourth International Conference on KDD, pp. 359-363,（1998）
[2.45] Joshi, M.V., Agarwal, R.C., Kumar, V., "Predicting Rare Classes: Comparing Two-Phase Rule Induction to Cost-Sensitive Boosting", PKDD 2002, pp. 237-249（2002）
[2.46] 杉崎明弘「漁業操業データから発見される知識とその価値」筑波大学経営システム科学専攻修士論文（2001）
[2.47] Matsuo, Y. and Ohsawa, Y., "Chapter 60: A Document as a Small World New Frontiers in Artificial Intelligence", LNAI2253, Terano, T., et al eds., Springer Verlag, pp. 7-13（2001）
[2.48] Kamata, M., "Software requirement acquired through human-centric chance discovery", Chance Discovery, Papers from the 2002 AAAI Fall Symposium Technical Report, FS-02-01, AAAI Press, pp. 99-105（2003）
[2.49] Nature, Science Update（http://www.nature.com/nsu/030317/030317-5.html）
[2.50] Goldberg, D.E. et al, "Discovering Deep Building Blocks for Competent Genetic Algorithms Using Chance Discovery via KeyGraphs", in Ohsawa, Y. and McBurney, P., eds, "Chance Discovery", Springer Verlag（2003）
[2.51] Ohsawa, Y. et al, "Featuring Web Communities based on Word Co-occurrence Structure of Communications", Proceedings of the Eleventh Conf.

World Wide Web (WWW11), ACM (2002)

[2.52] Takama, Y., Hirota, K., "Employing Immune Network Model for Clustering with Plastic Structure", 2001 IEEE Int' l Symp. on Computational Intelligence in Robotics and Automation (CIRA2001), pp. 178-183 (2001)

[2.53] Matsuo, Y., Ohsawa, Y., Ishizuka, M., "Average-clicks: A New Measure of Distance on the World Wide Web", Intelligent Information Systems Journal (Kluwer), Vol. 21, Vo. 1, pp. 51-62 (2002)

第3章

シナリオマップとその構成

3.1 シナリオマップとは

3.1.1 シナリオマップの定義

　まず基礎知識として，「半順序集合」という用語を念のために準備しよう．集合 $\varDelta$ について，$\varDelta$ に含まれる要素のいくつかのペアの間に次の三つの条件を満たす2項関係"≦"が定義されているとき，$\varDelta$ を「半順序集合」と呼ぶ．

　　　任意の元に対して $x \leqq x$（反射律）
　　　$x \leqq y$, $y \leqq x$ ならば $x = y$（反対称律）
　　　$x \leqq y$, $y \leqq z$ ならば $x \leqq z$（推移律）

以下では，この順序記号"≦"は時間順序を表すものとする．
　定義1.9から次の命題が導かれる．

命題 3.1
　シナリオマップ $\varSigma$ の中のすべての状況および行動について，時間に関する半順序が存在するものとする．このとき，$\varSigma$ は次のようなシナリオの集合 $\varDelta$ を含意する．

　　　$\varDelta := \{S_1, S_2, \cdots, S_N\}$.

　ただし，$\varDelta$ の冒頭にあるシナリオ $S_1, S_2, \cdots S_L (L<N)$ のそれぞれは単一の状態（$s_1, s_2, \cdots, s_{Ls}$ の一つ），あるいは行動（$a_1, a_2, \cdots, a_{La}$ の一つ）であり，L は L_s と L_a の和に等しい．

　すると，$q > L$ である各シナリオ S_q は，順序 $S_{p1} \leqq S_{p2} \leqq \cdots \leqq S_{pm}$ が成り立つある $\varDelta$ の部分集合 $\{S_{p1}, S_{p2}, \cdots, S_{pm}\}$ に対して，

　　　$S_q := \mathrm{seq}(S_{p1}, S_{p2}, \cdots, S_{pm}, C_q)$

と表される．ここで，seq はカッコ内のシナリオが左から順に連結してできる時系列であり，その時系列中の全シナリオは C_q というあるコンテキストと強く

（例えばある計算によって求められる閾値以上で）関係する．

略証

（ⅰ）まず，シナリオマップΣに含まれる一部の状況および行動について考えると，時間時系列が定義されることは自明である．その時間順序にしたがって，$s_1, s_2, \cdots, s_{Ls}$ と $a_1, a_2, \cdots, a_{La}$ からなる集合の部分に順序を与えることができる．定義1.9から，この集合の要素はすべてシナリオマップΣにおけるなんらかのコンテキストとの間に相関値が定義されている．かつ，上記命題のただし書き部分から，これらはシナリオ集合をなす．

（ⅱ）あるシナリオ集合の部分集合 $\{S_{p1}, S_{p2}, \cdots, S_{pm}\}$ が，シナリオマップΣにおけるなんらかのコンテキスト C との間に一定の閾値 θ 以上の相関値を持つとき，このコンテキストに pm より大きな番号 q を付け直し，

$$S_q = \{S_{p1}, S_{p2}, \cdots, S_{pm}, C_q\}$$

と表して新たなシナリオ S_q を構成することができる．L より大きな q について，S_q を生成するのはこの場合に限定するものとする．

（ⅰ），（ⅱ）より，命題3.1が帰納される．

3.1.2 ■ X氏の生活のシナリオマップを描く

以下では読者の理解を助けるために，X氏なる人物の生活についてのシナリオマップを図解する．

まず図3.1では，$a_1, a_2, \cdots$ がある人の行動を表し，$s_1, s_2, \cdots$ がその人のおかれた環境の状態を現す記号である．ひとつひとつのノード（節）はこれらの行動あるいは状態に相当し，これらの間に特定の時間順序が存在する場合は，矢印でノード間を時間順に結んでいる．行動は環境の状態を変化させるので，

s_{12}（行動 a_{13} の前の状態）→ a_{13} → s_{14}（行動 a_{13} の後の状態）

というように，a を頭文字とする記号と s を頭文字とする記号が交互に矢印で結ばれているようなシナリオマップになっている．

特に図3.1においては，a_1 から a_{22} までの行動と状態がそれぞれ小さなシナリオを形成している．番号は，行動と状態とを区別せず，通し番号で与えている．これらひとつひとつの行動や状況は長さ1の特殊なシナリオであり，それぞれのシナリオにおけるコンテキストの名前はその行動あるいは状態の名前そのものとなる．頻度の高い行動や状態は黒いノード，頻度の低いものは白いノードで表示している．

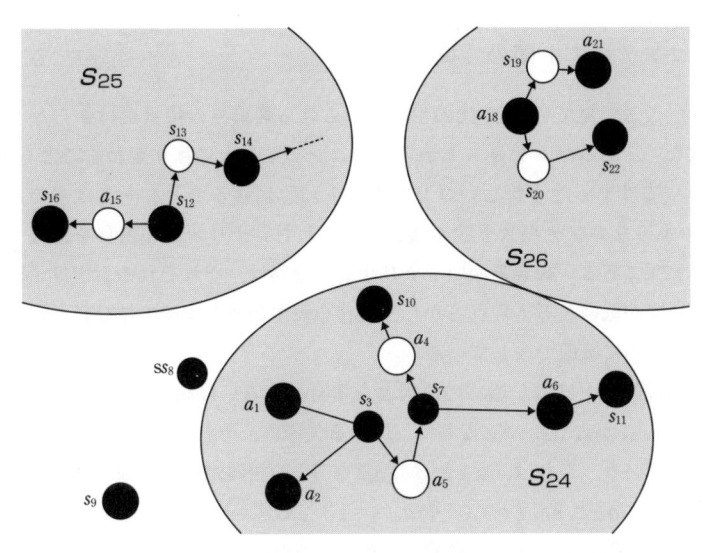

図3.1 状態 ($s_1, s_2, \ldots$) と行動 ($a_1, a_2, \ldots$) からなり，部分的にシナリオを構成するような世界を表すシナリオマップ．

さらに図3.1では，これらの小さなシナリオをまとめた S_{24}, S_{25}, S_{26} という三つの主たるシナリオが見い出される．それぞれは X 氏の日常で頻繁に見られるシナリオで，いずれも馴染み深いものである．すなわち，S_{24} と a_6 および s_7 との相関は，S_{25} との相関よりも強い．このとき，a_6, s_7 など下位のシナリオ同士の相関も高いと考えることができる．命題3.1では，a_6, s_7 をそれぞれ s_6, s_7 という細かなシナリオとみなし，これらを結合して S_{24} など上位シナリオを構成することができるということを意味している．

各シナリオには，馴染み親しんだ情景に相当する固有のコンテキストが内在している．ひとつの事象や行動からなる細かいシナリオには単純かつ一瞬で通り過ぎるコンテキストが内在し，多くの事象や行動を包含するシナリオには長時間におよぶ普遍性を持つコンテキストが内在する．これらのコンテキストは，実際にはシナリオマップ全体を描いて初めて理解される場合もあるが，命題3.1では，コンテキストを人が理解する時刻については言及していない．ただ，世の中には様々なコンテキストのシナリオがあって，それらのコンテキストの間には階層性が存在するという考えを示しているだけである．

3.1.3 ■コンテキスト間の「橋」

しかし，ここで見ている X 氏の生活は，これら馴染みの情景だけからなっているわけではない．あるコンテキストから別のコンテキストに移り変わることもあるし，X 氏にとってはまったく新しいコンテキストに急に移ることもあるはずである．図 3.2 はこのようなコンテキスト間の遷移，すなわちシナリオ間の遷移を含むようなシナリオマップである．馴染み深いシナリオ間の遷移は，それぞれのシナリオが生起するよりも頻度が低いと考えられるから，遷移を表す矢印の両端の結び付きが弱いことを表示するために破線で表している．

これらの破線の上には，遷移の原因となる行動あるいは状態が現れることもある．図 3.2 では，S_{24} から S_{25}，S_{25} から S_{26} に至る矢印に，それぞれ a_{23}，s_{17} という行動と状態が乗っている．これは，a_{23} と S_{24}，a_{23} と S_{25} の相関が十分に強いことを意味している．しかし，a_{23} と s_{13}（$=s_{13}$）や a_6（$=s_6$），s_7（$=s_7$）という個々の行動や事象とは相関が弱いので，これらとの結合は線で示されていない．

このようにシナリオとシナリオが橋渡しされる場合は，行動主体に意図が存在する/しないに関わらず，新しいコンテキストを有するシナリオが暗黙に存在すること

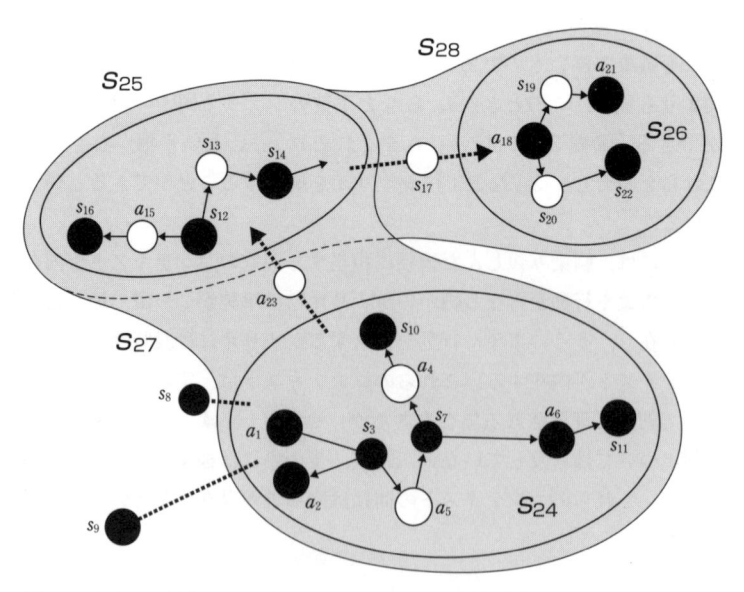

図 3.2　図 3.1 に加えて，行動 a_{23}，s_{17} などによってシナリオ間に橋渡しされたシナリオマップ．橋を介して，新しいシナリオ S_4，S_5 が生まれている．それぞれが固有のコンテキストを有する．

になる．図 3.2 では，S_{24} などよりさらに上位の S_{27}, S_{28} という新しいシナリオが生じている．

ここまでに見たようにシナリオマップとは，それぞれがコンテキストを有するシナリオがそれ自身よりも下位のシナリオをいかに接合して存在しているかという構造を可視化したものである．このシナリオマップの上で人は，対象とする事象とそれを囲む環境との間にどのようなシナリオがこれまでに存在し，また今後起こりえるかを考えることが可能となる．ビジネス，医療など様々な分野において，シナリオマップは有益な効果を発揮する．

図 3.3 では，図 3.1 および図 3.2 の各構成要素にやや具体的な行動や状態をあてはめたシナリオマップを示す．この例では，行動主体である X 氏は研究者である．S_{24} は，この X 氏が普段から研究のためにとっている様々な行動と，その行動が生み出す状態から構成されている．

図 3.3 には X 氏の普段の研究生活（S_{24}），共同研究者との関係構築（S_{25}），共同研究者の地元での休暇（S_{26}）という三つのシナリオが見られる．これらは X 氏にとって，よく経験する情景となっている．例えば，実験をしてその結果を得ること，あるいはその結果を論文にまとめるということは頻繁に行われ，記録にも頻繁に残っていく．このように，現象としてとらえることのできる行動や状態を「事象」と呼ぶ．同じ事象でも，論文を「書く」という行動は記録に残りにくい．同様に，論文を「投稿

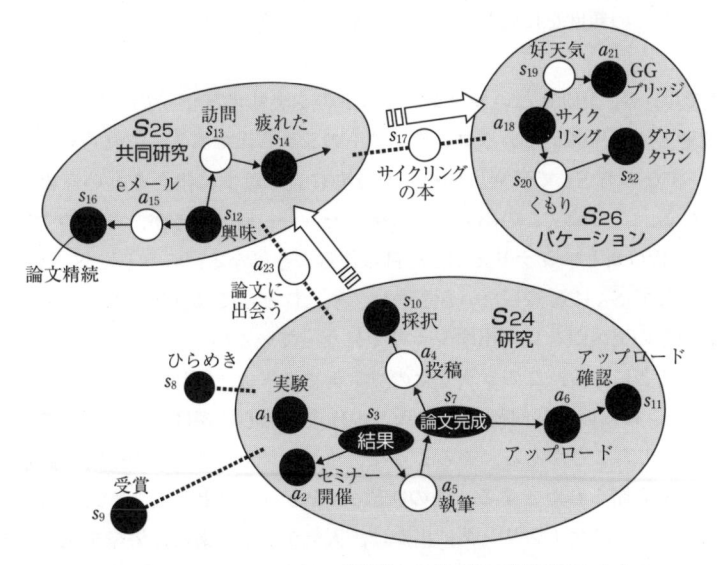

図 3.3　図 3.1 について，X 氏の具体的な日常生活で意味付けしたもの．

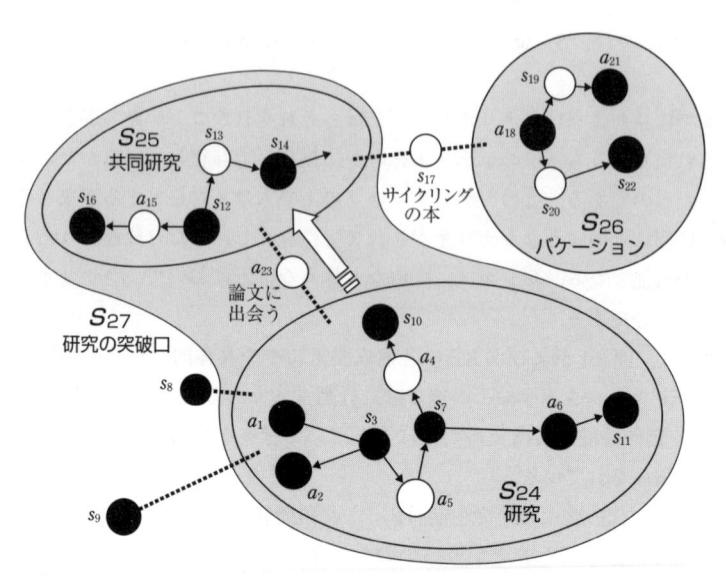

図 3.4　S_1, S_2 を a_{23}「よい論文を見つける」という行動によって橋渡しして，新しいコンテキスト「研究の突破口」を持つシナリオ S_4 が得られた．

する」という行動は，論文が国際会議に「採択された」という状態よりも頻度が高いにも関わらず，記録（例えば X 氏の日記など）には残りにくい．したがって図 3.3 には，事象としての頻度を反映して，黒ノード（高頻度）と白ノード（低頻度）が含まれる．

　図 3.4 では，S_{24} が研究というコンテキストのシナリオとなっている．また，S_{25} は共同研究者との関係構築というコンテキストのシナリオである．これらのシナリオの間を a_{23}，すなわち S_{24} で研究にいそしむうちに良い論文に出会うという事象が橋渡しをしている．この論文との出会いは人生にたった一回であるが，その論文に非常に感動して X 氏は新しいシナリオ S_{25} を自ら作るようになる．こうして S_{24} から a_{23} をきっかけとして S_{25} に遷移したいきさつは，X 氏にとっては日常的な研究生活における閉塞感からの突破口を見い出すシナリオになっているので，新しいシナリオ S_{27} が形成されることになる．このシナリオのコンテキストは，「研究の突破口」である．

　さらに，S_{25} において共同研究者 F 氏との作業を熱心に続けるうちに，さすがの X 氏も疲れを感じることがある．そのようなタイミングで，昔からの研究仲間からサイクリングの本を贈られたとする．その状態 s_{17} をきっかけとして，X 氏は日曜日に F 氏の研究所の近くにサイクリングに出かけ，天気が快晴であれば海岸を走り，曇りであれば中華街を散策するという習慣を身に付けることになった（図 3.5）．

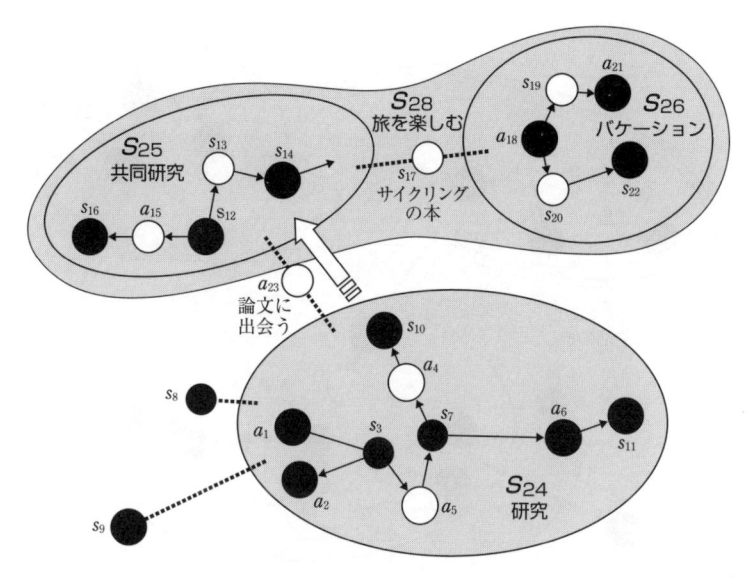

図3.5　S_2, S_3 が S_{17}「サイクリングの本が手元にあった」という状況によって橋渡しされ，新しいコンテキスト「旅を楽しむ」を持つシナリオ S_5 が得られた．

　s_{17} は a_{23} と同様に，新しいコンテキスト「せっかくの出張を旅行としても楽しむ」というシナリオ S_{28} を誕生させることになった．もちろん，X氏がレジャーに出かけるのは出張の合間の日曜日だけなので，仕事をさぼっているわけではない．したがって，自分のいる大学から懲戒されるようなシナリオはこの後に続かないわけである．

3.1.4 ■ チャンス発見に使えるシナリオマップとは

　さて，このようなシナリオ間の遷移は簡単に起きるものであろうか？実際には，s_{17}, a_{23} のような頻度が小さい事象がX氏という人の行動を大きく変化させるほどの影響力を発揮することは少ない．これは，日常の生活から予想できることと大きく異なる出来事は，すぐには受容できないという傾向に関係がある．シナリオ間の遷移を実際に生起させるためには，行動主体に対して強い説得力を有する働きかけが必要となる[3.1]．

　信頼できる相手とのコミュニケーションは，そのような説得力を有する強力な働きかけの一つである．X氏は元々学究肌で，研究室内での作業を主として生活しているが，信頼する友人からサイクリングの本を贈られる際に，「この付近のサイクリングは本当に楽しい．X君も一度行ってみては？」という一言を添えられた．そのときは共同研究で忙しく，サイクリングどころではないと思ったものであるが，いざ共

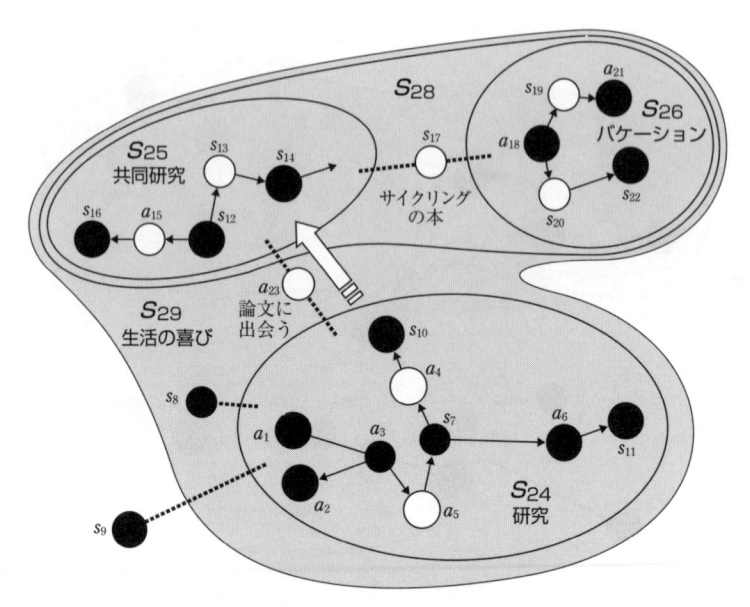

図 3.6　S_4, S_6 は，元々異なる旅行者の関心から生まれたシナリオであった．コミュニケーションによって，二人の研究者がともに働きともに遊ぶシナリオが完成した．

同研究の作業に取り組んでみると，英会話も大変なので，精神的な疲労感が蓄積してくる．そこへ友人からの言葉を思い出し，本を手にとったことが，X 氏の日曜日をサイクリング三昧に導いた．そのうち，友人と X 氏は海岸に一緒に出かけるようになっていく．

このシナリオが図 3.6 の S_{29} である．このシナリオのコンテキストは「俺たち（X 氏と友人）の生活」であり，ここまでに述べたほかのコンテキストに比べ上位の概念となっている．このようにして，シナリオマップ上に描かれる様々なシナリオの間には階層性があり，図 3.7 のように様々な事象という最小単位のシナリオから積み上げられる形で上位のシナリオが生まれることになる．

こうして上位のシナリオが生まれる際に，下位のシナリオ間の遷移を必要とするような新しいコンテキストが生まれ，このコンテキストの中で生じる事象の中に「チャンス」に相当するような，稀であるが意思決定にとって重要な事象が位置付けられることとなる．

しかも，チャンスの重要性を容易に受容できず，シナリオマップの中のすべてのシナリオを読み取ることが困難となる場合もある．そこで，ユーザの関心に応じた範囲を限定して表示するようなインタフェースも必要となる．

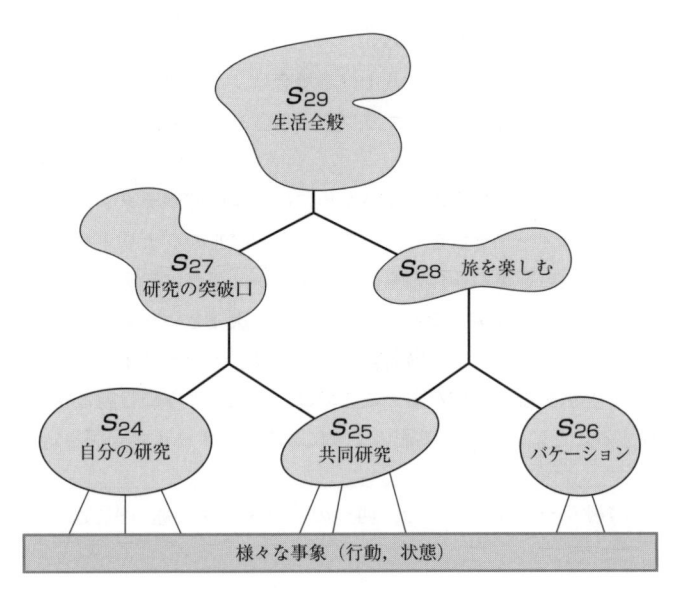

図3.7 シナリオの階層性

このような意味で，定義1.9のシナリオマップを実際に可視化する際には，以下のような条件が必要となる．

シナリオマップの満たすべき条件
① シナリオの階層構造におけるあるレベルのシナリオが，それぞれノードやノードのクラスタ（集まり）として表示される．
② シナリオ間の上下という階層性が視察者にとって理解できる．
③ シナリオの階層構造が複雑になるので，パラメータ指定によってユーザの関心のあるレベルにおけるシナリオ間の構造を，関心のある範囲に限定して視察することができる．

3.2 ■ 2階層シナリオマップとその構成要素

建物がそうであるように，本来，階層性を表示するためには三次元の可視化が望まれるところである．実際，情報を三次元のように見せるために，二次元表示を画面と平行な軸のまわりに回転させるような方法も考えられよう．しかし，そのような3次元可視化は第7章でポテンシャルモデルとして紹介する段階に譲り，本節では二次元

画面に収めて表示する話題に限定する.

シナリオマップの次元を二次元より上げる場合は,ここまでに述べたシナリオのレベルを上下させて二次元のシナリオマップを表示させることを前提として,しばらく話を進める.

一般にシナリオマップ全体を理解するためには,ユーザがチャンス発見のプロセスに従って様々にパラメータを設定し,いろいろなレベルのシナリオマップをいろいろな部分に限定して観察を重ねる作業を必要とするが,これは二次元画面という限界を乗り越えるために必要な作業となる.すなわち,二次元という限られた画面に情報を押し込むために,本来であれば多階層性を有するはずのシナリオマップから2階層だけを取り出して表示することになる.ここでは,上記のように行動と状態をまとめて「事象」と称することによって,下記のように2階層シナリオマップを定義する.

定義 3.2:2階層シナリオマップは,四つのパラメータの組 $(\Delta_1, \Delta_2, \sigma_1, \sigma_2)$ で構成される.ここで,

Δ_1:レベル1のシナリオ(事象または行動に相当)の集合

Δ_2:レベル2のシナリオ(レベル1のシナリオを集めて命題3.1の略証ii項参照のように構成されるシナリオ)の集合

σ_1:Δ_1 に含まれるシナリオの間にある相互関係の強さの値の集合

σ_2:Δ_2 に含まれるシナリオ間に存在する相互関係の強さの値の集合

定義3.2の2階層シナリオマップが,定義1.9の一般的なシナリオマップの特殊系になっていることは,

　　　　コンテキストの集合 Δ ⇒ シナリオの集合 Δ

　　　　　　(※シナリオとコンテキストは命題3.1に示すように一対一に対応)

　　　　事象・行動・コンテキスト間の関連の強さ

　　　　　　　　⇒(特殊化)一つの階層におけるシナリオ間の関連の強さ

という対応関係を考えるとわかるであろう.

定義3.2では,第1章における定義1.9を簡易化し,行動の集合 Ψ と状況(あるいは事象)の集合 Ξ を合併した一つのシナリオ集合として扱っている.このように,行動と状態を事象にまとめることには次のような長所がある.

① 行動であるのか状態であるのか区別の難しい場合に,その区別を不要とする.例

えば，本章の例で s_{17} は「近くに本がある」という状態であるが，これは人の意思決定・行動プロセスの中に取り込むと，「近くの本を見つけて読む」という行動とも解釈できる．すると，s_{17} は a_{23} と同様に「行動」ということもできる．逆に，a_{23} を s_{17} と同質の状態とみなすことも可能である．

② ある人の行動は，別の人から見れば環境の状態となる．例えば，X 氏の友人が X 氏に本を薦めるという行動は，X 氏にとっては本が新たに出現したという状態である．また，X 氏がサイクリングに出かけるという行動は，友人から見れば遊び仲間が一人増えたという状態として認知される．このような場合，シナリオマップの観察者を X 氏か友人かのいずれか片方に限定するのであれば，それぞれの事象が行動であるか状態であるかをあらかじめ区別することは可能である．しかし，本書ではこれは意味をなさない．なぜならば，シナリオマップを見るのは一人とは限らず，むしろ第 2 章に述べたように，複数の人（例えば X 氏と友人）が一緒にものを考えるために観察することもあるからである．

また，定義 1.9 における σ と同様に，定義 3.2 における関連の強さ（σ_1, σ_2）は，2 階層シナリオマップを可視化する各ツールにおいて独自に定義される値である．σ_1 が低レベルのシナリオ間の関係を表し，σ_2 がそれより一段高いレベルのシナリオを表すことによって，シナリオの間の階層関係についての情報を可視化することになる．

理論上は，1 階層分のシナリオマップだけを一度に表示し，二度に分けて表示したあわせて 2 階層分のシナリオマップをユーザが頭の中で統合すれば，2 階層シナリオマップを観察したことになる．しかし，1 階層のシナリオの関係を可視化するということは，すなわち 1 階層目のシナリオ群をまとまりとして可視化するクラスタリングにほかならない．すると経験上，ユーザはクラスタリングの結果としてだけ解釈してしまい，シナリオマップとして理解しようとしない傾向があるため，実際には 2 階層を頭の中で統合するということの心的負荷は大きい．そこで以下では，図 3.8 のように 2 階層シナリオマップを一度に表示することを前提とする（第 7 章ではさらに多階層のシナリオマップが登場することになる）．

このようにして 2 階層シナリオマップは，図 3.8 のように描かれる

・黒または白のノード：それぞれ高頻度あるいは低頻度の下位シナリオを表す．
・複数のノードの結び付き（σ_1）から形成される上位シナリオを表すクラスタ（図 3.8 内では丸枠として表示）．
・上位シナリオ間の結び付き（σ_2）を点線のように表示することにより，さらに一段

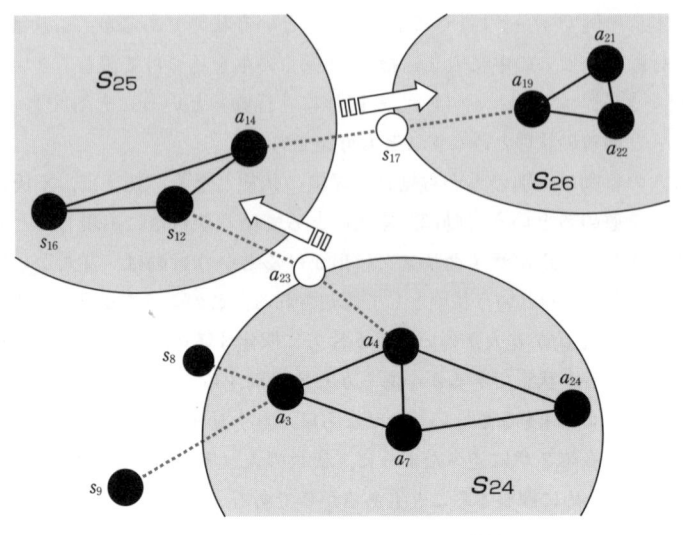

図3.8　2階層シナリオマップの概念図

上位のシナリオを可視化する．

さらに図3.8の実線のように，低次のシナリオが結び付くことを表す線分を表示させる方法も考えられる．しかしこれらの構成要素の中には，上位のシナリオに該当するコンテキストを表す言葉が含まれていないことに強い注意が必要である．すなわちコンテキストの意味は，事象について記録されたデータの中には明示的に含まれないことが多いため，ユーザがシナリオマップにおいてシナリオとシナリオの結び付きを観察し，自らの実世界における経験を思い起こすことによって発見しなければならない．逆に述べると，シナリオマップは，ユーザがそれまで気づいていなかったコンテキストが自分の環境の中に隠れていることを発見し，そのコンテキストの重要性に応じてシナリオの結び付きを仲介する事象，すなわちチャンスの重要性を理解することを支援するためのツールである．

3.3　シナリオマップの類型

2階層シナリオマップを1回の表示で表現したとしても，ユーザがチャンス発見プロセスにしたがって様々なシナリオマップを表示させて，自分の思考においてその解釈を組み合わせることは，チャンス発見のために有用である．この組合せによって，

ユーザは多階層で広大なシナリオマップの全体を理解する．これは，様々に視点を変えながら自分の環境の理解を進めていくことを意味する．

そこで，まず本書で扱う2階層シナリオマップの類型を示すことによって，シナリオマップにもいくつかの種類があることを示す．ただし，ここにあげるシナリオマップは本書に述べる全体の一部であり，現在までにチャンス発見研究の中から開発されてきたシナリオマップの種類とその詳細については，次章以降で詳細に論じる．

3.3.1 ■数量変化をグラフで表したシナリオマップ

図3.9は，関東地方の家庭におけるラーメンの消費量の変化を表すホドグラフである[3.2]．縦軸が夕食時のメニューにおける10日間の累積出現頻度を示し，横軸が10日間の平均気温である．1998年10月1日から10月10日までのデータを起点とし，10日ごとに一年間のラーメン消費量の変化を気温変化とともにプロットした．気温によって消費量が明確に変化していることが読み取れるので，図のように寒い季節と温暖な季節の間で滑らかに消費者の行動が変化していることがわかる．

ひとつひとつのノードが1回のデータであるから，そのデータの頻度が1回であることと考えると，図3.9はどのノードの頻度も等しいようなシナリオマップである．

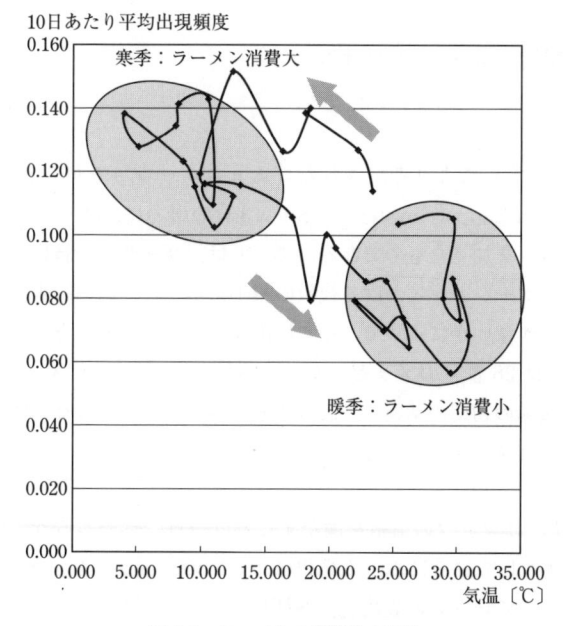

図3.9 ラーメンの消費量の変化

寒い季節と温暖な季節においては，矢印を付した気温変化期（季節の変わり目）よりも，長い間にわたって消費量が同じ程度の分量を徘徊している．すなわち寒い季節のシナリオとしては，

「寒いから消費者は暖かいスープ麺を欲しがる」

というわかりやすいものとなり，逆に温暖な季節は，

「暑いのであまり熱い食品は受け付けられない」

という，やはり単純なシナリオとなる．これらを気温変化期間と結び合わせることによって，季節の変化とともに生起するラーメンの消費量の変化を表している．

定義 3.2 において，Δ_1 は図 3.9 の丸い網掛け部分の中に，Δ_2 は図 3.9 の丸い網掛け部分とその間を橋渡しする事象からなる全体の図に相当する．これは，既存の可視化ツールを非常に簡単なシナリオマップとみなすことができるという例である．後述の KeyGraph をチャンス発見ツールの代表であるように考えるユーザが後を絶たないが，まずは第 2 章に述べた二重らせんのようなプロセスをたどりはじめることが重要であるので，使い慣れるまでは単純なシナリオマップも併せて用いることを推奨したい．

3.3.2 ■空間配置によるシナリオマップ

> **例 1**
> 　図 3.10 は，角らにより考案されたコミュニケーション可視化ツールである Communication Support System（CSS）[3.3] の出力に，ユーザがアノテーション（書き込み）を加えたものである．ここでは，ユーザが会議におけるメッセージをコミュニケーションにおける複数の相手に示すと，画面に表示されているどの単語と関係が深いかによって，そこに出現するメッセージを二次元画面に配置する．26-A は 26 番目のメッセージで，参加者 A が示したメッセージである．図の右側は議論の初期の話題で，設計するシステムをアナログにするかデジタルにするかという議論があったことを表している．

この図がシナリオマップの構造を満たすことは一目瞭然であろう．実際にこの後，左側の領域に移動して設計における発想についての議論があり，そこから参加者 A と E が主役となって暗黙知の表出化，客観性について話し始めるという話題の変化

図 3.10　CSS における議論展開の様子の可視化（角ら[3.3]より引用）

があった．さらに，議論された問題について様々な解決のシナリオが創られて投げかけられた．

　ここに用いられたような，メッセージ間の概念的な近さを単純な計算によって求めてメッセージを空間配置する手法は，定義 3.2 における σ_1 を求める比較的単純な技術である（多次元尺度構成法[3.4]などを用いる）．σ_2 は，この場合は直接計算されず，可視化結果からユーザが全体構造を読み取るものになっている．その出力結果を解釈することによって，議論の行方についてのシナリオを把握することができる．議論の中で，各時点の話題がそれぞれコンテキストを形成し，コンテキストからコンテキストへの遷移がどの意見をきっかけとして進んだかがわかるシナリオマップとなっ

ている．

ただし，関連性の距離を計算し，近い概念や単語，参加者を二次元画面に配置する方法は，N 個のノードの間に本来あるはずの $N(N-1)/2$ 組の距離情報を，各ノードの (X, Y) 成分の座標という $2N$ の情報に圧縮して表示することになる．したがって，アノテーション（ユーザによる書き込み）によって補われる情報量が多くなり，ユーザの負担が大きくなる場合もある．しかし，逆に言えばユーザの自由度が高いということであるから，ユーザの視点に依存した様々なシナリオマップを表示することを可能とする特色をもつ．

例2

図 3.11 は，生地製造販売業を営むある企業が，自らの顧客の要求品目データを数量化Ⅲ類で可視化したものである．この場合，ユーザは同社のマーケティングリサーチャーであった．顧客は，生地を衣服に加工して販売するアパレル業者などの企業からなり，いわゆる B to B（Business to Business）の業態をとる．

数量化Ⅲ類[3.5]はマーケティングにおいても多く用いられており，各種商品とセグメント別ターゲット顧客との関係を可視化するといった用途に特に多く用いられている．その計算方法の基本は，同時に要求される品目を近くに配置し，同じ画面に要

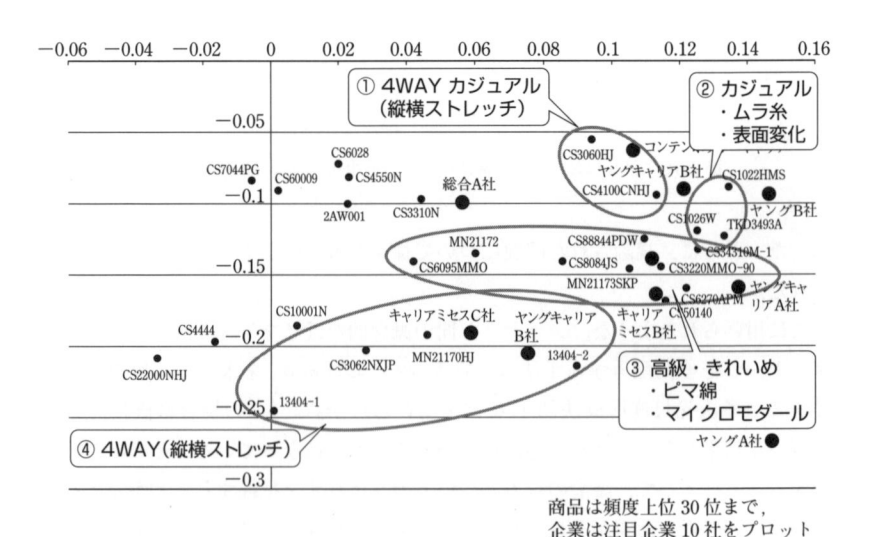

図3.11　数量化Ⅲ類による某社にとっての生地市場の2階層シナリオマップ

求した顧客の名も表示するというものである．ここでは各顧客に対し，各商品を要求したかどうかを記録したクロス集計表を入力データとした．

　このユーザは図 3.11 を観察し，これに自分の解釈を加えることによって，自分が販売に取り組むビジネスシナリオの近そうな顧客を楕円の枠で囲むアノテーションを施した．この結果，たしかに同社の持つ市場全体を分類することができ，各顧客が全市場においてどのような位置付けになるかを理解することができたが，新しい市場を開発するためのアイデアを見い出す効果は少なかった．これは，図 3.11 をシナリオマップと見る場合，最下層の各シナリオである「顧客 Y が生地 Z を要求する」という単純な事象の間の関係を事象のクラスタとして提示したが，そのクラスタを「この顧客たちはムラ糸の多い表面の生地でカジュアルな衣服を作る」などの上位のシナリオとみなしたときに，その上位のシナリオ自体は生地市場の専門家にとって既知のものとなったからである [3.6, 3.7, 3.8]．

　実際，顧客の新しい動きを呼び起こしたり捉えたりするという目的のためには，このような上位シナリオから別の上位シナリオへと顧客を引き付けるようなことが必要となる．例えば，一人の人間はカジュアルな服ばかり着ているわけではないから，高級素材であつらえたスーツを着用する可能性もある．問題は，いかにしてそのように異質な服をかわるがわる着る（ときにはカジュアル，ときにはスーツを着る）最終消費者を見つけるか，あるいは消費者にそのような遍歴をたどらせるかという問題を解決し，様々なバラエティの生地を市場に提供していくのか，ということである．

　しかし図 3.11 からは，クラスタとクラスタの境界近くに位置する生地が，果たしてこのシナリオ間の遷移の橋渡しとして機能するかどうかを推察することは困難である．その理由は先に述べたとおり，各アイテムや事象をノードとして二次元空間に配置するだけでは，本来データから計算されるノード間の関係のごく一部の情報量しか表示に反映できないからである．その結果，図の中で実際の構造から大きく逸脱するのは，シナリオマップに要求される特色のひとつである「橋」である．すなわち，第一階層のシナリオはアイテムの集まったものに過ぎないので，比較的正しく描画される．しかし，下位のシナリオを橋渡しをすることで得られる上位のシナリオ集合 Δ_2 の構造が歪んで不正確になってしまう．

　そのため，図 3.11 をシナリオマップとして機能させることを考えるのであれば，極めて経験豊かなマーケターがこの図を見て，クラスタとクラスタの間の見えざる架橋を描くようなアノテーションを施すというような作業を行う必要がある．それは，メッセージの中に日本語で記述された言葉を読み取りながら行うことのできる図 3.10 よりも困難な作業となることが想定される．なぜなら，顧客の行動の動機は文章とし

て残されておらず，間接的な結果である購買品目のデータになっているだけだからである．このとき，島に相当するクラスタとクラスタの間にチャンスに該当するアイテムが橋となって存在しているような場合，そのアイテムを見い出すことに失敗することが多いことがわかった．

3.3.3 ネットワークモデルによるシナリオマップ

ノード対の関係は N ノードについて $N(N-1)/2$ 通り存在するが，二次元座標にノードを空間配置するだけでは $2N$ の情報量しか表現できないという事情は先に述べたとおりである．そこで二次元座標ではなく，関係の強いノードを線で結んで表示したのがネットワークモデルによる2階層シナリオマップである．

もっとも，2階層シナリオマップをネットワークモデルで表現したとしても，強く連結されたクラスタを求めて表示するだけでは，図3.11と同様に慣れ親しんだシナリオから別のシナリオへの遷移のきっかけを発見するというような高度な成果を期待することはできない．2ノード間の関係をネットワークで表すクラスタリング手法としては，参考文献[3.9, 3.10]のようにいかにして整然としたクラスタを求めるかという手法は開発されているが，そのためにはクラスタ間の橋を残すよりも削除する方が近道であった．しかし，チャンス発見において必要となるのは，図3.7のようなシナリオ間の階層性を含むシナリオマップを見ることであって，関係を切断した結果を図示することではない．

KeyGraphは，元々，文章からのキーワード抽出を目的として開発されたアルゴリ

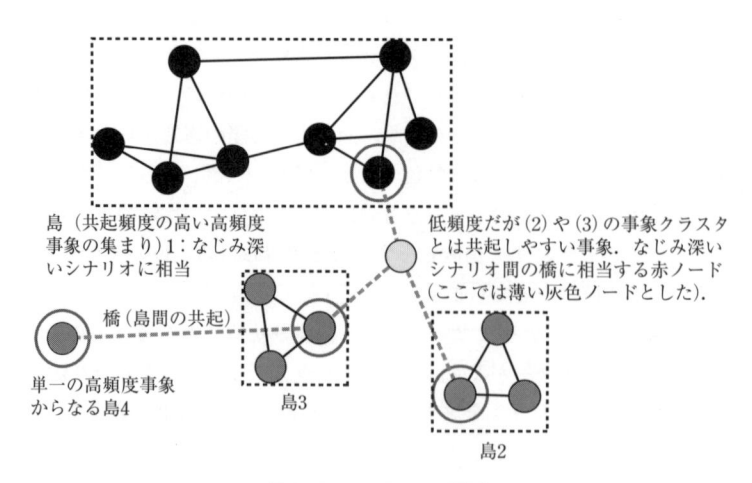

図3.12　KeyGraphの構成

3.3 シナリオマップの類型

ズムであった[3.11, 3.12]．出現頻度の高い単語を黒ノードとして表し，それらの共起関係によって形成されるクラスタ（連結グラフ）を文書の骨格を形成する「島」とみなす．次章で詳しく解説するが，これを文書に対して適用する場合は，「島」同士を橋渡しするように複数の島と共起する低頻度語を赤ノードで表示し，頻度が少なくても全体の構造にとって重要な位置付けであることから，赤ノードをキーワードとして抽出するという手法をとる．

この KeyGraph は，キーワード抽出技術であるとともに文書データを可視化する技術としても有用である．たとえば，語の集合が定義 3.2 における Δ_1 を構成するとき，高頻度語が互いに共起する傾向にある場合は，それらに相当するノードの集合における島を見い出すことができる．そして，島の集まりが定義 3.2 における Δ_2 を構成し，KeyGraph は高次の構造を捉えることになるので，KeyGraph は 2 階層シナリオマップの条件を満たすと言える．

筆者らは，文書を応用対象としてひとしきり研究した後，図 3.12 のように，KeyGraph を事象間の関係の可視化を目的とするツールへと転用することになった（したがって，チャンス発見を目的とするキーワード抽出手法としての KeyGraph の文献[3.11, 3.12]をここで参照するのは不適切である．応用事例は第 2 章に紹介したほか，文献[3.13, 3.14, 3.15]やチャンス発見コンソーシアムの Web ページ[3.16]などを参照し，計算アルゴリズムは本書のほかなどを参照されたい）．

マーケティングへの応用では，KeyGraph を「購買頻度は低いが注目すべき今後のヒット商品」などの発見に活用する試みが増えている．例えば，先述の生地製造販売

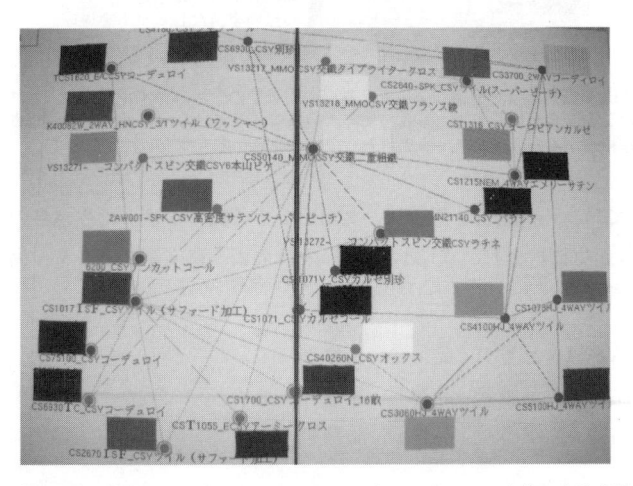

図 3.13　生地市場開発に実際に用いられたシナリオマップ．KeyGraph に本物の生地を貼付したもの．

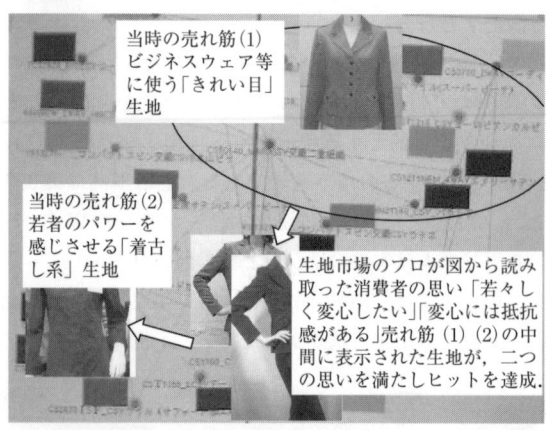

図3.14 図3.13を観察しての会議によって，洋服の消費者の生活スタイル変化と，それに伴う商品需要のシナリオが得られた（写真は実際の会議参加者ではなくイメージ再現写真）．この結果，橋に相当する商品はヒットを実現し，全体の商品化率も向上した（口絵1）．

企業においては，KeyGraph用のデータセットを各顧客が選んだ生地群のバスケット（すなわち共起単位）とし，式(3.1)のデータ D のように文章状として，品番間の共起性の計算からグラフの形を出力している．

$$D = 品番A \quad 品番B \quad 品番C \quad 品番D \cdots.$$
$$品番A \quad 品番C \quad 品番E \quad 品番F \cdots. \quad (3.1)$$
$$品番A \quad 品番C \quad 品番E \quad 品番F \cdots.$$
$$\cdots$$

図 3.13 に示すように，KeyGraph の出力の上に実際の生地を対応させて貼りつける手法や，プロジェクターでホワイトボードに投影したグラフ上にマグネットで生地を貼りつけて配置する手法などにより，データとして入力することが比較的困難な触覚情報や色合いなどの視覚情報を補うことができる．これは，単なるグラフによる視覚情報だけではなく，アイテムそのものの色と触覚を加え，情報量を豊かにした「触視覚補完型 KeyGraph」である．このようなビジネス現場独自のインタフェースを取り入れることによって，ビジネスピープルらの日頃の経験やそこから培った感性から，消費者行動の鮮明なシナリオを想起することができるようになった．

　この触視覚補完型 KeyGraph は，データマイニング手法そのものの改良ではなく，触覚データを KeyGraph に統合することで新しい関心から環境データを補完したものである．この触視覚補完型 KeyGraph を用いた繊維製作販売会社では，マーケットリサーチャーらが会議を開いて，図 3.14 のように触視覚補完型 KeyGraph の色を見たり触ったりしながら，実際に服を着る消費者の情景を想定するプロセスを経ることができた．そしてこの会議によって，シナリオマップにおける「橋」の意義を理解するに至った．実際，その橋には新製品が乗っていた．この新製品をアピールすることにより，橋が繋げる二つの島に相当する多くの顧客を満足させる可能性を見い出し，量産からヒットに到達した経緯については[3.13, 1.17]などの前著にも述べたとおりである．この事例は，チャンス発見プロセスの全貌が公開されている貴重な例である．

　このほかにシナリオマップとしては，ネットワークモデルでは表現できないアイテム間の方向性を表現するフローモデル（第 6 章），2 階層から多階層に拡張することを目指すポテンシャルモデル（第 7 章）などが新たに開発されている．それらについては次章以降で解説する．

参考文献

[3.1]　臼井優樹「組織におけるチャンス発見」(大澤幸生　監修『チャンス発見の情報技術』第18章，東京電機大学出版 (2003)

[3.2]　福田寿 他「マーケティングにおけるチャンス発見」(大澤幸生　監修『チャンス発見の情報技術』, p. 243，東京電機大学出版 (2003)

[3.3]　角康之『議論の意味構造の可視化』(大澤幸生 監修『チャンス発見の情報技術』第12章，東京電機大学出版 (2003)

[3.4]　齋藤堯幸『多次元尺度構成法』朝倉書店 (1980)

[3.5]　林知己夫『数量化』朝倉書店 (1993)

[3.6]　臼井優樹，大澤幸生「生地メーカーにおける暗黙的顧客ニーズの発見」ファジィ学会論文誌，Vol. 15 No. 3, pp. 275-285 (2003)

[3.7]　臼井優樹「チャンス発見の実践,-繊維業界における事例と未来社会への提言-」人工知能学会誌，VOl. 18, No. 3, pp. 301-306 (2003)

[3.8]　Ohsawa, Y., and Usui, M., "Workshop with Touchable KeyGraph Activating Textile Market", Readings in Chance Discovery, Advanced Knowledge International, pp. 385-394 (2005)

[3.9]　Takama, Y., Hirota, K., "Employing Immune Network Model for Clustering with Plastic Structure", 2001 IEEE Int' l Symp. on Computational Intelligence in Robotics and Automation (CIRA2001), pp. 178-183 (2001)

[3.10]　Ozdal, M.M., Aykanat, C., "Hypergraph Models and Algorithms for Data-Pattern-Based Clustering", Data Mining and Knowledge Discovery, Vol. 9, No. 1, pp. 29-57 (2004)

[3.11]　大澤幸生 (監修・編著)「チャンス発見の情報技術」，東京電機大学出版局 (2003)

[3.12]　大澤幸生，Benson, N.E.，谷内田正彦「KeyGraph：単語共起グラフの分割・統合によるキーワード抽出」電子通信学会誌論文誌，J82-D1, No. 2, pp. 391-400 (1999)

[3.13]　Horie, K., and Ohsawa, Y., "Products Designed on Scenario Maps using Pictorial KeyGraph", to appear in WSEAS International Journal on Applied Computer Science (2006)

■参考文献

[3.14] 西尾チヅル，竹内淑恵「有機野菜に対する価値構造の分析」日本マーケティング・サイエンス学会，第78回研究大会（2005）
[3.15] 朝日秀真，大澤幸生「360度評価テキストからの人事評価尺度発見」人工知能学会論文誌，Vol. 20（印刷中）（2005）
[3.16] チャンス発見コンソーシアム（http://www.chancediscovery.com）
[3.17] 大澤幸生（監修・編著）「チャンス発見の情報技術」，東京電機大学出版局（2003）

第4章
ネットワークモデルによるシナリオマップ

　人が実世界で観測された現象をシンボルや数値に変換し，そのデータをコンピュータに与える．コンピュータは，与えられたデータがどのような性質を持つのかを計算し，データの中に埋もれている特徴的な事象間の関係を見い出す．このデータマイニングによって得られる結果を「パターン」と呼ぶ．

　しかしコンピュータは，シンボルの意味もパターンの意味も理解することはできない．例えば「頭が薄い」というパターンが得られたとき，「頭」「薄い」の定義をコンピュータにあらかじめ与えておいても，「頭が薄い」ということが表す男性の寂しさまでは理解できない．この意味を理解するためには，このパターンに「寂しい」と付記してもあまり意味がない．「女性に（ますます）もてなくなる」「冬になると寒い」「養毛剤を物色する」など，付随する様々なコンテキストがセットになってはじめて「寂しい」の意味を表すことになるのであるが，そのようなコンテキストは無限にあって，コンピュータに網羅的に登録することは不可能である．人はこのような無尽蔵のコンテキストを経験の中に有するので，パターンの意味を理解することができる．

　そこで，コンピュータにはその高い計算能力を活かしてもらって，「データの中に含まれる特徴的なパターンを抽出する」ことに専念させる．コンピュータによって得られたパターンを人間が解釈し，何らかの意思決定を行う．シナリオマップは，その意思決定のためのパターンをユーザに提示するツールといえる．すなわちこれは，ここまでに述べたように「人の意思決定における重要な事象」，すなわちチャンスの発見を支援するための有効な可視化技法である．

　コンピュータが求めたパターンを加工しない状態で表示するシナリオマップが，ネットワークモデルによるシナリオマップである．ネットワークモデルによるシナリオマップでは，計算の結果として関連が強いと認められた事象間を線で結んで表示する．第3章に示した空間配置モデルでは，この事象間の関連を一旦二次元座標上での事象間の距離に変換してから，空間座標として表示していた．そのため，事象間の関連に関する情報の多くが圧縮され，情報の総量が減少していた．これに対してネットワークモデルでは，事象間の関連を直接表示するため，情報量の減少を防ぐことが可能となる．特に，第3章に述べた「島」と「島」を結ぶ「橋」の情報が，上位シナリ

オ Δ_2 を可視化する際に歪まないという特徴は，チャンス発見において顕著な有用性を発揮してきた．

4.1 ■ KeyGraph によるシナリオマップの可視化

ネットワークモデルに基づくシナリオマップのうち，よく用いられているKey-Graph については第3章で概要を示した．ここでは，そのアルゴリズムについて解説する．

4.1.1 ■ KeyGraph における内部処理の手順

データ D が下記の式(4.1)のように与えられたとする．ここで，a_1, a_2 などのデータを構成する最小単位（第3章の最も原始的なシナリオに相当）を「アイテム」と呼ぶ．1行は1回のデータで共起した複数のアイテムの集合を表し，以下ではこの一行を「共起単位」と呼ぶ．一つのアイテムは一つの状況または事象に該当すると考えてよい．

$$D : a_1, a_2, a_4, a_5, \cdots a_{10}. \\ a_4, a_5, a_3, \cdots \\ a_1, a_2, a_6, \cdots \\ a_1, a_2. \tag{4.1}$$

この形式のデータに対し，以下の手順で KeyGraph の処理を進める．

① データの洗浄

指定されたノイズアイテムの集合を D から削除する．また，同一の意味の複数アイテムは同一の記号に統一するなどの処理を行う（例えば日本語での「ゴミ」は「ごみ」に置き換え，血液検査データでの「黄疸」は「ビリルビンが過多」と同義なので「BIL_high」に置き換えるなど）．

② 島の抽出

まず，頻度の高いアイテムを上位から一定個数（M_1 個とする）取り出す．次にその中で，共起度 $c_o(w_1, w_2)$（詳細は次節にて後述）の高い上位 M_2 対の2アイテム（w_1, w_2）を実線のリンクで結んで共起グラフを作り，グラフGとする（図4.1）．

次に，単連結のパスを切除することにより，強く結び付いているアイテムの塊だけを残す．単連結とは，ある二つのアイテムの間に一つのパスしかない場合，この

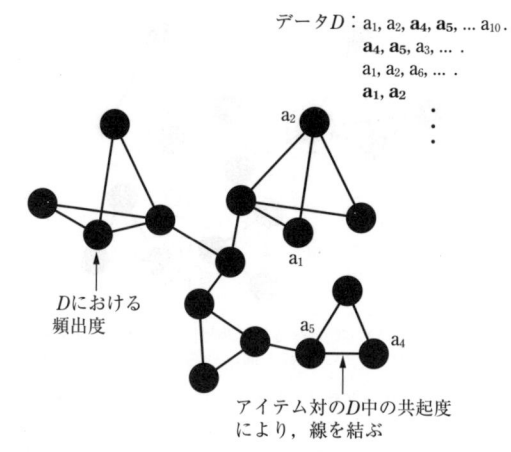

4.1 ■キーグラフによるシナリオマップの可視化

データ D : $a_1, a_2, \mathbf{a_4, a_5}, \ldots a_{10}$.
$\mathbf{a_4, a_5}, a_3, \ldots$.
$a_1, a_2, a_6, \ldots$.
$\mathbf{a_1, a_2}$
⋮

共起グラフを求める

図 4.1 キーグラフの基本アルゴリズム:共起グラフを求める

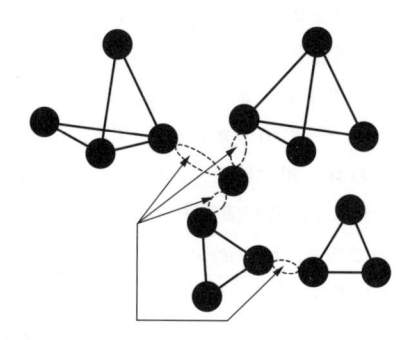

島を求める
単結合(他のパスで結ばれていない 2 アイテム間のパス)
のパスをなす線を切除

図 4.2 キーグラフの基本アルゴリズム:島を求める

2 アイテム間の連結のことである(グラフ G のどこにも閉路が存在しない場合,すべての線を切除することになる).この段階の図で,実線の連結部分グラフ(含まれるアイテムのうちどの 2 アイテムにもその間に実線リンクからなるパスが存在するようなアイテムの塊)を島と呼ぶ(図 4.2).

③ 橋の抽出

データ D の中のすべてのアイテム w について,②で取り出した各島 g との共起度を $c_1(w, w_g)$ を求め,この値が上位となる M_3 対の w, g の間に橋があるとみなす.

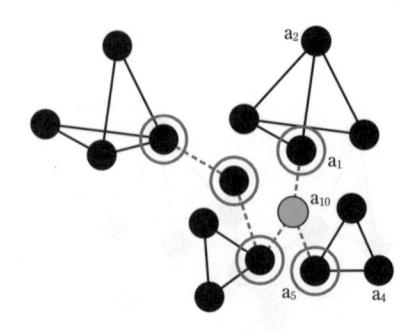

D 中の任意アイテムについて，各島との共起度を計算し，複数の島と共起度が高ければハブとみなす．ハブと島の間に点線リンクを渡し，橋と呼ぶ．

図 4.3　キーグラフの基本アルゴリズム：橋を作る

ただし w_g は，w が g に含まれない場合は，D 中にある島 g 内のアイテムすべてを w_g というアイテム名で置き換えたものとし，w が g に含まれる場合は D 中にある島 g 内のアイテムのうち w 以外を w_g という語で置き換えたものとする．

④　キーアイテムとハブの候補抽出

　　データ D の中のすべてのアイテム w について，③の橋を介して w と結ばれる全ての島 g_i との共起度 $c_1(w, g_i)$ の和を $key(w)$ とする．なお，ここで「和」というのは正確には足し算で得られる和ではなく，0 から 1 までの実数で，次の式(4.2)で与えられる．これは，すべての島が関係する状況で，w が出現する条件付確率を近似的に定式化したものである．$key(w)$ の上位 M_4 個のアイテムの集合を K，すなわちキーアイテム集合とする．

$$c_1(w, g_i) > 0 \text{ となる } i \text{ が二つ以上ある場合 } key(w) = 1 - \Pi_i(1 - c_1(w, g_i)/f_0),$$
$$\text{それ以外の場合 } \quad key(w) = 0. \quad (4.2)$$

ただし f_0 は正規化係数で，$c_o(w, g_i)$ の最大値が 1 を超える場合に $c_o(w, g_i)$ の最大値とする．それ以外の場合は 1 に設定．

　　キーアイテム集合 K の中から②の高頻度アイテムに含まれないものを「ハブ」と呼び赤ノード（本書では図 4.3 の a_1 のような黒ノードよりも薄い灰色で，同図の a_{10} のような小円として赤ノードを表す）で描く．さらに K の中から特に key 値の高いものを上位 M_5 個だけ取り出して「キーアイテム」と呼び，該当するノードを緑丸で囲む．

⑤　図の完成

　　K 内の各アイテム w と，w との共起度が上位となるような二つの島 g を点線で

4.1 ■キーグラフによるシナリオマップの可視化

結ぶ．これは，主な橋と島の間のつながりを描画していることに当たる．描画に際しては，g 中で w と最も共起度の高いアイテムを選んで w の間に点線をひく．ただし，点線を引こうとする位置にもともと実線があれば，点線は追加しない．

以上のうち M_1, M_2, M_3, M_4, M_5 は，後述の Polaris と同様に，ユーザが指定することができるように設計されているのが標準的な KeyGraph のツールである．この点は，この KeyGraph をキーワード抽出ツール[4.1，4.2]からチャンス発見のツールに拡張した結果，コンピュータの計算の正しさ以上にユーザとツールの間における相互作用が強く求められるようになったために取り入れられた改良である．

すでに述べてきたように，チャンス発見において KeyGraph を動かすコンピュータ以上に重要な役割を果たすのは，人が環境とインタラクションすることである．コンピュータの描く KeyGraph は，人が環境を覗き見るときの窓や望遠鏡に過ぎない．したがって，出力されたグラフを見ながら M_1, M_2, M_3, M_4, M_5 の値を増やすことによってグラフを詳細化したり，逆に抽象度を高めるためにこれらの値を減らすなどの操作を行うことが本質的な操作となる．あるいは，日本語データにおける「そして」等のように，単に頻度が高いせいで共起グラフの構造を見えにくくしているアイテムを①のステップにおいて除去するなどの操作が簡便にできることが必要である．

キーグラフでは，このような操作によって結果が大きく変化することがある．この現象を「恣意的に結果を変えることができてしまう」として低く評価するユーザがチャンス発見の初心者に多い．このような出力の可変性は，従来のデータ解析においてはツールの信頼性を下げるとされることもある．しかし，チャンス発見においては望ましい性質である．

例えば山岳地帯の地図を考えよう．この地図を見て登山の計画を立てるのであれば，地図はシナリオマップの役割を果たすことになる．まず，高度1,000メートルを越える山がどこにあるかを調べるには，1,000メートル以上の地帯だけを残して他の地帯は表示していない地図を見ればわかりやすい．それらの山の山頂を結ぶ尾根があれば，その尾根づたいに歩けばいくつかの山頂を征服できるわけである．その尾根をはっきり見つけるためには，少し地図の表示範囲を広げて高度500メートルまで表示した地図がよいだろう．それより高度が低いところまで表示してしまうと情報が多くなってしまうので，一番歩きやすい尾根がどこにあるかわかりにくくなる．

チャンス発見では，どこに主要なコンテキストがあるかをまず島として見い出し，その間を渡す橋を見い出すことが必要になるので，この山岳地帯の地図における高度調節とよく似た操作が必要となる．M_1, M_2, M_3, M_4, M_5 の値を調整することは，山

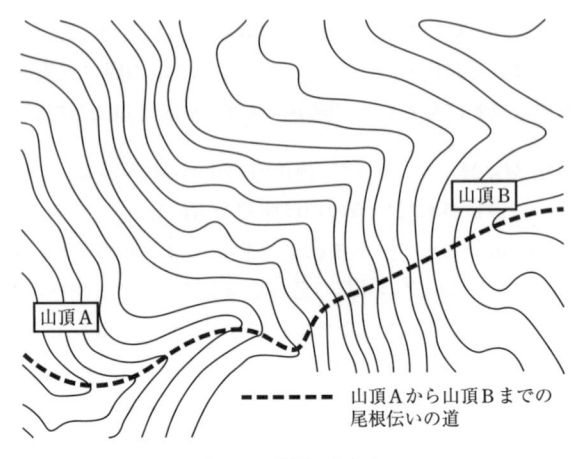

図 4.4　地図のたとえ

の例を比較すればおよそ以下のような対応関係となる．

M_1 と M_2：表示する主要な山地の範囲の，山頂からの高度の差
M_3 と M_4：山を結ぶ尾根地域の高度の範囲
M_5：地図の上でユーザにとって目印となる主たる中継点

なお，KeyGraphは上記の「島」や「橋」というメタファーに基づいたアルゴリズムに従う可視化ツールの総称であり，ソフトウェア開発を行う企業や大学の研究者など，それぞれが自分の流儀で独自の調整を施して開発を行っている．それらの中で，M_1〜M_5 の指定の仕方には多様性が生まれている．例えば M_3 と M_4 については，M_3 をユーザが指定して M_4 はツールが自動的に決めるような KeyGraph や，その逆に M_4 をユーザが指定して，M_3 はツールが自動的に決めるような KeyGraph のソフトウェアも開発されている．これらの間に優劣をつけるのは適切ではなく，ユーザが自分の使い方に応じてツールを選択することが望ましい．

4.2 ■共起度の計算

次に KeyGraph において，4.1節に示した手順のステップ②および③で用いる共起度について述べる．アイテム a（各ノードに対応）とアイテム b の共起度 $c_0(a, b)$，あるいはアイテム a と島 g の共起度 $c_1(a, g)$ については，これまでにツール化されてきたものの中に下記のようなバラエティがある．なお，これら共起度の計算方法につ

いては，文献[4.3, 4.4, 4.5, 4.6]などに示されるように，従来から確立した方法である．

(1) 二つのアイテムが出現する共起単位の個数

最も基本的で平易な共起度である．しかし，両アイテムの出現頻度が高ければそれだけ両方の生起する共起単位の個数が多くなるため，単に頻度の高いアイテムが集まって大きな島を形成してしまい，新しい発見が生まれにくくなる傾向がある．

(2) 二つのアイテム間のJaccard係数[4.3]

アイテムXを含む共起単位の個数を，データDの中のすべての共起単位の個数で割った値を$p(X)$と書き，共起度Cを次式で求める．

$$C(A, B) = \text{Jaccard}(A, B) = \frac{p(A \text{ and } B)}{p(A \text{ or } B)} \tag{4.3}$$

すなわち，分子AとBを共に含む共起単位の数，分母はAとBのいずれかを含む共起単位の数である．これは，チャンス発見ツールにおいては最もよく用いられてきた共起度の指標である．しかし，図4.5のベン図に示すように，A，Bの生起頻度がともに高いかあるいはともに低い場合にJaccard係数が大きくなる傾向があるため，結果のキーグラフが高頻度アイテムの島と低頻度アイテムの島に分裂してしまうことがある．

(3) 二つのアイテム間のχ（カイ）二乗値[4.4]

二つのアイテム間の独立性（関連がないわけではないと言えるか，すなわち関連があるかどうか）を検定する指標．2アイテムの生起についてクロス表があるとして，互いに独立であれば表の中の各セルの値がどのようになるかという期待値を計算す

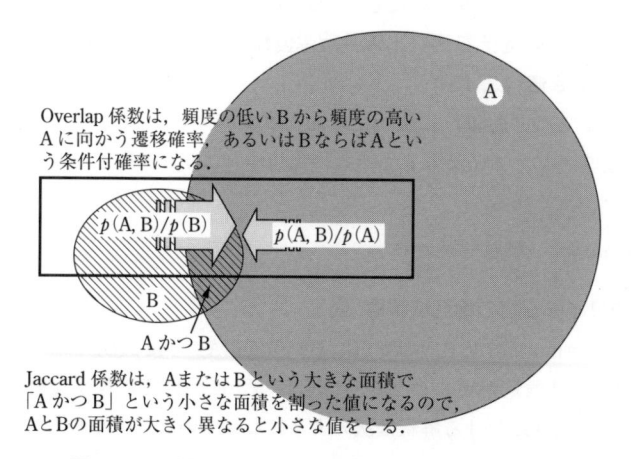

Overlap係数は，頻度の低いBから頻度の高いAに向かう遷移確率，あるいはBならばAという条件付確率になる．

$p(A, B)/p(B)$　$p(A, B)/p(A)$

AかつB

Jaccard係数は，AまたはBという大きな面積で「AかつB」という小さな面積を割った値になるので，AとBの面積が大きく異なると小さな値をとる．

図4.5　ベン図によるJaccard係数とOverlap係数の比較

る．そして，この期待値と実際の分布がどの程度離れているかを計算した値が χ 二乗値となる．例えばアイテム A, B について，

$n(A, B)$ ：A と B がともに生起する共起単位の個数
$n(-A, B)$ ：A が生起せず B が生起する共起単位の個数
$n(A, -B)$ ：B が生起せず A が生起する共起単位の個数
$n(-A, -B)$ ：A, B ともに生起しない共起単位の個数

というクロス表の4成分を考えると，χ 二乗値は（観測度数-期待度数）^{2}/期待度数の全セルについての和で表される．この値は，D 中の共起単位の個数を N とすると，

$$C(A, B) = \frac{N(n(A, B) \cdot n(-A, -B))}{\{n(A, B)+n(-A, B)\}\{n(A, B)+n(A, -B)\}\{n(A, -B)+n(-A, -B)\}\{n(-A, B)+n(-A, -B)\}} \quad (4.4)$$

に等しい．統計学的には，両アイテムの頻度に影響を受けずに関連の強さを計算する手法として評価できるが，これを「真の依存度」などと呼ぶのは，どのような種類の依存を観察したいかという議論を無視した誤った結果を導くこととなるので，注意が必要である．

(4) 2 アイテム間の Overlap 係数（[4.3] などの Sympson 係数と同じ）

A, B の生起確率を各 $p(A)$, $p(B)$ とすると，

$$C(A, B) = \mathrm{overlap}(A, B) = \frac{p(A, B)}{\min(p(A), p(B))} \quad (4.5)$$

で表される値．両事象間の条件付確率のうち，値の大きい方に相当する下記の overlap 係数をノード間の共起度としたものに相当する（図 4.5 参照）．

(5) 二つのアイテムをそれぞれ出現共起単位からなるベクトルとした両者の間の角度の cosine 値[4.3, 4.5]

アイテム a がどの共起単位に出現したかを表すベクトル $v(a)$ とは，それぞれの共起単位を各要素とし，アイテム a がそこに出現すれば 1，出現しなければ 0 を要素の値としたベクトルである．

$$C(A, B) = \frac{v(a)v(b)}{\{|v(a)| \cdot |v(b)|\}} \quad (4.6)$$

(6) 二つのアイテム間の相互情報量[4.6]

$$C(A, B) = \mathrm{mutual}(A, B) = \log p(A, B) - \log p(A) - \log p(B) \quad (4.7)$$

式 (4.7) の相互情報量がどのような意味を持つかについては様々な解釈が可能であるが，チャンス発見における解釈は次のようになっている．すなわち，事象（アイテ

ムの生起に対応) A, B についてその原因をたどれば，それぞれ事象 A は原因 X と W から，事象 B は原因 Y と W から生起しており，W, X, Y は互いに独立であるとする．このとき，

$$p(A)=p(W)p(X), \quad p(B)=p(Y)p(W), \quad p(A, B)=p(W)p(X)p(Y)$$

となるので，

$$p(W)=\frac{p(A)p(B)}{p(A, B)} \tag{4.8}$$

すなわち式(4.7)における mutual(A, B) は，$-\log p(W)$ に等しくなる．言い換えれば，二つのアイテムに共通原因があり，それが珍しい事象である場合に両者の関係が深いとみなすような意味でのアイテム間の関係が相互情報量である．例えば，肝炎において二つの検査項目値が同時に揃うとき，そこに治療のチャンスと呼ぶにふさわしい共通の背景原因が存在するとすれば，両検査項目値の間の相互情報量が大きくなる．あるいは「野菜」と「ビール」という二つの商品の間の相互情報量が大きくなれば，両者の共通原因が何か発生していると考えるべきである．例えば，珍しいことにビールの健康効果がテレビの特集番組で報道されたとすると，野菜をよく食べる健康志向な人がビールを買うというように．通常気付きにくい原因を想定することがチャンス発見においては重要となるので，共起度を mutual 値に設定することによって新規性と有益性の高い発見に出会うことがある．

　4.1.1 の③に述べたように，アイテム a と島 g の間の共起度は，島 g 内の各アイテムをデータ D で出現するすべての位置において g という名称に置き換え，アイテム g とアイテム a の共起度を計算によって求めたものである．これは，島 g 内のいずれかのアイテムとアイテム a が共起する度合いを求めたことになる．実際に利用されている KeyGraph では，ユーザが共起度計算式をノード間，あるいはノードと島の間で求める際に別々に選択できるインタフェースとなっている．これは，どの定義式を用いて共起度を定義するとよいのかについては目的に依存するためである．

　なお，KeyGraph においてはノード間のリンク関係が重要であって，各ノードの位置はそれほど重要ではない．しかし，線と線が重なったりクラスタが重なっていると全体の構造が見えにくくなるので，バネモデルによってノードやリンクを適当に配置している．例えば Polaris[4.17]で用いられているバネモデルでは，

・共起度の強いリンクは強いバネで両端ノードを引きつける．
・共起度の強いノード間には斥力が働く．
・ノードは四方の壁に引きつけられる引力を受けて，うまくばらつく．

というように工夫されている．バネモデルの基本は，文献[4.8]を参照．

4.3 ■肝炎進行・回復に関するシナリオマップ（前書までの展開）

本節では，文部省科学技術研究費・特定研究「アクティブマイニング」プロジェクト[4.9]において用いたシナリオマップを例として説明を進めよう．

シナリオマップの本質を伝えるためには，チャンス発見のプロセスによってシナリオが見い出される様子を述べる必要がある．

筆者らの初期の関心は，肝炎における病変の発達メカニズムを解明することによって，治療のタイミングを明らかにしようというものであった．そのため，各患者について異常のあった血液検査項目と肝生検の結果を抜き出して解析した．扱ったデータ（Data1）は千葉大学医学部付属病院から提供されたもので，検査対象となった各患者について，

　　　＜患者 MID＞，＜血液検査項目 1＞＜項目 1 についての検査結果＞，
　　　　　　　　　　＜血液検査項目 2＞＜項目 2 についての検査結果＞，
　　　　　　　　　　＜血液検査項目 3＞＜項目 3 についての検査結果＞，….

という内容を抽出したものである．ここで，ZTT, GOT, …などを検査項目とし，正常値域上限を超えた値を「high」，正常値域加減を下回った値を「low」とし，

　　　検査結果 1：ZTT_high, GOT_low, GPT_high, ….
　　　検査結果 2：ZTT_high, GPT_low, ….
　　　検査結果 3：T-BIL_high, GPT_low, ZTT_low, ….

というような形式のデータ D に変換して，KeyGraph[4.10]で可視化した．一行が一人の患者の一回の検査結果であり，これを共起単位と呼ぶ．ZTT_high など，データを構成する最小単位がアイテムとなる．ここでは，一つのアイテムは一回の検査を構成する一つ一つの検査項目の値に該当する．

まず最初に，共起度の計算を二事象間の χ 二乗値によって定義した KeyGraph を次のようにして得た（図4.6）．χ 二乗値で定義される共起度は，二つの事象の頻度に影響されることなく関連性が抽出できると期待したものである．

4.3 ■肝炎進行・回復に関するシナリオマップ（前書までの展開）

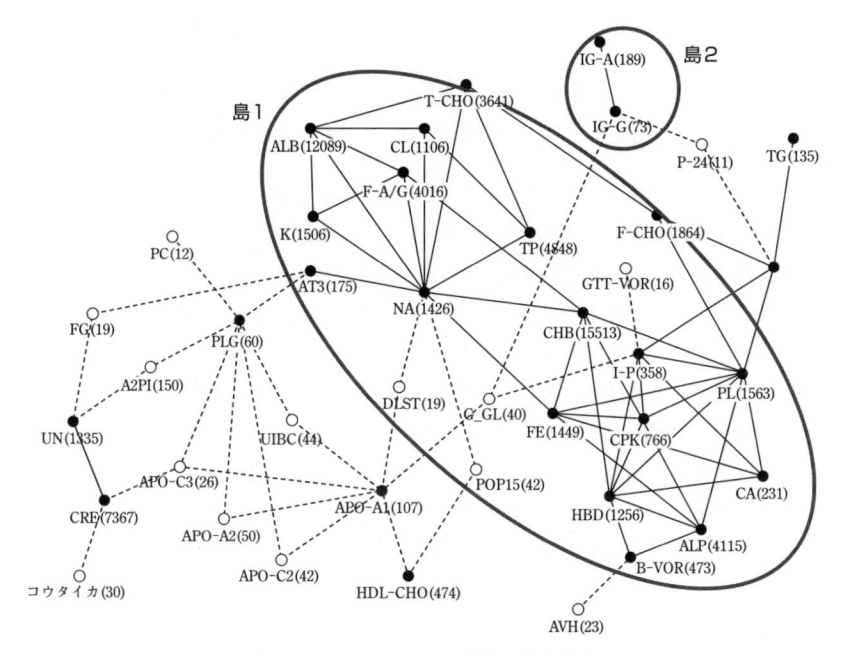

図4.6 KeyGraphによる最初の出力結果

① 島

まず，頻繁に出現する複数の検査値を黒ノードとして図示する．その中で，頻繁に共起する二つの検査値 X_1，X_2 からなる対を黒の実線で結び，単連結のパスを切断した結果として得られる極大連結グラフを「島」とする．

② 島の間に橋を渡す

データの中の各検査値 X について，①で得た二つ以上の島（Y_1，Y_2…とする）に含まれる検査結果が X と共起（同患者の同検査に出現）する場合，X を赤いノードで表示し，X-Y_1，X-Y_2 を赤い線で結ぶ．

言い換えれば，得られた KeyGraph の出力は，以下のような意味で解釈されると期待することになった．すなわち，黒いノードの島はある典型的な病態という比較的ありふれたコンテキストを図示するものである．一方，赤いリンクは，そのような典型的な病態がいくつかあったときに，それらの間の移り変わりを示す可能性がある．

いま，ある検査項目に関する異常 X が発見され，これが患者の将来における病気の深刻な進行の予兆であるとしよう．このような事象 X は，進行の初期から重症化するまでに過渡的に現れる．その後，間もなく消えていくので，現れる頻度は少なく

なる．一方，患者の多くが，

① X_1, X_2, X_5, X_9 という四つの異常を同時に示す（ある特徴の集団 P に属する）
② X_3, X_4, X_7, X_{10} という四つの異常を同時に示す（ある特徴の集団 Q に属する）

のいずれかであるとすると，特徴 P, Q は，病状の進行過程で現れてしばらく後に消えてしまう特徴ではなく，典型的な進行中か，さらに進行が進んで終末状態に到達してしまった状態，あるいは逆に快癒した後の状態であろう．

すると，P, Q の 2 集団が KeyGraph ではそれぞれが島として得られ，異常 X は $\{X_1, X_2, X_5, X_9\}$ の異常からなる島と $\{X_3, X_4, X_7, X_{10}\}$ の異常からなる島の両方と少しの間だけ共起する．X は，重要な病状進行あるいは治療の効果が出る予兆を意味するので，治療の意思決定において重要な時期になっているはずである，というのがこの可視化に期待されたことであった．しかし，この期待をプロジェクト初期には達成できなかったことは参考文献[4.11]でも述べている．実際に図4.6は，「進行」と「回復」という島を橋で渡すような構造になっていない．

この失敗の一つの理由は，チャンス発見に求められるようなスムーズなプロセスを共有できるほど頻繁に研究プロジェクトチームとしてのコミュニケーションがとれなかったことなど，ヒューマンファクターに依存したものであった．

その後，プロジェクトメンバーを部分的に変更することによって以前よりミーティングの頻度を上げるなど改めた結果，この医療応用研究の進捗状況は改善された．さて，本書の目的はチャンス発見技術の基礎となる理論モデルを示すことにある．それゆえ，ヒューマンファクターにはこれ以上踏み入らず，医師らとの会話の中から肝炎進行・回復についての因果モデルを正しく仮定することができたプロセスの技術的側面に絞りたい．

このモデル設定によって，ネットワークモデルにおける共起度の設定を適切に選択できるようになったのが，この適用事例の特質である．

4.4 ■肝炎シナリオマップからのシナリオ解釈とその検証

ここでは，C 型肝炎について解析を行った結果を解説する．特に，B 型よりウイルス数の少ない C 型においては，インターフェロン，鉄除去などの治療法に効果が見られることが知られており，これらの手法で見い出されるシナリオのうち，特に治療効果に関連するシナリオを検証する上で取り扱いやすいものと考えられる．

図 4.7 は，肝炎におけるウイルスの侵入とそれに対する治療およびその効果につい

て，簡単にモデル化した図である．この図の中で，背景の白いところにあるノードは観測可能で，データに残る事象を示す．これらの事象は，互いの順序関係も比較的わかりやすい形で残り，医師にとってはほぼ既知であろう．それらの間では，エピソードA，Bのような形で頻出するエピソードを抽出することは，比較的容易であろう．薄い陰のついた部分のノードは観測可能な事象を示す．これらは，血液検査・観測記録その他の形でデータに残す習慣が定着していない部分である．ウイルスに侵入され感染したという事象は，医師から見れば明らかな徴候があったり検査をすれば明らかになるかもしれないが，実際には通常の血液検査よりも高額のコストがかかるなどの理由により直ちにデータに残るわけではない．したがって，通常はなんらかの観測事象からウイルスへの感染があったと医師が考えるという事象が，データへの記録よりも先行する．ノードSはそのときの観測事象であり，これに対する医師の判断結果として，何らかの治療Tが施される．すなわち，治療は回復の原因である以前に，医師の判断の結果なのである．

図4.7で一番下の濃い陰の部分は，観測さえできない事象である．治療Tが施されても，その結果としての効果は治療の経過中は直接観察できない．ひとしきりインターフェロンを投与し，その結果エピソードBというような形で4週間以内にその効果が現れるのでなければ，副作用の強いインターフェロンは投与を打ち切られる．

このように医療行為に関与する事象は，互いに未知事象を介し，内部に方向付きの流れを持つエピソードがいくつか因果関係で結ばれたものとなっている．そこで以下では，KeyGraphにおける共起性計算について4.1節の類別を念頭において，エピソ

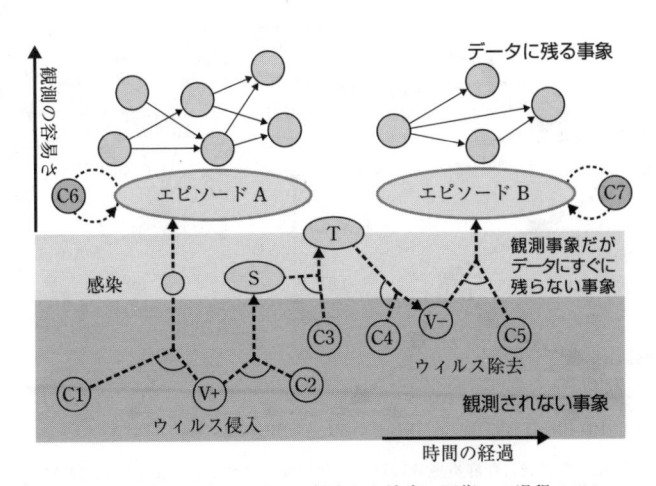

図4.7 肝炎におけるウイルス侵入から治療・回復への過程モデル

第 4 章 ■ ネットワークモデルによるシナリオマップ

ードに相当する「島」の内部では overlap 係数（式(4.5)）をノード間の共起度計算に用い，エピソードとその外側の事象の共起性計算には相互情報量（式(4.7)）を用いる．

　結論を遅らせることになるが，上の設定による結果の前に，前章までのように血液検査データについての KeyGraph を，すべての共起度を Jaccard 係数（式(4.3)）で計算して表す場合を考える．C 型肝炎の患者のうち，鉄減少を経て血清鉄の量が正常範囲を下回るレベルまで下降した患者のデータは，図 4.8 のように可視化された．ここで，各アイテムの表記について以下の改定を行っている．検査項目 ZTT を例にとると，正常値域の上限を超えた場合を ZTT_high，正常値域の下限を下回った場合を ZTT_low とするのはここまでと同様であるが，これらに加えた表記として，直前よりも検査値が上昇した場合を ZTT_+，下降した場合を ZTT_- と表す．また，太い点線の矢印は事象間の順序を示す．例えば，二事象 A，B について，A が二回連続生起するケースと B が二回連続生起するケースが 1 年以内に起きる場合，そのうちの 70% 以上で A が先行する場合に A から B に向けて矢印を引いた．これは，事象の前

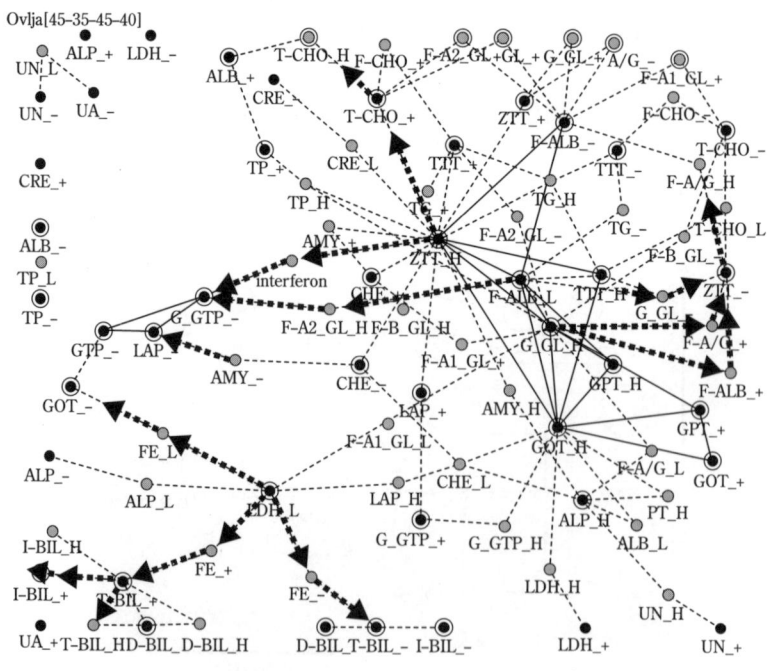

図 4.8　C 型で鉄減少を経験した肝炎患者に対して共起度をすべて Jaccard 係数で計算した KeyGraph の結果

4.4 ■肝炎シナリオマップからのシナリオ解釈とその検証

後関係を知るために利用できる可能性のある従来の手法[4.12, 4.13, 4.14]を用いても，理解できる線が得られなかったからである．KeyGraph に対する矢印の付与については，第 7 章で再掲する．

　図 4.8 の右側の大きな島は，GOT, GPT の上昇など肝炎進行の典型パターン，すなわち医師なら通常見開するエピソードを表している．一方，左側にはこれらの値が減少していく島があり，これは回復を意味するとみられる．この動きに並行する形で，肝細胞崩壊とともに増加することが知られる LDH の減少（[4.15]などに一致）と，さらに FE（鉄）の増減とともにビリルビンの増減が起きることを示すシナリオが見られる．鉄の増減とビリルビンの増減の関係については，サーベイした範囲では関連する論文がなかったものの，そもそものビリルビンの増加は溶血，すなわちヘモグロビンが崩壊した結果であり，その際にヘモグロビンから鉄とビリルビンが同時に流れ出していたとすれば理解できる[4.16]．同時に鉄とビリルビンが減少したのは，C 型では徐鉄（血液を抜く瀉血療法[4.17]）が用いられることが多いからであろう．図 4.9 には，ある患者の鉄，ビリルビンなどの変化を示すが，確かに鉄とビリルビンは増減の時期がほぼ一致している．両者の同じ検査における同時増減は，FE 減少を伴った患者のうち 98% で観察された．

　しかしながら図 4.8, 図 4.9 は，医療行為において有益な情報をまだ提供していな

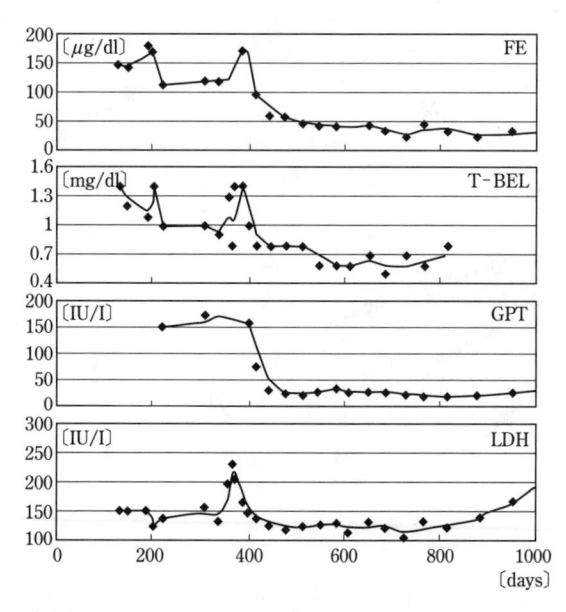

図 4.9　肝炎患者における鉄，ビリルビンの増減の後に見られる GPT の減少（回復）

い．LDH からなぜ鉄増加と鉄減少が起きているのか理解できないし，鉄の減少が瀉血治療によるものだとすれば，それがインターフェロンと前後する形になっていないのは治療のシナリオとして役に立つ可視化とはいえない．両者は相補的に働くように用いられる治療のはずである[4.17]．

一方，同じデータを KeyGraph で可視化するにあたり，各エピソードに相当する「島」の内部でノード間の共起度計算に overlap 係数を用い，それぞれの島とその外側の事象の共起性計算に mutual を用いたところ，図 4.10 を得た．ここにはインターフェロンは出ていないが，ビリルビンが上昇した時期に LDH の下降が見られ，そして回復に向かっていることがわかる．この意味は何であろうか？

われわれは次のように解釈した．ビリルビンが多く，黄疸を明確に呈した段階で，医師がこれを明らかな症状として検査した結果，インターフェロンが投与されたのであろう．そこで，現在のデータからさらに LDH_L を含む患者のデータだけを抽出してこれを可視化したところ，図 4.11 を得た．ここには，右端に肝炎進行を示す大きな島があり，左上には回復を示す島が見られる．その間にインターフェロンが見ら

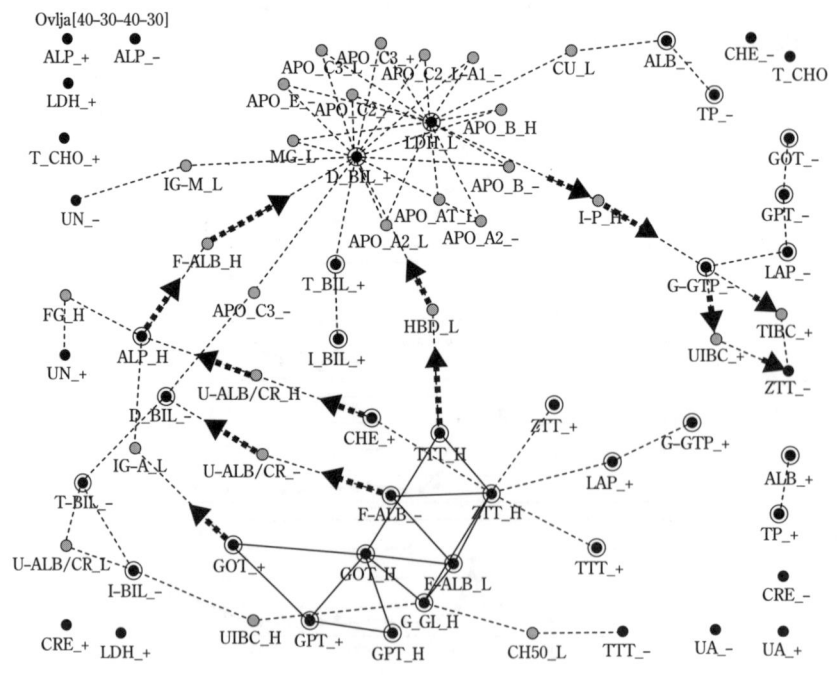

図 4.10　C 型で鉄減少を経験した肝炎患者に対して，島内の共起度を overlap 係数で，島とアイテムの間の共起度を相互情報量で計算した結果

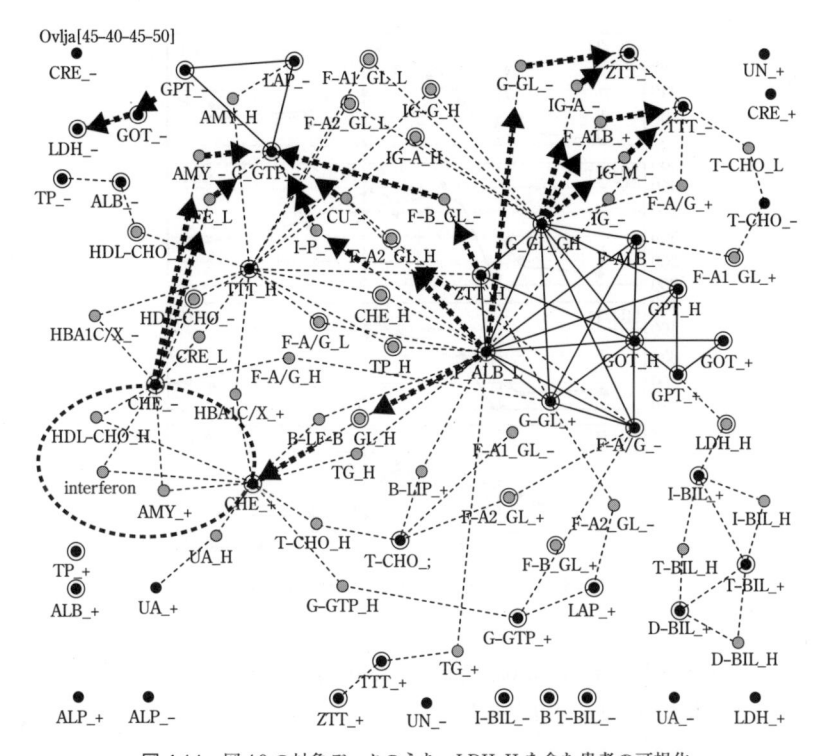

4.4 ■肝炎シナリオマップからのシナリオ解釈とその検証

図 4.11 　図 4.9 の対象データのうち，LDH_H を含む患者の可視化

れ，回復シナリオにおいてインターフェロンが介在していたことが明らかになった．さらに，インターフェロン投与の後，回復に至る途上には FE_L，すなわち瀉血が効果をなすものと見られる．その他，図 4.11 からはインターフェロン投与中における CHE（コリンエステラーゼ）の増減や，AMY（アミラーゼ）がインターフェロン投与中に増加し，投与後の回復期には減少する事象などが見い出だされる．図 4.12 に示すように，これらの傾向は個々の患者でも確認される．

特に LDH のピーク値が回復の予兆であるとの文献[4.12]も存在し，これは副作用などにより，いったん一部の細胞が破壊されるからであると見られる．そのため，その前に LDH が減少していることが必要であったと考えられ，治療に先立って LDH を減らすなどの療法に応用できる可能性がある．上記の結果はこれらを鉄の増減などについての知見と統合し，C 型肝炎治療という一連のシナリオについて有益な情報を得たものといえる．

旅人が道中で現在地を地図上に確認するのと同様に，医師がシナリオマップという

85

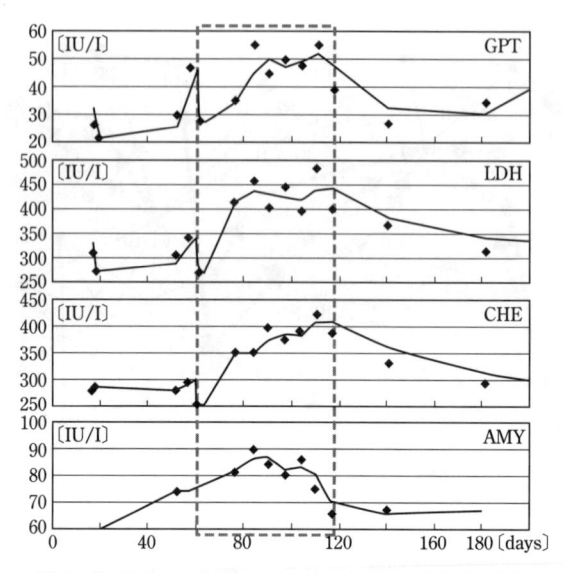

図4.12　図4.10で対象とした患者における血液成分の変化

図から患者の現状を把握し，医療専門家としての総合的な見地から次の治療法を考えるヒントを提供することが本手法の効果である．

4.5 ■ KeyGraphのツール化の例：Polarisの内部アーキテクチャと実行例

Polarisは第2章で述べた二重らせんプロセスをもとに設計され，可視化手法としてのKeyGraphを実際に利用するためのインタフェースを備えたツールである．現在のところ，KeyGraphとその付随機能のみが実装されているが，KeyGraph以外の可視化技術も含めて動作させるプラットフォームに拡張することも検討している．なお，本節は岡崎直観氏が筆者との共同研究において開発したPolaris[4.17]について，岡崎が執筆したレポートに基づいている．

二重らせんプロセスを一層高速化し，必要に応じて途中のステップを省略することによって，ビジネスなどにおけるチャンス発見プロセスの高速化が必要となる場合，その状況に適応するためのプロセスとして包括（サブサンプション）アーキテクチュアによるプロセスが有効と考えられることは以前に述べた（図4.13）[4.18]．Polarisは，この改良プロセスに対応してKeyGraphのインタフェースを改善したツールで

4.5 ■キーグラフのツール化の例：Polaris の内部アーキテクチャと実行例

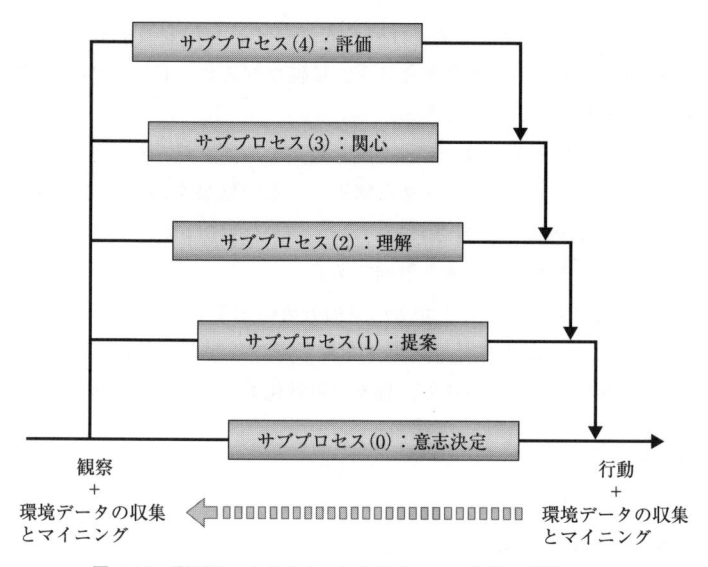

図 4.13 服属アーキテクチャによるチャンス発見の実現モデル

ある（Polaris の詳細は岡崎による http://www.chancediscovery.com を参照．2006 年 8 月時点でダウンロードも可能）．

4.5.1 ■ Polaris の内部アーキテクチャ

図 4.14 に Polaris のシステム概要を図示する．

解析したいテキストデータが与えられると，「テキスト読込み」「マイニング」「可視化」コンポーネントを順に経て，解析結果がユーザに出力される．テキスト読込みコンポーネントは，解析対象テキストを読み込んでデータ加工，データ洗浄を適用

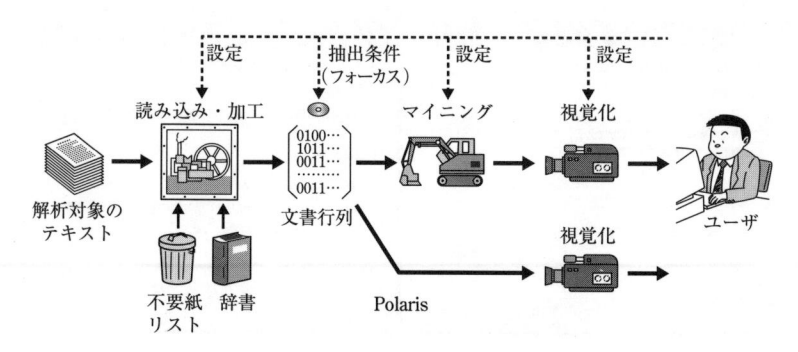

図 4.14 Polaris の内部処理機構

し，解析アルゴリズムで扱える文書行列形式（式(4.1)）に変換する．このコンポーネントは，日本語テキスト，英語テキスト，単純なバスケットデータなど，解析の用途に合わせて切り替えることができる．

マイニングコンポーネントは，データ読み込んで，コンポーネントが作成した文書行列データか式(4.1)のようなデータを解析し，その結果を出力する．現在はKeyGraphアルゴリズムのみが実装されているが，将来的には複数のマイニング手法を用途に応じて選択できるようにする計画である．

最後に，可視化コンポーネントがデータの分析結果を表示する．Polarisでは解析対象データに対して，複数の可視化チャネルを持つことを許容している．したがって，ユーザはグラフやテキストなど，様々な視覚化チャネルから解析データを眺めることができる．

4.5.2 ■ Polaris の機能

(1) 日本語テキスト読込み

日本語テキスト読込みモジュールでは，句読点を利用した文同定，形態素解析

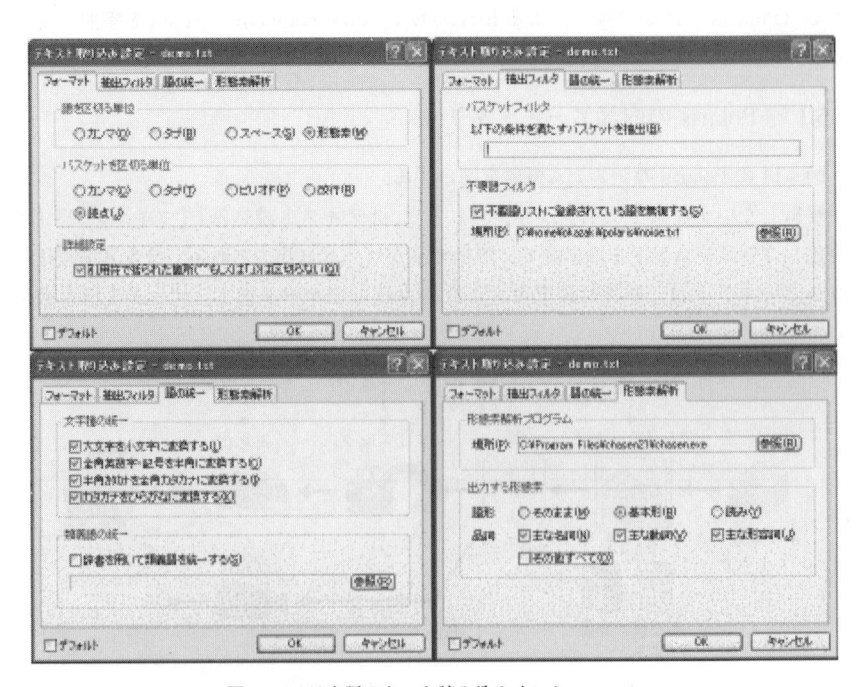

図4.15　日本語テキスト読み込みインタフェース

(Windows 版の茶筌[4.19]を利用），条件付き抽出（ある語を含む文のみを抽出する），ノイズフィルタ（別ファイルに指定された不要アイテムリストに含まれるアイテムをあらかじめデータから削除して読み込む），アイテムの表記の統一（類義語辞書による統一，英字小文字への変換など）を行う．

(2) KeyGraph 解析

Polaris に搭載されている KeyGraph は，データ構造やアルゴリズムを工夫し，スクラッチから実装したものになっている．その結果，過去の KeyGraph よりもかなり高速に動作するようになり，特に与えるデータの量が大きい場合や Jaccard 係数を使う場合などの速度向上は劇的である．KeyGraph に与えるパラメータは，ダイアログで簡単に設定できる（図 4.16）．KeyGraph の解析結果の最終的な視覚化では，Polaris の場合はバネモデルによるノードの最適配置が適用される．これは，ノード間の共起の強さに応じてノードが互いにバネのように引き合わされ，ノードにかかるいくつかの力が吊り合う位置に表示する方法である．

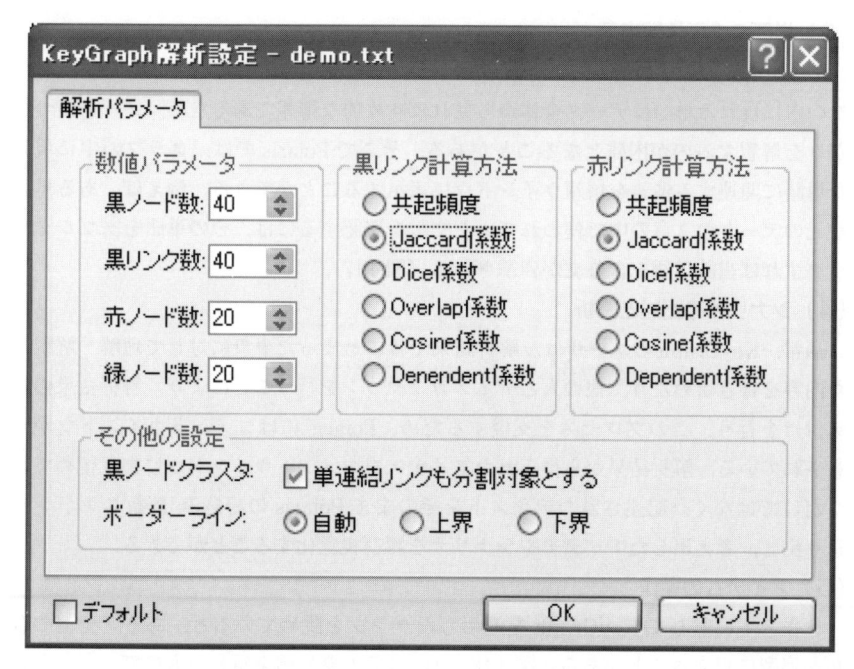

図 4.16　KeyGraph における黒ノード数（M_1），黒リンク数（M_2），赤ノード数（M_4），緑ノード数（M_5）および共起度計算手法選択のインタフェース

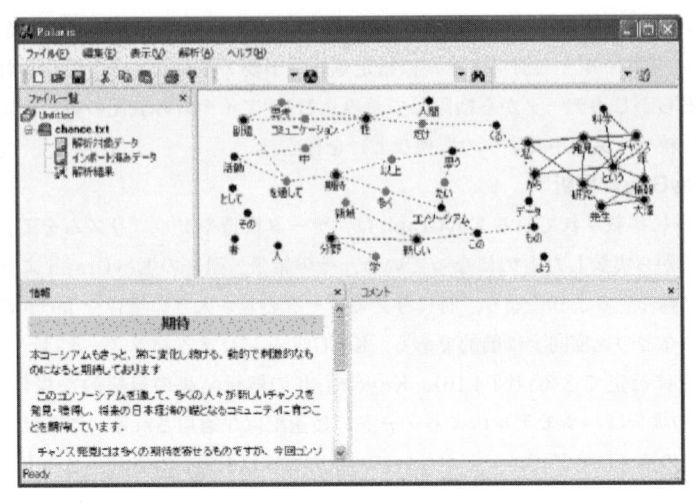

図 4.17 元テキストへの参照性を高めたことにより，ユーザは各アイテムの出現した文脈を理解することができる．

（3）単語の文脈情報表示

KeyGraph の表示結果から，ユーザはシナリオの発案を進めて行く．しかし，グラフの中に現れる単語はデータ全体から見れば断片的な情報であるため，ノードのつながりを解釈するのが困難となることがある．そこで Polaris では，グラフの中に現れた単語に関連する情報を情報ウインドウに表示することができる．例えば，ある単語が元のデータの文章の中で使われていた文脈を確認するには，その単語をダブルクリックすれば当該単語を含む文が列挙される（図 4.17）．

（4）シナリオの記述と解析

通常，KeyGraph のユーザは，解析結果で目にとまった事象に対して理解・解釈した内容を書き留めたり，他の人とディスカッションを行うことにより，解析結果の意味付けを行う．このプロセスを支援するため，Polaris にはコメントウインドウが用意されている．解析結果から得られたアイデアをコメントウインドウに書き留めておくだけではなく，記述されたテキストをそのまま Polaris の読込み/解析エンジンに送り出し，考え出したアイデアやシナリオを再び視覚化することができる．

（5）アイテムの操作

テキストに対して KeyGraph を適用したグラフを眺めていると，あるノードの存在が邪魔に思えることがある．図 4.18 の(a)はその典型例を示したもので，「a」というノードが他の多くのノードと結ばれてしまい，その他のノード同士の関係が見づら

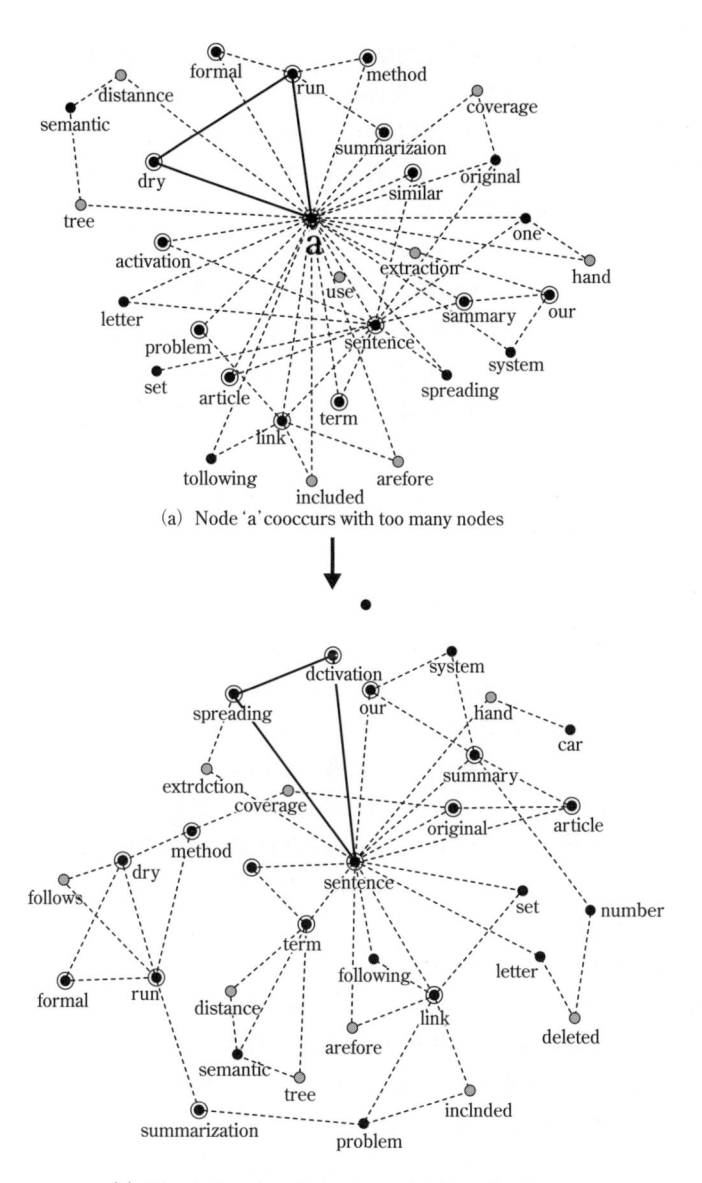

4.5 ■キーグラフのツール化の例：Polaris の内部アーキテクチャと実行例

(a) Node 'a' cooccurs with too many nodes

(b) Reanalyzing after eliminating node 'a' from the data

図 4.18 (a)における「a」という単語を解析対象データ（文章）から取り除いて解析し，(b)の結果を得る．結果として，意味のある島と橋からなる KeyGraph の出力となった．このような操作は，マウス操作で簡単に実行できる．

くなっている．aというノードが重要なものであるならばこの結果は納得のいくものと言えるが，この場合の解析対象は英語のテキストであることを考えると，aは冠詞であるので，aが他の多くの語と関係をもつのはむしろ自明となる．そこで「a」という単語を文書行列（解析対象）から取り除いて再び解析すると，同図(b)の結果が得られ，グラフの情報が改善される．通常，テキストマイニングにおいては，文章を特徴付けない語を不要語として除去することが多いが，不要語は解析対象のテキストのドメインに依存するので，解析結果を眺めながら不要語リストを調節する必要がある．Polarisでは，このような不要語に関する操作をグラフ表示などの視覚化データの上から，マウス操作によって簡単に行うことが可能である．

Polarisでは，ある語を別の語と同一視させることで「ゴミ」-「ごみ」のような表記の異なる語，「単語」-「語」などの類義語を統合する機能も実装されている．「人工」-「知能」など，形態素解析によって分かち書きされてしまった語の統合も実装予定である．

(6) バスケットの操作（フォーカスの設定）

あるテキストをKeyGraphで解析したグラフを眺めているとき，「不満」という語に興味をもち，このテキストで述べられている不満とはどのようなものなのか知りたいと思うことがある．この場合，「不満」という言葉が出てくる文を抽出し，「不満」という語がどのような文脈で用いられるのかを精査することが必要となる．解析結果の図を解釈するのはユーザ自身なので，結果に含まれる事象に湧きあがった興味はユーザ自身で即座に解決できることが好ましい．Polarisでは，ノードに対して簡単なマウス操作を行うだけで，「不満」という語を含む文のみを解析することができる．この機能によって，解析対象データ自体の作成や，データの中から見たい部分を選別することが容易となった．

(7) ノードのイメージによる表示

KeyGraphを用いてもノードと実世界との対応がわかりにくく，解析結果からだけでは全体のつながりが有する意味や背景の情景の理解に苦労することがある．これは，データの視覚化が単純な色で区別されたノードと，付随するテキスト情報のみで行われているためである．Polarisでは，ノードを写真やイラストなどの図で表現する機能を追加している．ユーザはKeyGraphの出力を見て，イメージとして捉えたいノードの上に別途用意した画像ファイルを張り込むことができる．

この機能によって，解析しているデータの中に現れるアイテムに非言語的な情報を付与でき，イメージとイメージのつながりから背景の情景を想像しながらシナリオを創ることが可能となる．操作は，エクスプローラでノード表示に置き換えたい画像フ

4.6 ■ネットワークモデルにおけるチャンス認知

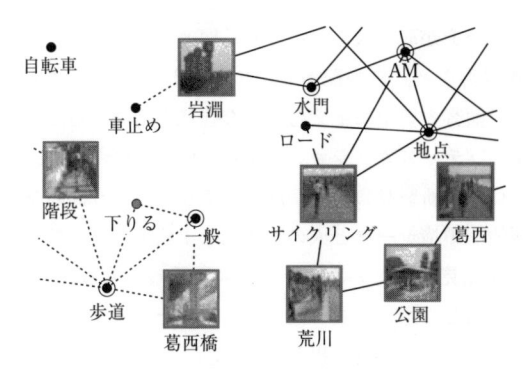

図 4.19　Polaris のノードにイメージ画像を貼り付けたもの．Polaris でノードにイメージ画像を貼り付けたもの．荒川サイクリングコースを走った日記の可視化であるが，単語だけの可視化と異なり，情景を想像しながらシナリオを読み取ることができる．

ァイルをドラッグして，Polaris のノード上にドロップするだけである．この操作によりノード表示の変更が行われ，Polaris 上のウインドウにはユーザ指定に応じた大きさにリサイズされた画像が表示される．多くの画像を解析図の中に貼り付けるとイメージが混み合って見にくくなるので，マウスがノードの上に置かれていないときはイメージを半透明にしておくことも可能とした．

図 4.19 は，KeyGraph の解析結果の中で，見慣れない単語や専門用語に対して画像を貼り付けた例である．このようにして得られるグラフを写真付（Pictorial）KeyGraph と呼ぶこともある．

Polaris の他，KeyGraph を用いたチャンス発見ツールとしては，コミュニケーションをしながら参加者がグラフ上にアノテーションを付したり，発言したシナリオの位置付けや重要性をリアルタイムに可視化するなど，二重らせんプロセスにしたがって主体データの有効活用を念頭に開発されている [4.20, 4.21, 4.22]．

4.6 ■ネットワークモデルにおけるチャンス認知

4.6.1 ■写真貼付を用いた Polaris 出力からのシナリオ創発

企業においては数値データ以外に，様々な目的で自由記述された膨大な量のテキストデータが豊富に蓄積されている．コンピュータと人のインタラクションを適切に設計して，そのテキストデータから新たな知識を生み出すことが期待されている．

一例として，ある企業が取り扱っている液晶関連フィルム用表面欠陥検査装置の営業報告書や実験報告書など，自由記述したテキストデータをコンピュータで共有化し，それに基づいて顧客の要望に応える新たな仕様を創発するために，営業管理者や営業担当者がグループディスカッションを重ねていた事例がある．しかしながらこの事例では，新たな仕様や新製品の提案が創出できないという問題を抱えていた．

堀江らは，客観的な環境データと人の主体的な主観データ（ひらめきや経験）を融合させてチャンスを発見するという「チャンス発見の二重らせんプロセス」（第2章参照）を本事例に適用した際に，質の高いシナリオを認知するまでにユーザが独自の発見パターンを経験することを見い出した[4.23]．

第2章に述べたようにチャンス発見の二重らせんのプロセスでは，環境の客観データをKeyGraphのようなデータ可視化ツールによってコンピュータで処理する．この結果を人（又はグループ）に示すと，その結果を人（又はグループ）が解釈し，シナリオを創出する．そのシナリオをテキスト化したものを内部データとして再度KeyGraphにて解析し，これを人（又はグループ）に示すと，人は自分にとって重要となる様々なシナリオの存在に気付くことができる．そして，それらのシナリオの交点にチャンスを見い出す．

堀江は，このプロセスに若干の修正を加えて自らのビジネスに適用した．この適用にあたっては，自社製品である表面欠陥検査装置が対象とする液晶フィルム表面上の欠陥についての共通の名称が担当者間で未定義であるという状況が発生していた．この状況に起因して，担当者ごとに顧客との決めごとで対象欠陥に異なる名称を使っていたり，担当者によって異なる欠陥に対して同一の名称または表現を使っているという事態まで発生しており，営業報告書や実験報告書の記述においても欠陥の名称の混乱はそのままとなっていた．そのため，報告書をKeyGraphで処理しても，文脈の理解さえ困難となる状況であった．これでは，第3章に述べた繊維業における成功事例のようなグループディスカッションを行っても，ビジネスにとって有用なシナリオを創発することは極めて困難となる．

そこで，ある1社の顧客から要望された対象欠陥に関わる営業報告書と実験報告書を1セットとして全部で16セット準備し，その16セットのデータをKeyGraphで可視化したものに対象欠陥の写真を貼付したシナリオマップを16枚作成した．例えば，図4.20がそれらのシナリオマップのうち一枚について，被験者であるユーザが解釈した結果である．このデータ前処理とKeyGraphのグラフ図を改善することにより，未定義であった対象欠陥が同定され，被験者6名からなるチームの全員が共通の解釈を得ることができるようになった．これにともなって，被験者がシナリオマッ

4.6 ■ネットワークモデルにおけるチャンス認知

表 4.1 「現在の状況」と「未来の提案」の例

現在の状況	顧客の要望するムラ，すじ，ハジキ，抜けなどの欠陥を検出するため，ラインセンサーカメラ N5150HS を使用し，レンズを 50 mm，分解能を流れ・幅方向で 100 μ，ビデオレートを 40 MHz としている．
現在の状況	高周波電源の蛍光灯を正反射で使用し，同時にスリットを用いたハロゲンを透過で使用している．
未来の提案	すべての欠陥品種を 1 システムで検出するためには，蛍光灯を正反射でハロゲンをスリットで透過するのがそのノウハウであるので，ハロゲンのスリット幅を欠陥により変更して使用する．

プから同社の製品の使うにあたっての様々なシナリオを解釈することが容易になるとともに，その後のグループディスカッションを通じて全員で合意したシナリオを抽出することができた．表 4.1 に，その結果得られたシナリオの一部を示す．

4.6.2 ■グループディスカッション参加者における KeyGraph の認識過程

この事例においては，得られた 16 枚のシナリオマップを被験者である各ユーザが解釈し，続いて行ったグループディスカッションから 104 通りのシナリオが抽出された．104 のシナリオの内訳は，「現在の状況」についての 85 通りのシナリオと，「未来の提案」についての 19 通りのシナリオに分類された．この 104 通りのシナリオ各々において，シナリオの文字数とシナリオが含有する黒ノードと赤ノード（図 4.20

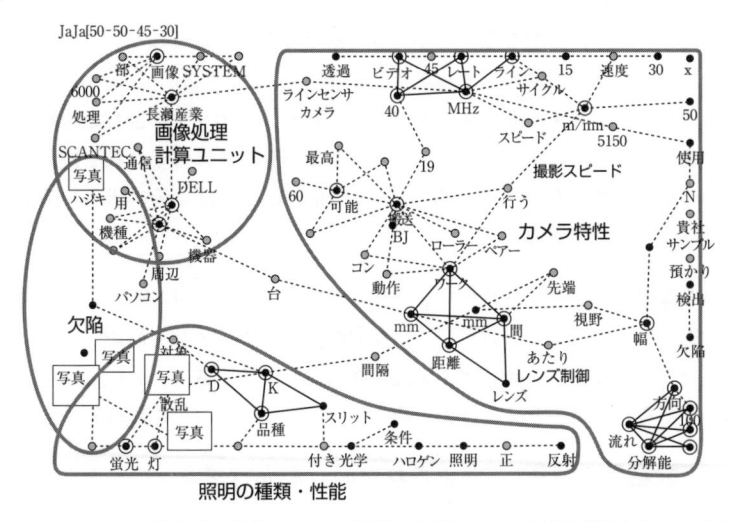

図 4.20 KeyGraph に対象となる液晶フィルム表面上の欠陥について写真を貼付したシナリオマップを得て，その各部分を解釈した結果

では薄い灰色の小円で表している）の単語数を時系列に並べてその数の変化を測定した結果，以下の共通する特徴を見い出した．

① 19通りの「未来の提案」を抽出した10枚のシナリオマップにおいて，未来志向の新デザインが提案（図4.20の赤ノード）される前は，現在の状況についてのシナリオに絞って提出され続けた．次に，未来志向の新デザインが提案され始める直前に，シナリオの単語数が減る傾向が見られた．特に，シナリオが含有する赤ノードの単語数が顕著に一度減少している．

② 新デザインを創出した10枚のシナリオマップのうち8枚のシナリオマップで，新デザインの提案と同時またはその直後に，シナリオが含有する赤ノードの単語数が増加した．

さらに詳細に図4.20の構造を検討すると，黒ノードの語とその間のリンクは，実線のリンクで連結された部分グラフである島を形成する．一方，赤ノード（図4.20では薄い灰色の小円で表している）には，比較的大きな島の主題と別の島の主題の関係を示す橋の役割をするものと，意味としては一つの島に単独で繋がっているだけのものがあることがわかる．前者の赤ノードは本来KeyGraphが期待するものであり，ここではこのような赤ノードを「大局的な赤ノード」と呼ぶ．一方，図4.20左上の「処理」は企業名と「画像」という語を結んでいる．これは，その企業の生産している画像処理システムというひとかたまりの島を意味するものである．このような赤ノードは，島に対して具体的な意味を与える役割をもつと考えられる．このような赤ノードを，ここでは「局所的な赤ノード」と呼ぼう．

今，新デザインを提案するシナリオが生まれる前のシナリオに含有される赤ノードの数の変化に注目し，新デザイン提案とその前のシナリオに含まれる2種類の赤ノードの数について比較分析をしてみる．以下で19というのは，新デザイン提案に該当するシナリオの個数である．

① 大局的な赤ノードを含む新デザイン提案直前のシナリオ数：9/19
② 局所的な赤ノードを含む新デザイン提案直前のシナリオ数：7/19
③ 赤ノードが含まれない新デザイン提案直前のシナリオ数　：3/19
④ 赤ノードを含む新デザイン提案の数　　　　　　　　　　：10/19

4.6.3 ■実験結果の解釈：「準備された心」が先行する

以下，この実験の結果を解釈する．重要なことは，赤ノードに相当する語がユーザ

4.6 ネットワークモデルにおけるチャンス認知

から発せられるシナリオの中に増えてくるより前に，新しいシナリオが創り出されているということである．すなわち，新デザイン提案に関わるシナリオが創発される前に提示された現況に関するシナリオでは，まずシナリオマップの黒ノード同士がリンクされた部分グラフである島から検査装置の一部の仕様を解釈し，さらに解釈したシナリオを表現する単語数を増やして育てていく．その上で，これらの島を組み合わせることによって新しいデザインの製品についてのシナリオを創造しようとして，そのシナリオをうまく表すために赤ノードの語を自分の言葉に含めていくというわけである．図 4.22 にこのことの概念図を示す．

言い換えれば，先にユーザの心の中に未来のシナリオが準備され，そこに適合する赤ノードがとらえられるという認知順序が存在するということである．とすれば，KeyGraph を解釈するまでの認知の順序は大まかに次のようになるだろう．

① 黒ノードから構成される島を認識し，解釈する．
② 局所的な赤ノードに相当する語をシナリオに含め，島の理解を深める．さらに，島と島の間の関係についてもここで考え始める．
③ 島と島を結んで構成される新しいシナリオに大局的な赤ノードを含めながら，提案が進んでいく．

ユーザは，②と③のステップを高い確率で踏んでいく．実際，局所的な赤ノードを

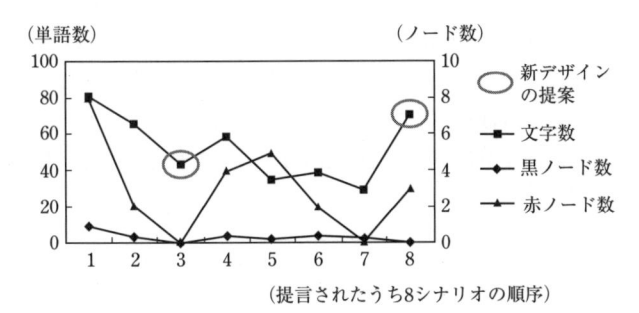

図 4.21 最初に見たシナリオマップから得た 8 シナリオの文字数と赤ノード数の遷移．先に新デザインの提案が出て，直後に赤ノードの語をシナリオ提言に取り入れることが多い．

図 4.22 シナリオマップ視察下でチャンスを捉えるまで

含む新デザイン提案直前のシナリオの比率（約 37%），そして次に島と別の島の関係を大局的な赤ノードから解釈する比率（大局的な赤ノードを含む直前のシナリオの比：約 47%）という二つの値は，十分高い値と言える（問題：なぜそう言えるのだろうか？）．

このようにシナリオマップにおける赤ノードは，営業報告書や実験報告書の中で希少でありながら，全体の意味的なつながりをユーザが理解するのを補助する役割を担うものと考えられる．新しいシナリオが提言されるとシナリオの文字数とシナリオが含有する赤ノードの単語数が減少するのは，ある島と島の解釈が進むにつれてグループ内のある新しいシナリオへの関心が飽和し，島と島の別の組合せへと関心が推移していくためであろう．そしてその後，また新たなシナリオが創発される．

この結果は，グループディスカッションを通じてシナリオマップ全体の意味的なつながりを解釈する際の時間的な過程を明らかにした．この過程では，被験者個々の経験，知識，断片的な情報，薄々気付いていた関心，断片的な情報，ひらめきなどが被験者間で交換され，検査装置に関わる新たなシナリオの可能性に気付き，その気付きが被験者間に広がっていく．赤ノードという目立つ色で提示されるアイテムが，その色にも関わらず「準備された心（prepared mind）」よりも遅れてシナリオに取り入れられていくということは，チャンス発見支援ツールを設計する上でも重要な知見である．例えば，最初に提示すべきものは黒ノードと黒リンクだけであり，その後に赤ノードを増やして可視化する順番の方が，ユーザにとって軽い負担でチャンス発見は進むと考えられる．実際，Polaris の使用事例において，赤ノード数のパラメータを調整することによってそのような順序での可視化を実現し，結果として新製品の開発に成功したビジネス事例は多い．これは，チャンス発見支援ツールの開発よりもユーザの工夫が先行した例であるが，上記の実験はその工夫が的を得ていたことを示す証拠と言えよう．

参考文献

[4.1] 大澤幸生（監修・編著）「チャンス発見の情報技術」，東京電機大学出版局（2003）

[4.2] 大澤幸生，Benson, N.E.，谷内田正彦「KeyGraph：単語共起グラフの分割・統合によるキーワード抽出」電子通信学会誌論文誌，J82-D1, No. 2, pp. 391-400（1999）

[4.3] Van Rijsbergen, C.J., "Information Retrieval", 2ndedition, Butterworth（1979）

[4.4] 大村平『統計のはなし―基礎・応用・娯楽』（2002）

[4.5] Boyce, B.R., Meadow, C.T. and Kraft, D.H., "Measurement in Information Science", Academic Press（1994）

[4.6] ヒバリネン，A. 著，根本幾，川勝真喜 訳『詳解 独立成分分析』東京電機大学出版局（2005）

[4.7] Okazaki, N. and Ohsawa, Y., "Polaris: An Integrated Data Miner for Chance Discovery" In Proceedings of The Third International Workshop on Chance Discovery and Its Management, Crete, Greece（2003）

[4.8] Tsumoto, S. et al (eds), "Active Mining: Second International Workshop", Maebashi, Japan, October 28,2003, Revised Selected Papers（LNAI 3430）（2003）

[4.9] 杉山公造「グラフ自動描画法とその応用―ビジュアルヒューマンインタフェース―」計測自動制御学会（1993）

[4.10] 大澤幸生「キーグラフ：チャンスと周辺事象の関係を視覚化する」（大澤幸生 監修『チャンス発見の情報技術』第9章）東京電機大学出版（2003）

[4.11] 大澤幸生，松村真宏，津本周作「医療におけるチャンス発見とその課題：チャンスと周辺事象の関係を視覚化する」（大澤幸生 監修『チャンス発見の情報技術』第22章）東京電機大学出版（2003）

[4.12] Agrawel, R., and Srikant, R., "Mining Sequential Patterns", In Proc. of the Int. Conf. on Data Engineering（1995）

[4.13] Mohammed, J.Z., "SPADE: An Efficient Algorithm for Mining Frequent Sequence," Machine Learning, 42（2001）

[4.14] Jian Pei, et al, "PrefixSpan: Mining Sequential Patterns Efficiently by Prefix-Projected Pattern Growth", In ICDE 2001（2001）

[4.15] Martin, J.N. Jr, Blake, P.G., Perry, K.G. Jr, McCaul, J.F., Hess. L.W., Martin, R.W., "The natural history of HELLP syndrome : patterns of disease progression and regression", Am J Obstet Gynecol 1991 ; 164 (6 pt 1) : 1500-9 (1991)

[4.16] Murray, R.K., Granner, D.K., et al., "Harper's Biochemistry", Appleton and Lange, USA Connecticut, 24th edition (1996)

[4.17] Rubin, R.B., Barton, A.L., Banner, B.F., Bonkovsky, H.L., "Iron and chronic viral hepatitis : emerging evidence for an important interaction", in Digestive Diseases (1995)

[4.18] 大澤幸生 監修「二重らせん～チャンス発見のプロセス～」(大澤幸生 監修『チャンス発見の情報技術』第5章, 東京電機大学出版 (2003)

[4.19] 形態素解析ツール「茶筌」(http://chasen.naist.jp/hiki/ChaSen/)

[4.20] Takama, Y., and Iwase, Y., Scenario to Data Mapping for Chance Discovery Process, " Proc. The Fourth IEEE International Workshop on Soft Computing as Transdisciplinary Science and Technology (WSTST05), pp. 470-479 (2005)

[4.21] Xavier, L., et al, "Innovation and Creativity support via Chance Discovery", Genetic Algorithms, New Mathematics and Natural Computation, Vol. 1, Issue 4 (World Scientific) (2006)

[4.22] Sunayama, W. and Tachibana, W., "Bulletin Board System for Scenario Creation based on a Sub-Story Model", Proc. The Fourth IEEE International Workshop on Soft Computing as Transdisciplinary Science and Technology (WSTST05), pp. 501-510 (2005)

[4.23] Horie, K., and Ohsawa, Y., "Products Designed on Scenario Maps using Pictorial KeyGraph", to appear in WSEAS International Journal on Applied Computer Science (2006)

第 5 章
ネットワークモデルにおける可解性改善手法

　チャンス発見の手法を用いた様々な取り組みの中で数々の成功例が挙がるようになったが，技術的に解決すべき問題は残っている．技術面での最大の問題は，データ可視化のツールを用いても，わかりやすいシナリオマップを得ることが必ずしも容易ではないことである．例えば，図 5.1 はシナリオを非常に読み取りやすい KeyGraph の形状の例であるが，実際にはノード間で複雑にリンクが張られるような複雑なネットワーク構造をとることが多い．本章では，ネットワークモデルによるシナリオマップの可視化技法を改良することにより，シナリオ理解のための思考とコミュニケーションの性能を向上させる手法とその理論的背景を示す．

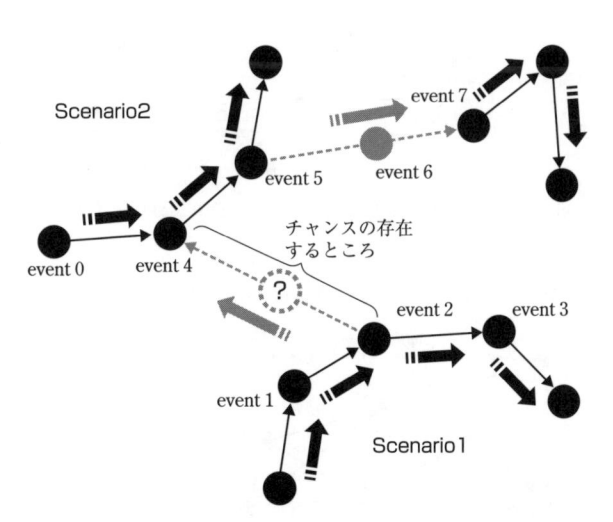

図 5.1　シナリオ創りとチャンス発見．赤いノードや矢印は，高頻度のシナリオからシナリオへのジャンプが起きるきっかけを表す．チャンス発見は，このようなジャンプが可能なノードに該当する事象を求める作業となるが，それぞれのシナリオが常にこのように線状に可視化されるわけではない．

5.1 ある寿司屋で

ここでは KeyGraph の基本動作を既知として，次のような利用場面を考える．

（1）ある寿司屋における KeyGraph の利用

ここに，寿司ネタ市場に関するデータがある．そのデータの内容は，「どのような寿司を食べたいか」というオンラインにおけるインタビューの結果である．解答者の一人一人は，好きな寿司を自由に列挙する．寿司を食べたくなるということは一つの事象であるから，このデータは「ある人はどのような寿司ネタが食べたくなるのか」

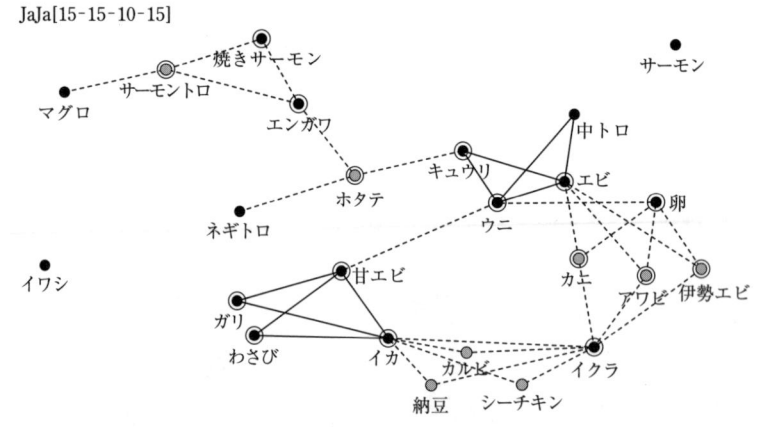

図 5.2 好きな寿司ネタに「大トロ」を含む人について，それ以外のアイテムの関係を示す Key-Graph．

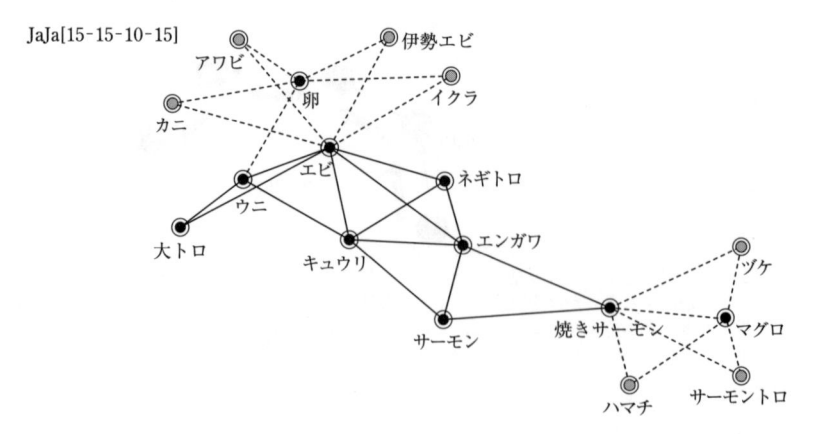

図 5.3 好きな寿司ネタに「中トロ」を好む人のデータについて，それ以外のアイテムの関係を示す KeyGraph．

という事象の集まりになる．ある寿司店の親方が，このデータを元に KeyGraph を使って，寿司ネタの種類ごとにどのような食べ方があるかを考えてみることにした．

例えば「大トロ」を好むやや裕福なサラリーマンたちについて，KeyGraph は図 5.2 のような出力を示した．一方，「中トロ」が好きだというサラリーマンについては，図 5.3 のような出力となった．二つのグラフは一見違う構造をもっている．回転寿司店の社長はここで膝を打った．「中トロを好む人は大トロを食いたいが，そこまで金がない，つまり若い人ということか．だから，一度の来店でいろんな寿司を一度に食べるから，真ん中の島が大きいわけだ！」

すぐ後で述べるようにこの社長は，KeyGraph の出力がわかりにくいせいで隠れた売れ筋を見逃してしまっている．そこで，単純に複数の KeyGraph を比較して用いるような場合の，可読性を向上させる方法を考えてみよう．すなわち，図 5.3 の KeyGraph を出力するときに，

① 他の条件はそのままとして，図 5.2 に近い構造となるように黒リンクを減らす．
② 図 5.2 にも同じ名前のノードがあるノードは，図 5.2 とほぼ同じ位置に配置する．

という変更を施してみると，図 5.3 の KeyGraph の出力は図 5.4 のように修正される．その結果，図 5.2 との比較が容易になる．

この改良のおかげで，寿司屋の社長は図 5.2 と図 5.4 を比較して，

・大トロも中トロも油っこいから，後であっさりしたキュウリが欲しくなる．

JaJa[15-10-10-15]

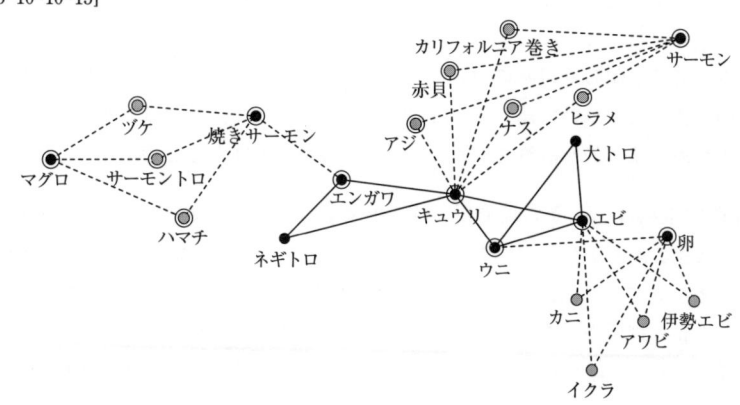

図 5.4　好きな寿司ネタに「中トロ」を好む人のデータについて，それ以外のアイテムの関係を示す KeyGraph を図 5.3 から設定条件を変えて表示した．

- サーモンやマグロ，エンガワに箸が進む前にホタテを食べることから，大トロ好きのお客さんの方が裕福らしい．それに，ホタテはエンガワのようにあっさりしているがボリューム感はマグロに近い．ヅケやサーモントロというのもボリューム感に加えて味が重いのでトロ好きの口に合うだろうし，価格についても財布と相談して，中トロを選ぶときは同じ理由で赤身やサーモントロを選ぶだろう．ここらへんがトロ好みへの売れ筋か．
- それにしても，大トロ好きはイクラやウニの先にイカや納豆を食べるという軍艦巻き志向があるのに，中トロ好きはキュウリやナスに高級なヒラメが混ざっている．裕福さだけ考慮すると不思議な組合せだが，なぜだろう．お客さんに聞いてみなければ．

と，売れ筋の想定やとるべき行動のシナリオを考えことが可能となる．すなわち，条件設定を変えたいくつかの KeyGraph について，比較しやすいように表示における様々な設定を調節することによって，紙芝居のように複数種類のシナリオマップを市場の地図として表示して見比べ，ビジネスシナリオを作ることができるようになる．これを「紙芝居 KeyGraph」と呼ぶ．

　上記の①と②に当たる作業について自動化の比重を高め，シナリオを作る上で使いやすい KeyGraph を作成するまでの手順を軽減することは，ネットワークモデルに基づくシナリオマップの多くのユーザが求める改良点となる．もちろん，KeyGraph を用いたチャンスへの「気付き」を活かすために，ユーザがツールとインタラクションできるような余地は十分に残す必要があるが，その余地を人が無駄なく活かして創造的な意思決定を導くためにも，解析を自動化できる部分は自動化を進めることが求められていたのである．

　本章では上記の寿司屋についての例に照らして，シナリオマップについての次節以降の改良手法について述べる．この改良方法によって，読者はシナリオマップの可読性のための基本的な計算モデルについての理解が可能となるであろう．

効果1：KeyGraph から環境における出来事のシナリオを立てる場合，先述したように図 5.3 よりも図 5.4 に近い図を表示することによって，平易に具体的なシナリオを立てることができる．また，シナリオをグループで立てるような会議では，全員が理解を共有しながら進めることができると期待される．

効果2：市場を顧客層ごと，あるいは期間ごとに比較したいとき，本研究により開発するツールによって得られる複数の KeyGraph の比較をしやすくすることによって，市場の変化，あるいは多様性の原因を理解する作業が容易となる．

5.2 ■シナリオマップの可視性最適化問題:線状化の定式化と reach 値

　KeyGraph などのネットワークモデルに基づくシナリオマップによって,ひとつひとつのシナリオの中で図 5.1 のように事象が線状につながって可視化されるわけではない.すなわち,線状のグラフ上を辿ってシナリオを描くというような単純な作業にはならないので,コンピュータが描画したグラフからシナリオを考えるのは,必ずしも容易ではない.

　KeyGraph の場合,基本的なシナリオを表す「島」は線状ではなく,ひとかたまりのクラスタとして表示され,その中で事象の生起順序を考えるのが難しい場合がある.もっとも,事象の集合がクラスタ状にかたまってしまうようなグラフを見て,そのかたまりの背景にある共通要因を考えるということも,シナリオ作りにおいて重要な作業ではある.しかしその場合にも,そのようなかたまりと他のかたまりを繋ぐような「橋」を含む大局的な構造は,できるだけ線状となっている方がシナリオとしては理解しやすい.

　前節の効果 1 のために,著者らが当初研究していた案の概要を示す.ここで,KeyGraph の出力グラフとして $KG_1, KG_2, \cdots, KG_N$(N は比較対象とするデータのセット数)があるとき,ツールの満たすべき要件は式(5.1)のように書くことができる.

　すべての $i(i=1, 2, \cdots, N-1)$ について,$\mathrm{Difference}(KG_i, KG_{i+1})$ を最小化せよ.ただし,

$$\mathrm{Difference}(KG_a, KG_b) = \mathrm{reach}(KG_a) + \mathrm{reach}(KG_b) + \mathrm{gap}(KG_a, KG_b)$$

ここで,

$$\mathrm{reach}(KG) = \frac{\mathrm{Avr}_{j \in KG} |\{k \in KG | \mathrm{distance}(k, j) \leq L\}|}{\mathrm{Avr}_{j \in KG} |\{k \in KG | \mathrm{distance}(k, j) \leq 1\}|} \tag{5.1}$$

　　L:得たいシナリオの長さを指定した値
　　$\mathrm{distance}(x, y)$:KeyGraph KG 中の二ノード x, y 間の最短距離
　　$\mathrm{Avr}(X)$:X の平均値

とする.この式(5.1)の意味は以下のとおりである.

① $\mathrm{reach}(KG)$ は KeyGraph KG において,任意のノード j から距離 1 の範囲にあるノード数に比べて,ノード j から距離 L を辿る間に含まれるノードの数がどれだけ大きいかを表す.すなわち,グラフの長細さを意味する.

② $\mathrm{gap}(KG_1, KG_2)$ は,二つの KeyGraph KG_1, KG_2 において,ノード $A_1(\in KG_1)$

と，そのノードと同じ名前のノード $A_2 (\in KG_2)$ の，それぞれの画面における位置すなわち $A_1(x_1, y_1)$ と $A_1(x_2, y_2)$ という二つの座標間の距離を，KG_1 と KG_2 に含まれるすべての同名ノード A_1, A_2 について平均した値．ただし，KG_1, KG_2 の表示画面の対角線の長さを 1 とし，値が 1 以下となるように正規化した距離である．

例えば L を 5 として，図 5.5 の簡単な例について reach の値を求める．図 5.5(a) では，どのノードからも距離が 1 の近傍には，自ノードを含めて三つのノードがある．この数「3」は，距離 5 の範囲までのノードを数えても同じであるから，reach(KG) = 1 となる．図 5.5(b) では，各ノードから距離 1 の範囲には平均 11/3 個のノードがある．一方，距離を 5 まで広げると六個のノードすべてが含まれるので，この場合の reach(KG) は $6 \div 11/3 = 18/11$ となる．最後に図 5.5(c) では，距離 1 までで平均して 29/6 個のノードがあり，距離 5 まででどのノードからも六個のノードすべてが含まれる．したがって reach(KG) は 36/29 となる．こうして (a)，(b)，(c) の中では，(b) における reach が最大となる．

図 5.5(b) は長細い形をしているので，シナリオにおける事象生起の順序を考える作業がやりやすい．図 5.3 から図 5.4 への修正も，図 5.5 で (c) から (b) に改善したことに相当する．逆に図 5.5(a) は，図 5.4 で「エンガワ」「ネギトロ」「キュウリ」が「大トロ」「エビ」「ウニ」と分かれてしまうことに当たるので，「大トロはこってりしているから，後であっさりしたキュウリが欲しくなる」というシナリオを考えることができない KeyGraph になってしまう．

すなわち，それぞれの中でシナリオを立て易い形状に KeyGraph の各島を最適化するのが，式 (5.1) における reach(KG) の項である．各島に限定しないで，KeyGraph 全体の形の構造としても，reach を高めることは大局的なシナリオの理解に役立つ．図 5.2 を黒リンクと赤リンクを区別せずに見た場合，reach(KG) は 20/7 と高くなるが，この場合は「わさび・イカ・ガリ・甘エビ」というかたまりには「安価・あっさり」といったイメージを考え，消費者のシナリオ全体を，

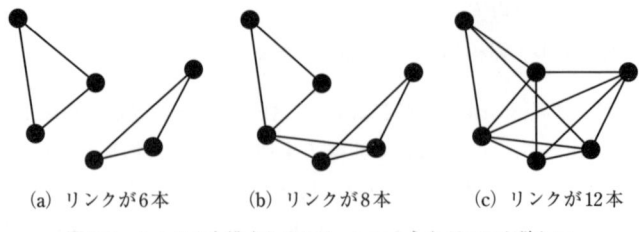

(a) リンクが 6 本　　(b) リンクが 8 本　　(c) リンクが 12 本

図 5.5　シナリオを描くためには，b のようなグラフが欲しい．

「腹が減った客が来て，マグロ（赤身）やサーモントロから初めて，少し腹が落ち着いたころにホタテ，キュウリであっさりさせてから，マグロの中トロに進む．さらにアワビ，伊勢エビと一気にいくのもよいが，少しあっさりした味のイカやガリなど食べて，酒に酔って大胆になったころに豪華にアワビというのもあるだろう」

などと解釈することができる．このことから，寿司を食べる消費者の行動のシナリオにおいて，普段は目立たないイカやガリが密かに持っている価値の大きさが理解できる．それ自体は価格が低く，ビジネスになりにくいように見えても，これらのネタ（イカ，ガリ）は客が他の寿司ネタへ手を伸ばすことを促し，市場を活性化させる機能をもち，隠し味になることもある．様々なビジネスでこのような隠し種を掘り起こすことは，「ちょっとしたコストで大きな利益」を産むことになる．

すなわち「reach」は，KeyGraphにおけるシナリオの線形性，言い換えればそこからの議論がどのくらいストーリーらしくなりうるかという指標になる．議論からシナリオを創発させるためには，まず議論者から提案されるひとつひとつのシナリオがストーリーをなし，かつそれらのシナリオが最終的に収束して一つのシナリオが選択される必要がある．したがって，シナリオを作り出すのに有用なシナリオマップをKeyGraphによって作成するためには，reachの値を大きくすることが適切である．

紙芝居型KeyGraphにおいて複数のKeyGraphの間のreachの値を近づけることは，想定されるシナリオの長さや多様性を揃えて，それらの図を比較・解釈することを意味する．

5.3 ■ reach値とスモールワールド度

「reach」と似た指標で，チャンス発見とのかかわりの深い指標に「スモールワールド度」がある[5.1]．スモールワールドは，どの個体にもその周囲に関連の深い個体がいくつか存在していて，かつ遠くの個体とも早く連絡をとれるという状態で，「世界は小さいね（It's a small world!）」と思うような世界である．スモールワールド度（small-worldliness[5.1]）は，あるネットワークがどれくらいスモールワールドらしいかを表す指標として提案された計算指標である．

スモールワールド度の大きな構造体の例として，アメリカという国がある．ニューヨークやシカゴなどいくつかの中心地の中では人と人が密に連絡をとりあい，中心地同士は緩く結合している．一方，reach値の大きな構造体は日本列島である．札幌，東京や大阪が線状に並び，北の端と南の端は遠く隔たっているが，おかげで日本列島

縦断のプランは立てたやすいし，比較的近い都市の出身者が出会いやすいので，文化の違いによる衝突はアメリカほどには多くない．それでいて，スモールワールド度と同様に reach 値が大きいような群れの世界でも，各個体にとって周囲に関連の深い個体が一定個数だけ同じ島にかたまり，その島の中では個体は他の適当な数の個体から情報を受けることができる．時間さえかければ，確実にグラフ上の遠いところの情報を取りに行くこともできる．

reach 値がスモールワールド度と最も大きく異なる点は，グラフの構造が「細長い」ほど reach 値は大きくなるが，スモールワールド度は小さくなる場合が多い点である．これは，スモールワールドでは構成要素の間の距離が短くなることが特徴となっているからである．スモールワールドは，中に住む人間や生き物にとっては互いの連絡が取りやすく過ごしやすい面もあるが，構造が複雑で理解しにくくなることもある．reach 値の大きな構造では，構造はより単純となる．先の寿司ネタの KeyGraph

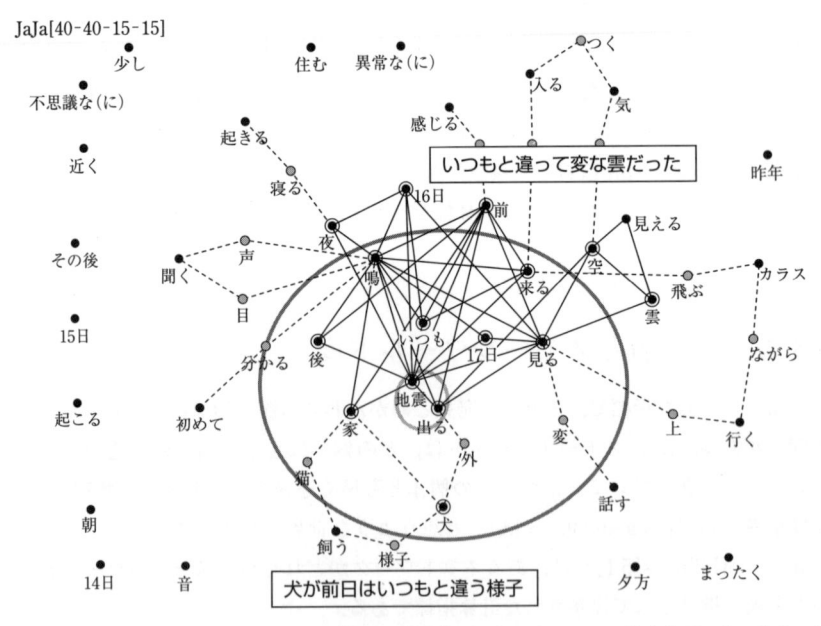

図 5.6 文献 [5.2] において得られた，地震前兆の報告集のテキストデータに対する KeyGraph と，これに基づくシナリオ．この設定では，中央に大きく複雑な島が形成されているのでシナリオが具体的に描けない．これは，各単語がその意味と一対一に対応しないことにより，結果として様々なコンテキストがひとつの島にまとまってしまったからである．これをこの研究では，「単語の密度が少ない」と直感的に呼んだが，密度という量を定義した上での量的分析ではなかった．コンテキスト間の弱い繋がりを表示できないという意味では，reach 値が小さいことに相当する．

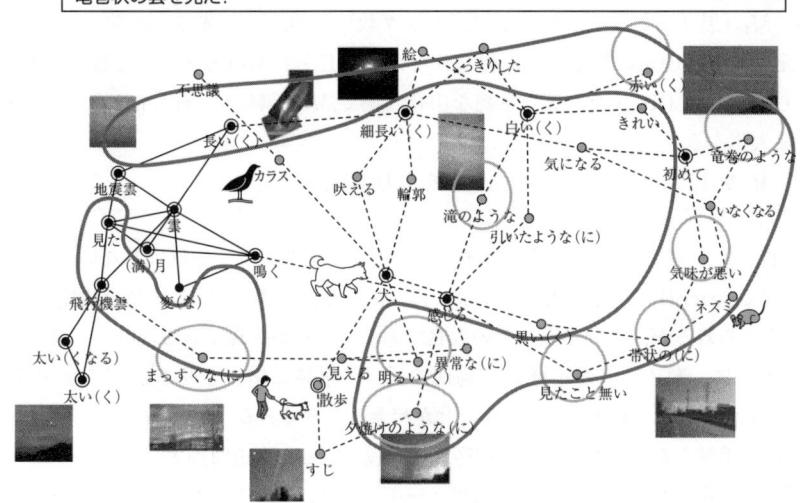

夕焼けのような気味の悪い帯状の細長い雲を背景に，見たことのない白い煙のような竜巻状の雲を見た．

図 5.7 図 5.6 の設定を変えた KeyGraph と，これに基づくシナリオ（続き）．同じ意味の語は統一し，異なる意味の同じ語はデータから省くことにより，図 5.6 より単語の「密度」（図 5.6 参照）を上げたものである．この設定では，小さな島がある他は円環状にリンクがつながり，シナリオが立てやすい．シナリオに対応する写真も貼付できた．これは，reach 値が大きいことに相当．

は，reach 値を大きくすることによって理解の容易な市場マップ表現が得られる一例である．

実際，図 5.6 や図 5.7 のように KeyGraph の reach 値を高くすることによって，出力結果からシナリオを立てやすい，すなわち現実の環境における意味解釈のしやすい結果が得られている．

5.4 ■ reach 値によるアプローチの結果と問題点

実際に KeyGraph について reach 値を最大化すると，可視化された結果は元の図と比較して必ずしも理解しやすくなるとは限らない．このことが明らかとなったのは，いくつかの実データに reach 値最大化手法を適用した結果であった．正確には，次のような手続きによって reach 値を準最大化した．

第5章■ネットワークモデルにおける可解性改善手法

> **reach 値最大化の手続き**
> ① M_1（黒ノード数）＝30，M_2（黒リンク数）＝30，M_3（赤リンク数）＝0 と設定して KeyGraph を適用し，得られたグラフ KG_i におけるノードと枝の分布から reach 値 (KG_i) を計算．単純な山登り法で M_2 を調整し，reach(KG_i) の値を最大化する．
> ② M_3 を 10 に固定して，KeyGraph を出力する．

なお，②で M_3 を増やしながら調整し，赤リンクと黒リンクを区別しないリンクの数え方で reach(KG_i) を最大化するように，山登り法によって M_3 の値を決定する手法も考えられるが，上記手順はその改良である．これが改良である理由は，図 5.8 に示すように，赤ノードが中継する島間の橋は，単純に増えさせるとグラフ全体の reach 値が際限なく増加してしまうことが起きるからである．

上記の手続きを，関西大学の矢田勝俊助教授が行った自由回答アンケートのデータに対して適用した．パラメータは（黒ノード数：30，黒リンク数：30，赤ノード数：15）と設定されて，出力は図 5.9 のような結果となる．これは，当時テレビで放映されていたあるレトルト食品のコマーシャルについて，携帯電話を用いて全国の視聴者に感想を募ったものである．このアンケートの質問では
　「このコマーシャルはどこの会社の何という製品についてのものでしょうか」
　「このコマーシャルの感想を書いてください」
という二つの自由回答形式の質問を含めて，各回答者の回答に用いられた単語の集合を一個のバスケットとみなした．

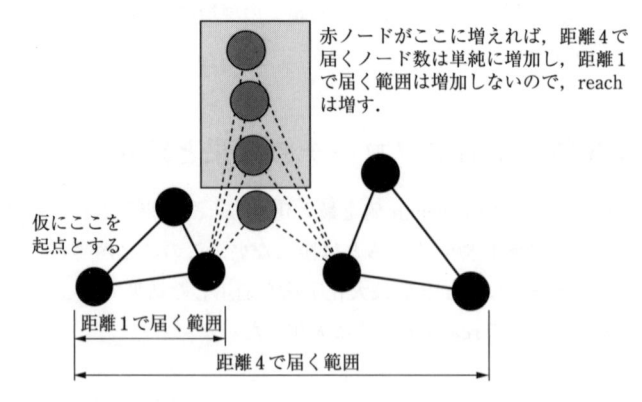

図 5.8　reach 値の最大化を行うと，赤ノードは極度に増加してしまうことがある．

5.4 ■ reach 値によるアプローチの結果と問題点

JaJa[30-30-10-15]

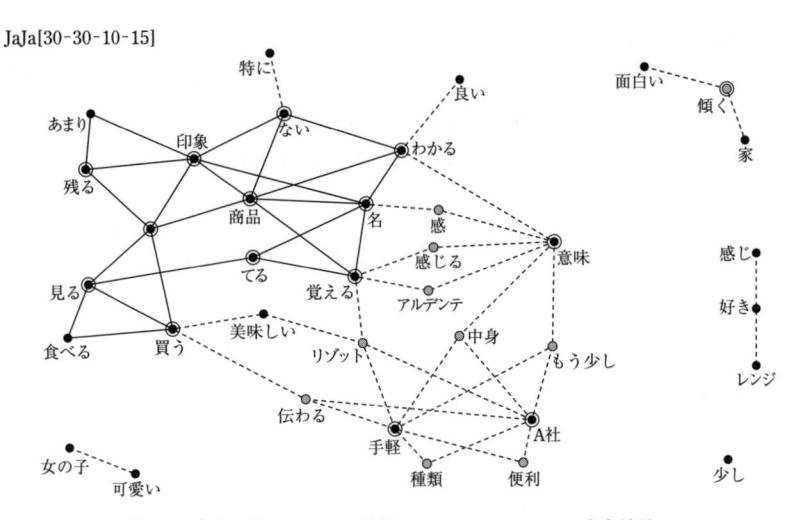

図 5.9　自由回答アンケート結果についての KeyGraph 出力結果

JaJa[30-10-10-15]

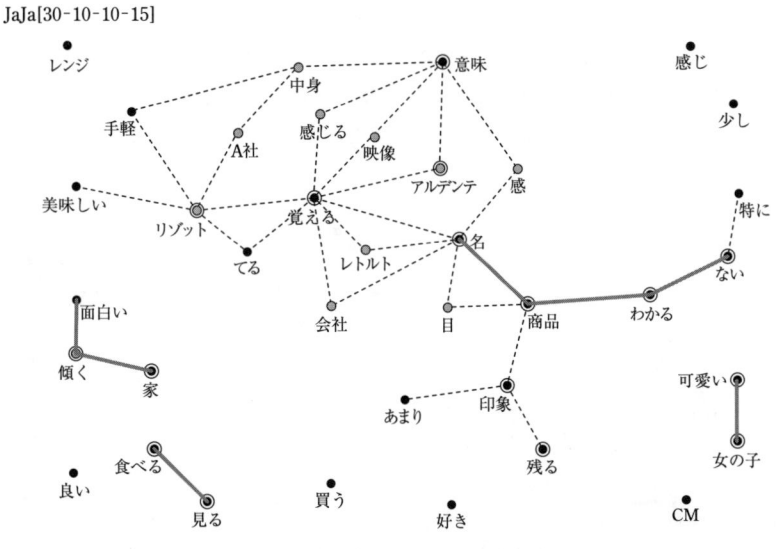

図 5.10　$L=7$ の場合に reach 値を図 5.9 よりも大きくした KeyGraph

このデータに対して KeyGraph を適用し可視化したのであるが，KeyGraph による従来の可視化では，図 5.9 のように大きなクラスタが中央に発生し，ユーザがシナリオを立てることはこの図だけからではできなかった．

これに対して reach 値を大きくすると，図 5.10 のようになる．図の中の太線でな

ぞった箇所は，被験者にシナリオを読み取ってもらった場合に読み取られたシナリオに該当した部分である．図 5.9 よりも図 5.10 においてこの部分が拡大されていることがわかる．ただし，図 5.10 においてもこの被験者がシナリオを読み取った部分はわずかで，上記の改善は格段の向上というレベルのものではなかった．

5.5 ■リンク数漸増および単純なデータへの絞込みによる可読性向上

シナリオの可読性を向上させるために，次の手段を試行してみよう．

（1）対応策Ⅰ：リンク数漸増による KeyGraph の変化の提示

リンク数の少ない KeyGraph から順にリンク数を増やして元の KeyGraph に接近させて，情報量の豊かな元の KeyGraph からシナリオを正しく理解するようにする．図 5.11〜図 5.16 は，シナリオを読み取ることの容易なリンク数の少ない KeyGraph から徐々にリンク数を増加させ，直前に読み取ったシナリオを次の（少し複雑化された）KeyGraph の理解に受け継いでいった結果である．

このように，reach 値を急に増やすように黒リンク数を調整し，一見シナリオを読み取りやすいグラフを提示するよりも，黒リンク数の小さな KeyGraph から徐々に黒リンクを増やす方が，グラフからシナリオを読み取るための貢献が大きいことが明

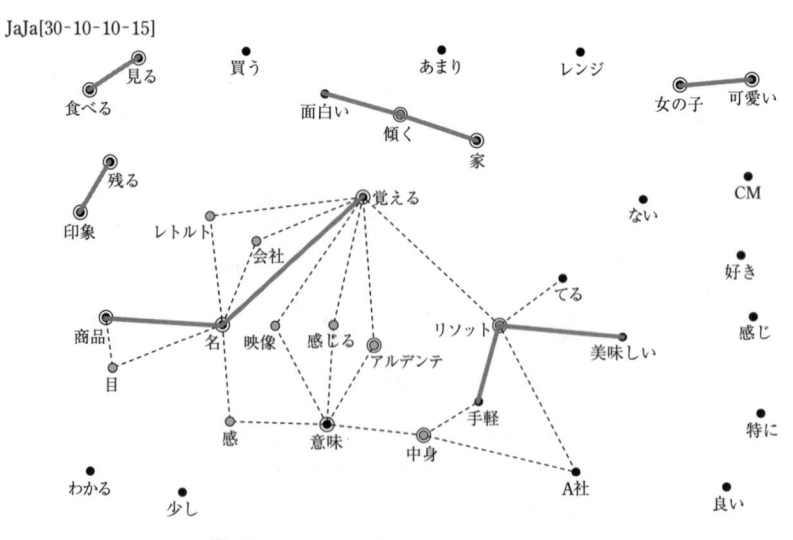

図 5.11　$M_2 = 5$ における KeyGraph の結果

5.5 ■リンク数漸増および単純なデータへの絞込みによる可読性向上

JaJa[30-10-10-15]

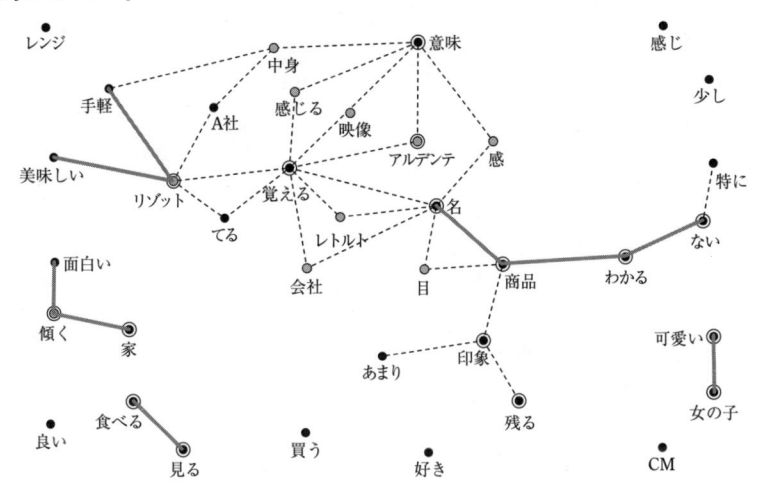

図 5.12　$M_2 = 10$ における KeyGraph（図 5.9 と同じグラフだが理解できる部分は少し増えた）.

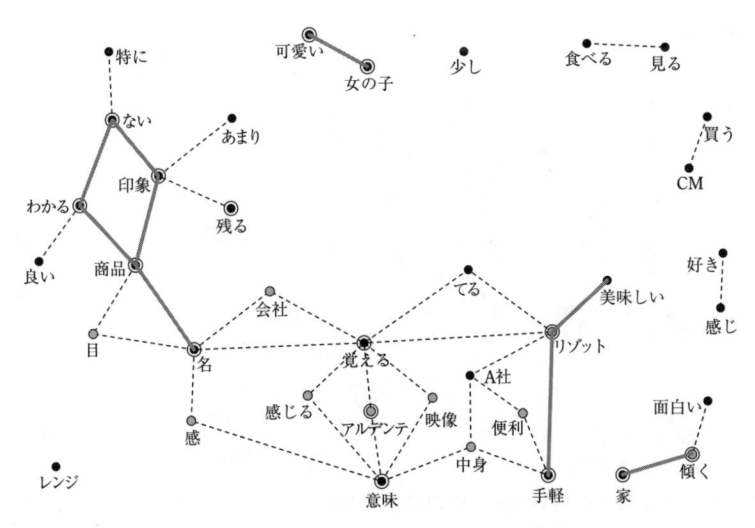

図 5.13　$M_2 = 15$ における KeyGraph の結果

らかとなった．この理由は，図 5.16 に示すようにとらえることができる．すなわち，単純にリンク数を減らす方法では，本来ユーザが見たいと考えている消費者全体の意見の構造（図 5.16 下）ではなく，一部の目立つクラスタのさらに一部に絞り込むような可視化（図 5.16 上）となってしまうからであると考えられる．

JaJa[30-20-10-15]

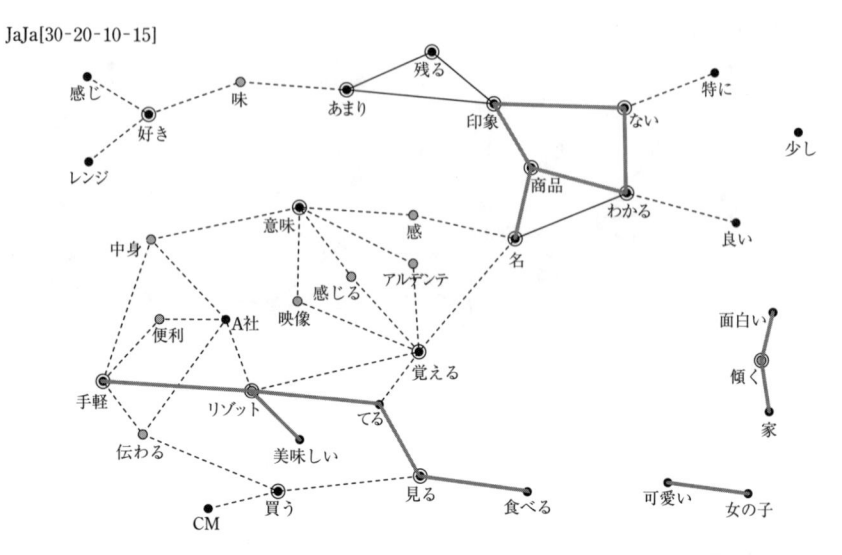

図 5.14　$M_2=20$ における KeyGraph の結果

JaJa[30-30-10-15]

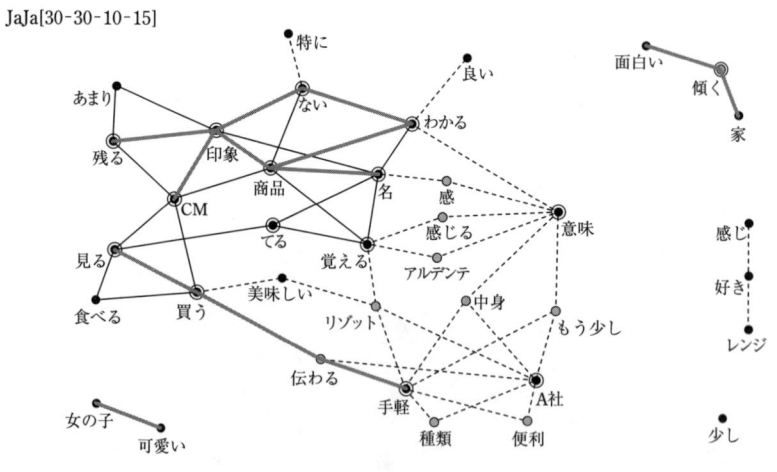

図 5.15　$M_2=30$ における KeyGraph．図 5.9 と同じ KeyGraph であるが理解される範囲が増加している．

（2）対応策Ⅱ：単純なデータへの絞込みによる可読性向上

　榊原は，対応策Ⅰの限界を超える手法を開発した[5.3]．これは，要素数の多いバスケットをあえて除外して KeyGraph の対象とするというもので，KeyGraph に限らず様々なデータマイニングと組み合わせることによって，結果の可理性を向上させる

5.5 ■ リンク数漸増および単純なデータへの絞込みによる可読性向上

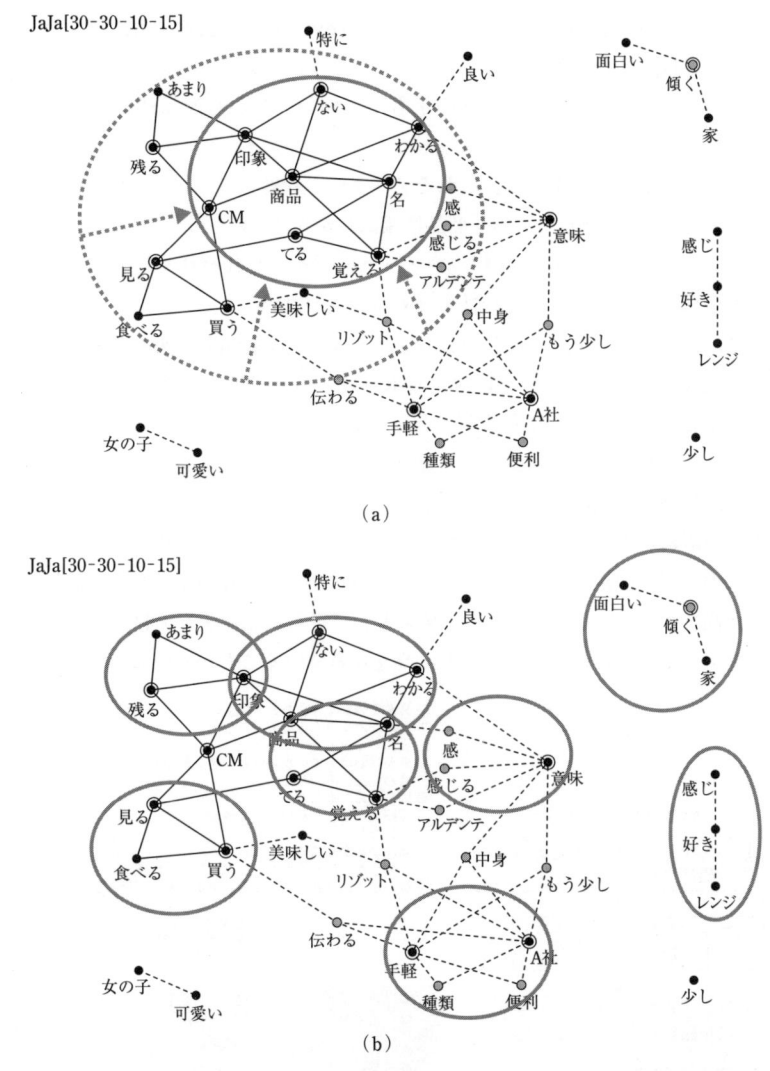

(a)

(b)

図 5.16 リンク数調整の限界：黒リンクを減らした場合，理解しにくいクラスタの一部をクラスタとして示すような絞込みになる(a)．本来は(b)のように，データ全体に分散して存在する本質的な部分に絞り込み，それらの間の関連を示すことがシナリオマップとしての可読性を高めるはずである．

という特徴をもっている．この操作は，KeyGraph の小さな一部分だけに対応するデータ中のバスケットを集めて，それぞれのバスケットを共起の単位とするものである．これによって，図 5.16(b)のように対象となる環境の本質的な部分だけを島と

し，それらの関係を可視化するコンパクトなKeyGraphを表示する．アンケートデータの場合には，ある回答者から

「CMは面白く，出演している女の子もかわいい，しかし商品情報はわかりにくい．」

というコメントがあった場合は，これをデータから除外して

「面白い」「女の子はかわいい」「商品情報はわかりにくい」

という短いコメントを別々に含む短いメッセージを，それぞれ共起の単位として扱う．この手法は，シナリオの可読性を高める効果が高い．

例えば，短いコメントから順に上位5%をとってKeyGraphで可視化すると，黒リンク数を増やしても元のデータに対するKeyGraphに比べて非常に疎な（リンクが少なく，小さなクラスタがばらばらに点在するだけの）グラフを得ることになる．そこで，短いバスケットから開始して，徐々に長いバスケットも含めるようにデータを膨らませ，最終的に元のKeyGraphを提示する（図5.17）．

以下，実際にこの手法を適用した例を，可視化したバスケットの小さな順に示していく．この一連の図が示すように，対策Ⅰ，Ⅱの併用は，KeyGraphの可読性を高める効果が高い．表5.1に示すように，結果として得られたシナリオは，シナリオの個数，各シナリオの内容の具体性がともに高くなっていることがわかる．

〈具体的な処理手順〉

① バスケットを構成単語数の少ない順にソートする

② ユーザが解析対象とするバスケットの数を指定する（10〜100%）

③ 指定された数のバスケットを構成単語数の少ない方から切り出す

④ ③の結果をKeyGraphにかけ，解釈する

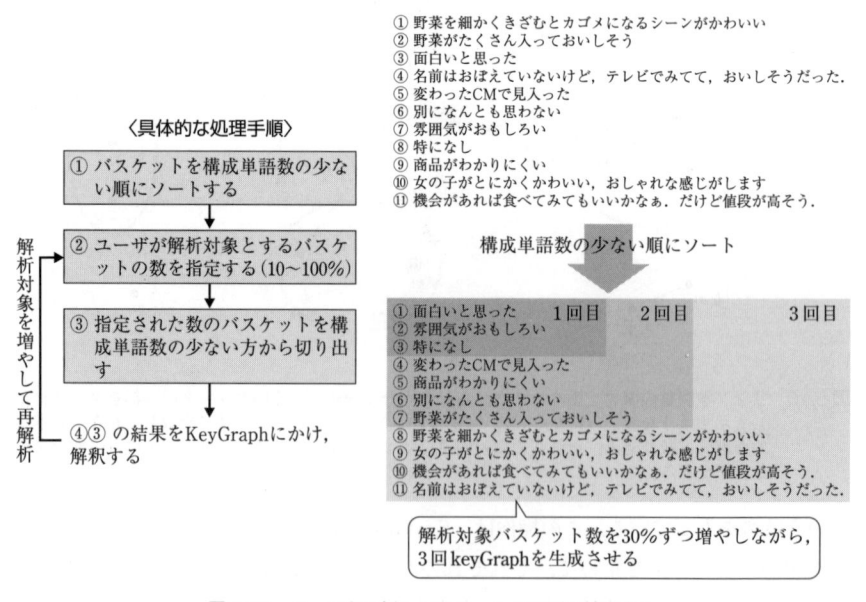

解析対象を増やして再解析

① 野菜を細かくきざむとカゴメになるシーンがかわいい
② 野菜がたくさん入っておいしそう
③ 面白いと思った
④ 名前はおぼえていないけど，テレビでみてて，おいしそうだった．
⑤ 変わったCMで見入った
⑥ 別になんとも思わない
⑦ 雰囲気がおもしろい
⑧ 特になし
⑨ 商品がわかりにくい
⑩ 女の子がとにかくかわいい，おしゃれな感じがします
⑪ 機会があれば食べてみてもいいかなぁ．だけど値段が高そう．

構成単語数の少ない順にソート

① 面白いと思った　　　1回目　　　2回目　　　3回目
② 雰囲気がおもしろい
③ 特になし
④ 変わったCMで見入った
⑤ 商品がわかりにくい
⑥ 別になんとも思わない
⑦ 野菜がたくさん入っておいしそう
⑧ 野菜を細かくきざむとカゴメになるシーンがかわいい
⑨ 女の子がとにかくかわいい，おしゃれな感じがします
⑩ 機会があれば食べてみてもいいかなぁ．だけど値段が高そう．
⑪ 名前はおぼえていないけど，テレビでみてて，おいしそうだった．

解析対象バスケット数を30%ずつ増やしながら，3回keyGraphを生成させる

図5.17　データ中の短いバスケットから順に抽出する

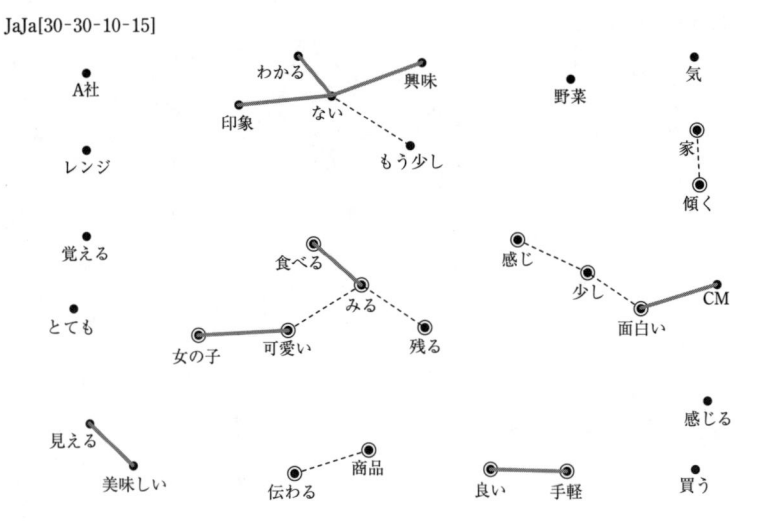

5.5 ■ リンク数漸増および単純なデータへの絞込みによる可読性向上

JaJa[30-30-10-15]

図 5.18 短いコメントから 40% にデータを絞った結果．太線でなぞった部分から，ユーザはシナリオを見い出して言葉にしていった．

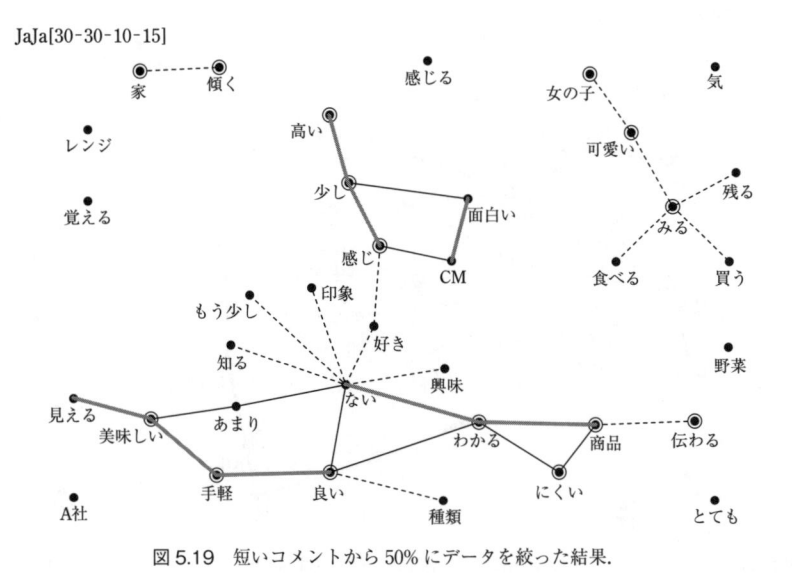

JaJa[30-30-10-15]

図 5.19 短いコメントから 50% にデータを絞った結果．

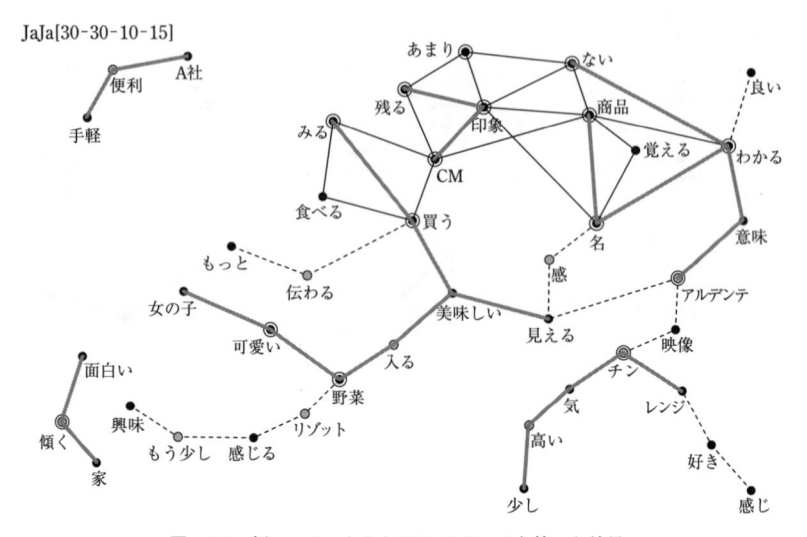

図 5.20　短いコメントから 80% にデータを絞った結果.

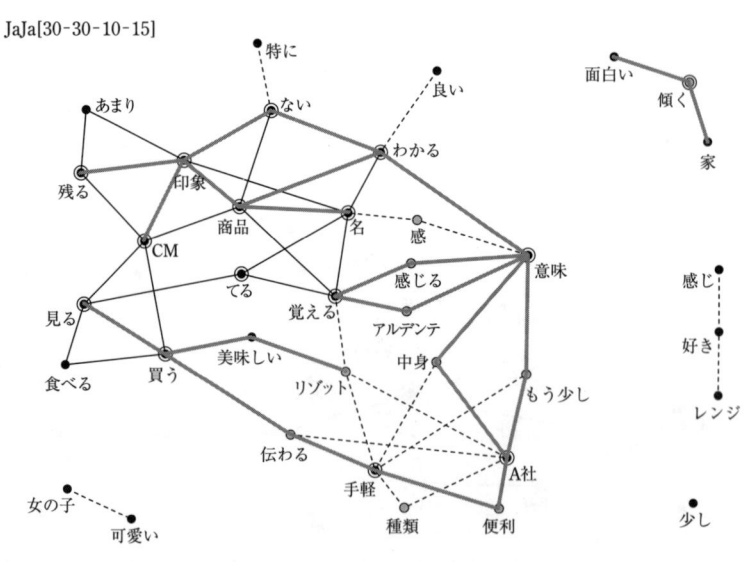

図 5.21　全データに対する KeyGraph. KeyGraph の出力は図 5.9 および図 5.15 と同一であるが，理解される部分は増加している．

表5.1 従来のKeyGraphから理解されたシナリオと，本手法（対策Ⅰ，Ⅱの併用）によって得られたKeyGraphから理解されたシナリオの比較

従来のKeyGraphから抽出されたシナリオ	本手法を適用して抽出されたシナリオ
① CMは印象に残ったが，商品名はわからない（印象にない）．	① 家が傾いていたのが面白く，CMは印象に残った．商品名はわからない（印象にない）．
② 手軽さが伝わった．買って（食べて）みたい．	② 女の子が可愛く，野菜が入っていて，美味しそうに見えた．買って（食べて）みたいけど，少し高い気がする．A社の商品．
③ 家が傾いていたのが面白かった．	③ 手軽で便利そう（というのが伝わった）．一度食べてみたい．A社の商品．
④ 女の子が可愛い．	④ レンジで食べられるのはいいが，少し高い気がする．
	⑤ アルデンテの意味が分かった．
	⑥ 一層分かりやすくなるように，商品の中身の情報が欲しい．

5.6 ■時間ごとに変化するシナリオマップの理解を高める「紙芝居KeyGraph」

　チャンスを把握するためには，環境における様々な変化を理解できるようなインタフェースが有用となる．そのために様々な時期の市場をKeyGraphで表し，消費者行動のシナリオそのものの変化を考えることは効果的である．この手法そのものは「輪切りKeyGraph」として紹介していた[5.4]．しかし問題は，この輪切りKeyGraphをユーザが見て理解するのが難しかったことである．

　例えばあるスーパーマーケットにおいて，顧客が商品を買う様子の変遷を月ごとに可視化したKeyGraphを提示しようとすると，前後の月について出力されたKeyGraphにおけるノードのうち，同じ商品に相当するノードが画面上であまりに離れた位置に提示されてしまう．こうなると，ユーザは前後のつながりを感じ取ることができない．そこで，ユーザが画面上でノードの位置を一つ一つ並べ替える作業が必要となっていた．

　すなわちデータを時系列順に分割し，それぞれの時期におけるデータに対して得られるKeyGraphを比較のために提示する方法そのものは前著にも示したが，グラフが複雑になった場合に，一連のグラフについて，ユーザが全体のシナリオを抵抗なく紙芝居のように理解できる見せ方で提示するシステムには至っていなかった．本節ではで，この点について対応するための「紙芝居KeyGraph」について述べる．

　式(5.1)のgapの項は，画面に表示された複数のグラフを比較するときに，画面は

異なっても互いに対応するノードが (x, y) 座標値としてほぼ同じ位置にある（各ノードが他の図のどのノードに対応するかをユーザが頭の中で考えなくても済むようにするために）かどうかを示す指標である．

すなわち式(5.1)において，reach と gap はともに KeyGraph の可視性を高めるための指標であるが，互いに独立である．reach は，表示するノード集合とそれらの間に張られるリンク集合が同じである限り，ノードの位置をどのように変化させても変化しない．一方，gap は，ノードの位置だけに依存する．

そこで KeyGraph の線状化とは独立に，紙芝居 KeyGraph のコンセプトである時間方向に変化する KeyGraph の連続性だけを高める手法を考える．すなわち，まず同じデータソースをある系列に従って分割して得られた複数のデータから，それぞれ KeyGraph によってマップを得て，これらを $KG_i (i=1, 2, \cdots, N-1)$ とする．例えば，市場データにおける月ごとの消費データから市場の地図を得て，比較できるように表示する．これらの図を比較しやすくするため，複数の図において対応するノードの位置をそろえて画面に表示するのが目的である．この目的は，以下のような定式化によって捉えることができる．

(1) 紙芝居 KeyGraph の定式化（式(5.1)からの改訂）

すべての $i(i=1, 2, \cdots, N-1)$ について，$\text{gap}(KG_1, KG_{i+1})$ を最小化せよ．ただし $\text{gap}(KG_1, KG_2)$ は，二つの KeyGraph KG_1, KG_2 において互いに該当し合うノード $A(\in KG_1)$ とノード $A(\in KG_2)$ の，それぞれの画面における (x, y) 座標間の距離を KG_1 と KG_2 の両方に含まれるすべてのノード A について平均した値．

この最小化を準最小化として実現する「紙芝居型 KeyGraph」のアルゴリズムを，以下のように考えることができる．

(2) 紙芝居 KeyGraph 作成のアルゴリズム

① KeyGraph により可視化したいデータとして $\text{data}_1, \text{data}_2, \cdots, \text{data}_N$ を準備する．
② data_1 から KeyGraph KG_1 を得て，$i=1, 2, \cdots, N-1$ について次の処理を行う．
(2-1) KeyGraph により data_i から KG_i を，KG_{i+1} から data_{i+1} を得る．
(2-2) KG_i と KG_{i+1} の両方に含まれる黒ノードについては，KG_i と同じ位置に KG_{i+1} の中で配置する．次に，これらの既配置のノード位置を動かさずにノード間のリンクを KeyGraph が求めたとおりに書き入れ，KG_{i+1} のうち KG_i 中の黒ノードには含まれないノードの位置を，バネモデル（4.2 節参照）を用いて調整する．

この手法によって，異なる図における対応関係が理解しやすくなる．また，新しいデータ $data_{N+1}$ が発生しても，直前までの KeyGraph と対応するように描画すれば良いアルゴリズムであるので，次々と新たなデータが発生するような時系列を解析するストリーミング・データマイニングのような応用には適している．

しかし，上の手法では KG_{i+1} で KG_i と各ノードを同じ位置に配置しようとした場合に線が交錯してしまうと図が煩雑となり，かえって可読性が低下することがある．紙芝居 KeyGraph の可視性を高めるためのさらなる改良として，次のようなアプローチも可能である．

(3) 改良型紙芝居 KeyGraph

① KeyGraph により可視化したいデータ $data_1, data_2, \cdots, data_N$ を準備する．
② $i=1, 2, \cdots, N$ について KeyGraph KG_i を得て，$KG_1, KG_2, \cdots, KG_N$ に含まれるすべてのノード集合の和集合を NODES とする．ただし異なるグラフでも，同名（図 4.22 の「女の子」のノードなど）の黒ノードは同一のノードとして，同名の赤ノード同士，あるいは異なる色または名のノードは異ノードとして扱う．
③ ノード集合 NODES を二次元画面上に描画し，グラフ G とする．このとき，ノード間の距離はノード間の引力を用いたバネモデルによって定める．ノード間の引力は，$KG_1, KG_2, \cdots, KG_N$ のいずれかの間にリンクの張られたノード対 {A, B} について，共起性の強さを $KG_1, KG_2, \cdots, KG_N$ のすべてについて比べ，その最大値を上記二次元画面における引力とする．
④ グラフ G と KG_i に共通なノードおよびリンクを抽出し，これを KG_i として描画することを $i=1, 2, \cdots, N$ について行う．

このようにすれば全体を重ねたグラフを最初に整形するので，リンクの交差は $KG_1, KG_2, \cdots, KG_N$ のいずれにおいても十分防止することが可能となる．

以上のツール，すなわち連続する時間帯において収集されたデータを可視化する上で，それらを独立の KeyGraph として表示した結果と，時間的な連続性を上記の最後の方法で可視化した結果を，以下に例を挙げて説明する．対象データは，先述の矢田研究室に提供を受けたコマーシャルに関する感想アンケートである．このアンケートは，対象 CM のリリース後 1 週間目，2 週間目，3 週間目の 3 回に分けて行われた．各アンケートデータを解析し，本ツールによって比較することによって，視聴者がこの CM に寄せた印象の変化の様子をとらえることができる．

まず，各週の KeyGraph を独立に可視化した結果を図 5.22 に示す．ここでは，視聴者が受けた印象が変化していることは，赤ノードの文字の違いから一見してわかる

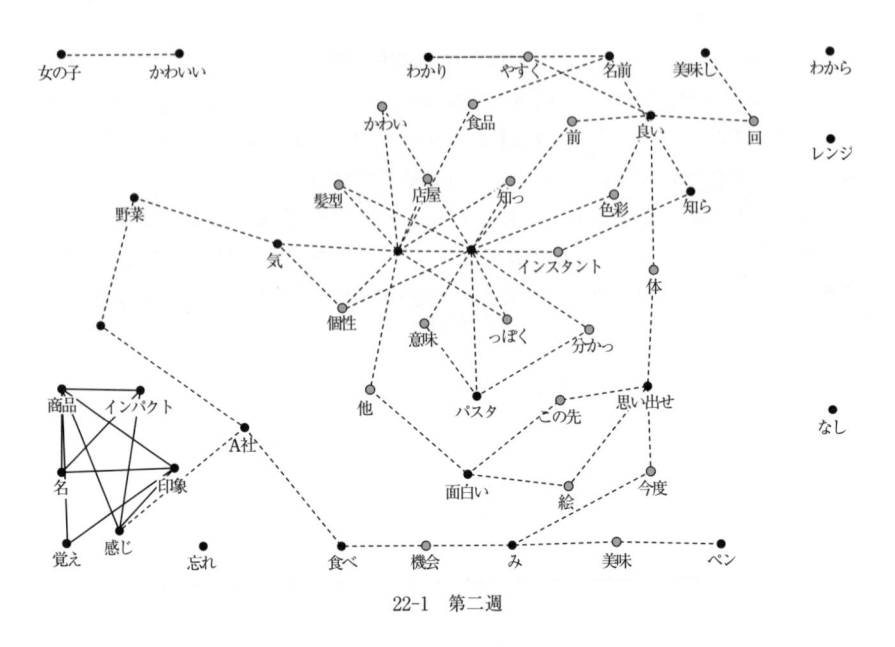

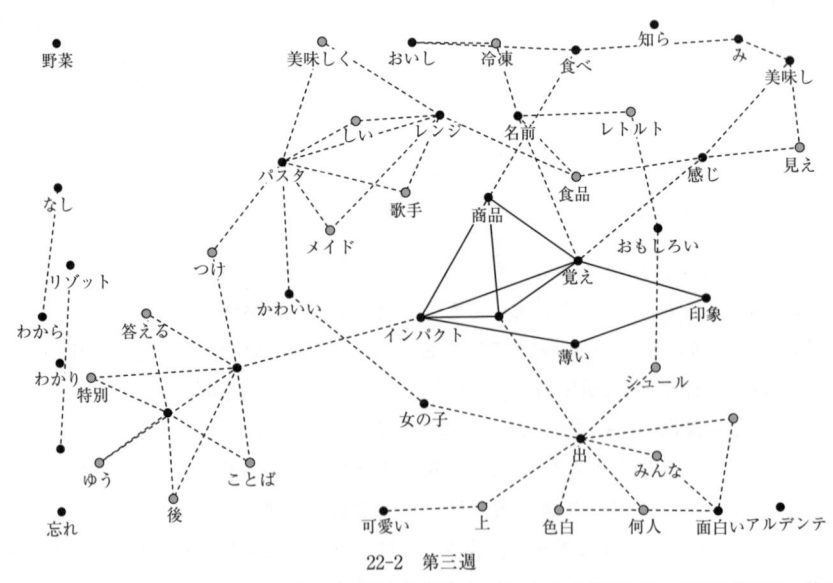

第 5 章 ■ ネットワークモデルにおける可解性改善手法

22-1　第二週

22-2　第三週

図 5.22　A 社製品についてのテレビ CM に関する感想アンケートの，CM リリース以来第二週，第三の変化：紙芝居を用いないキーグラフの比較．互いの対応関係がわかりにくい．

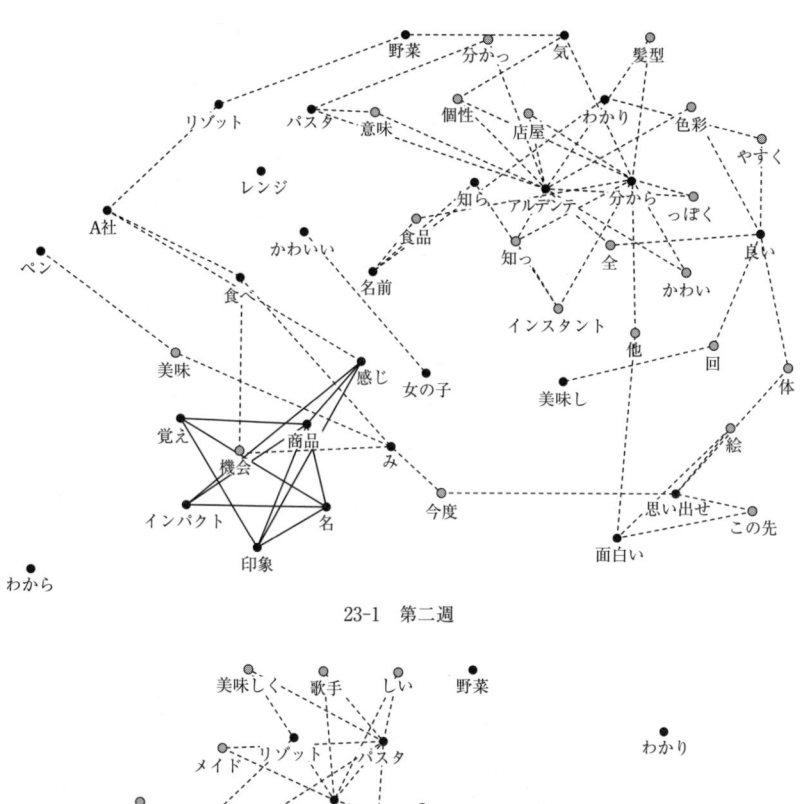

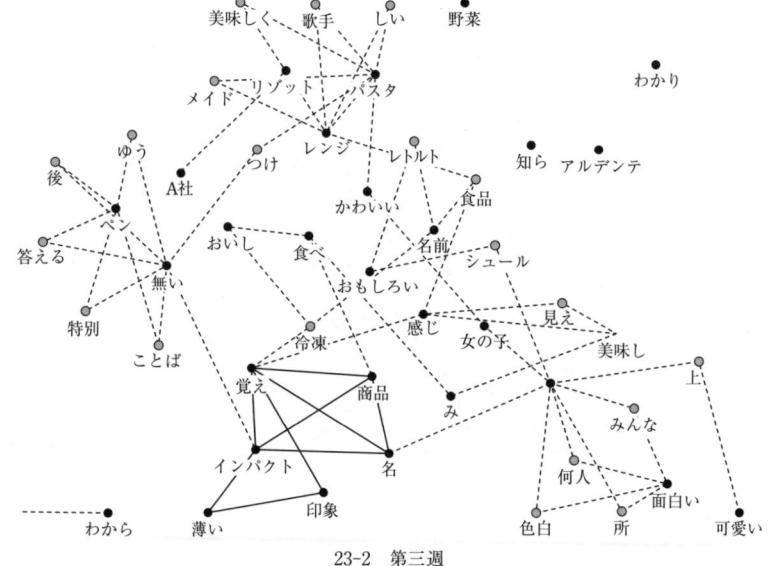

5.6 ■時間ごとに変化するシナリオマップの理解を高める「紙芝居 KeyGraph」

23-1　第二週

23-2　第三週

図 5.23　図 5.22 の変化を紙芝居により可視化しなおした．ふたつのグラフで，同じ単語は同じ位置に現れるので比較がしやすくなった．

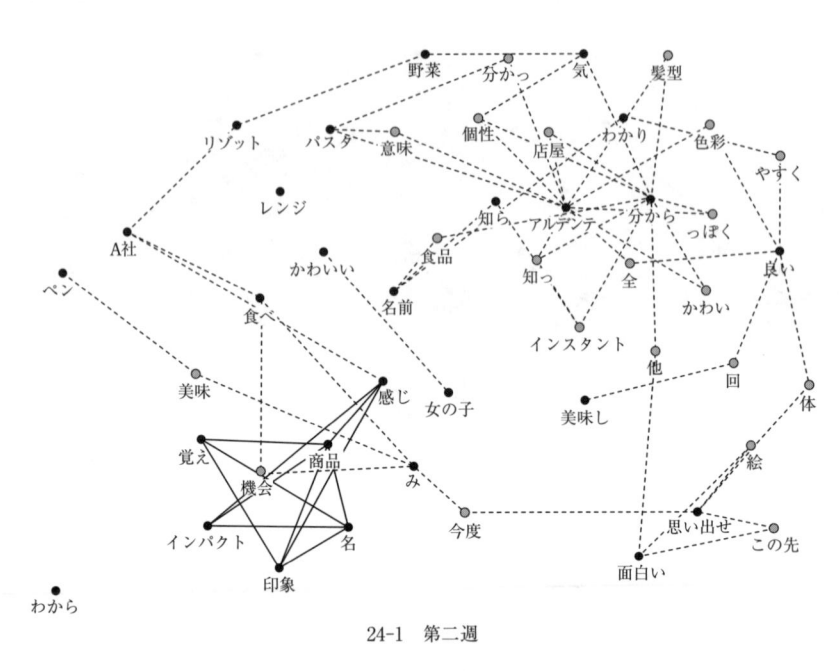

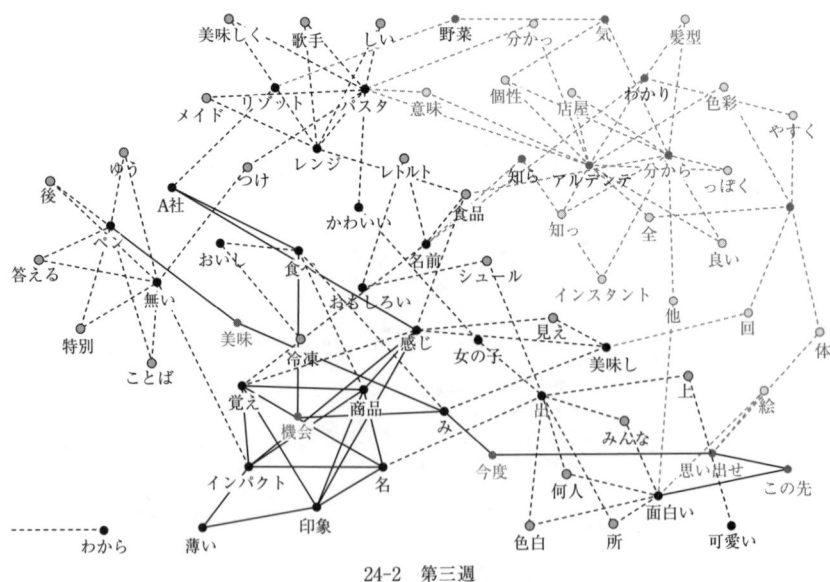

第5章■ネットワークモデルにおける可解性改善手法

24-1　第二週

24-2　第三週

図5.24　2週目の図を背景に薄く見せることにより，3週目における変化が捕らえやすくなる（第2週の結果は図5.23と同じ）．この場合，女の子の可愛らしさがパスタの美味しそうな印象に連結しCMの演出効果が把握できる．

5.6 ■時間ごとに変化するシナリオマップの理解を高める「紙芝居 KeyGraph」

が，それらの全体での位置付けがわかりにくく，図の中のどの範囲が変化したのかは理解が困難である．

これに対して図 5.23 は，上記の最後の手法による紙芝居 KeyGraph によって得られた結果である．会社名，商品種別（パスタ，リゾットなど）など，異なる図における対応関係が理解しやすくなっている．各時点の KeyGraph の背景に直前の KeyGraph を重ねて表示すると，変化の理解はさらに深まる．図 5.24 にその例を示す．ここまでの他の図よりも，時間的変化が理解しやすいものとなっている．現在，この手法で描画する紙芝居 KeyGraph がひとつの最先端をとなっており，ビジネスや医療，地震解析など様々な分野で幅広く用いられている．

以上のように，データの変化を連続的に可視化する紙芝居 KeyGraph は，当初の期待に応えるものとなった．現在，ビジネスデータのほかにも文書の修正履歴の可視化，地震活動や病気の経過の可視化などへの応用も試行している．

参考文献

[5.1] Matsuo, Y. and Ohsawa, Y., "A Document as a Small World", in Terano, T., et al (eds), "in New Frontiers in Artificial Intelligence", Joint JSAI2001 Workshops Post-Proceedings, LNAI2253, Springer Verlag (2001)

[5.2] 堀江健一，山口孝，榊原庸貴，大澤幸生「不確実情報コミュニケーションに対する KeyGraph と情景写真の併用によるシナリオ形成効果」第一回知識創造支援システム・シンポジウム（2003）

[5.3] Sakakibara, T., Ohsawa, Y., "Knowledge Discovery Method by Gradual Increase of Target Baskets from Sparse Dataset", The Fourth IEEE International Workshop on Soft Computing as Transdisciplinary Science and Technology (WSTST05), Muroran, pp. 480-489 (2005)

[5.4] 大澤幸生 監修『チャンス発見の情報技術』p. 120, p. 259，東京電機大学出版局（2003）

第6章

フローモデルに基づくシナリオマップ

6.1 ■時間の流れと因果の向き

　時間の流れをデータからいかに読み取るか，あるいは原因と結果をどのようにデータからとらえるかという問題に関する研究の歴史は長い．例えば，時系列のデータ

$$D_t = d_1, d_2, d_3 \cdots d_n \quad (n はデータにおける時系列の長さ) \quad (6.1)$$

について，その中のいくつかの事象，たとえば $d_i, d_j (i<j)$ が同一の事象であるというような場合，その間のデータ $d_m(i<m<j)$ は，d_i（事象 e とも呼ぶことにする）の発生に連動して起きたのだろうか．それとも，d_j（d_i より後で起きたが，内容は d_i と同じである事象 e）の原因として起きたのだろうか．この問題に答える容易な方法は，時系列中の一部を取り出す「窓」を設定することである．すなわち，時間の幅 W の窓 $\{d_k, d_{k+1} \cdots d_{k+W-1}\}$ があったとき，その範囲の中で事象 e と事象 f（事象 d_m の本当の姿で，$i<m<j$ の間に何度が起きている可能性がある）がどのような順序で生起したかを数える．時系列全体の中で「事象 e が事象 f より先に生起した」という窓の数がその逆の「事象 f が事象 e より先に生起した」という窓の数よりも多かったならば，事象 e は事象 f よりも先行する傾向があると考えられる．

　しかし，時間幅 W のすべての窓が，たとえば $\{d_{101}(=e), d_{102}(=f), d_{103}, d_{104}(=e)\cdots, d_{100+W}(=e)\}$ というように（ただし $W>0$），e と f が交互に生起するような内容になっていると，「事象 e が事象 f より先に生起した頻度」と「事象 f が事象 e より先に生起した頻度」は等しくなってしまう．すなわち，e と f のいずれが先行しているかの判断がつかなくなる．

　この問題に対して，W の値を小さくすればよいと考えるかもしれない．たとえば，上の例で $W=2$ とすると，$\{d_{101}, d_{102}\}$ では e が f よりも先行する．一方，$\{d_{102}, d_{103}\}$ には f は含まれるが e は含まれず，$\{d_{103}, d_{104}\}$ には e は含まれるが f は含まれない．このようにして，全体として見れば e が f より先行する傾向にあることがわかるならば，e のほうが f よりも原因に近く，f は結果に近い事象であると解釈できるというわけである．

　ところが，さらに懐疑的に考えることもできる．例えば，e は f よりも先にデータ

の中に現れるが，実際には f のほうが先に起きていて，f を観測するのに時間がかかるので，結果的に e よりも後で起きているように見えるだけではないか，と．この意見は懐疑的に過ぎるように見えるが，実際に正しいことがある．身近な例ではあるが，たとえば筆者よりも先に居酒屋に着いてビールを飲み始めた相手が，筆者よりもずいぶん後になってから酔いが回ることはよくある．その結果，第三者から見て，筆者が先に飲んでいて相手はまだあまり飲んでいないように錯覚されるのである．

ともあれ，このような理由で，時間順序は必ずしも因果関係の方向と一致しない．事象 e と事象 f の因果関係を求める他の手法としては，事象 e（あるいは逆に事象 f）を直接制御できない状態において事象 f（あるいは逆に事象 e）を制御して生起させ，結果として事象 e が生起するかどうかを観察する方法がある．その結果，事象 f を制御して生起させた場合に事象 e が生起するが，その逆は起こらないとすれば，事象 f は事象 e の原因であり，事象 e は結果であると推測される．

この方法の決定的な弱点は，世の中には直接手を触れることのできない事象が数多く存在するということである．大きな地震の発生に関わる原因事象を人間が作り出すことは困難であるし，病気の原因を人体に投与することはできない．より身近な例で，店舗に訪れる買い物客の心をつかんで動かすなどということは極めて困難であるし，無理にやってしまうと，買い物を自由に楽しみたい客は翌日から来なくなってしまう．そして，「チャンス」というものの理解の難しさは，チャンスの生起原因がこのような不可触の要因であることが多いことにあるのである．

6.2 ■方向付き（有向）ネットワークモデルによるシナリオマップ

それでも，データから自動的に因果関係の方向を可視化したいと願うユーザは多い．第 4 章に示したネットワークモデルの場合，事象を表すそれぞれのノードの間には向きのない線分が描かれている．すなわち，シナリオマップの上に事象から事象への時間の流れ，あるいは因果関係を見ることができなかった．例えば，C 型肝炎患者の血液検査データは次のような形をしている．

```
D_hep=GPT_high TP_low,
GPT_high TP_-,
GPT_+,=End of one time of blood test=
TP_low,
```

6.2 ■方向付き（有向）ネットワークモデルによるシナリオマップ

患者1の結果.
ALP_- F-ALB_low GOT_high GPT_+ HBD_low LAP_+ LDH_low TTT_high,
LDH_low TTT_high ZTT_high,
AMY_+,
F-ALB_low F-B_GL_low G_GL_+ GOT_high GPT_+ I-BIL_+ LAP_high,
LDH_low TTT_high ZTT_high,
GOT_high GPT_high LAP_high LDH_low TP_low TTT_high ZTT_high,
患者2の結果.
ALB_- ALP_low D-BIL_+ GOT_high GPT_+ LAP_high LDH_low TP_low TTT_high
D-BIL_+ F-CHO_high GOT_+ GPT_+ K_high LAP_+ LDH_-T- CHO_high TP_low UN_high,
Interferon,
ALP_high D-BIL_high GPT_high I-BIL_high LDH_+ T-BIL_high... (6.2)

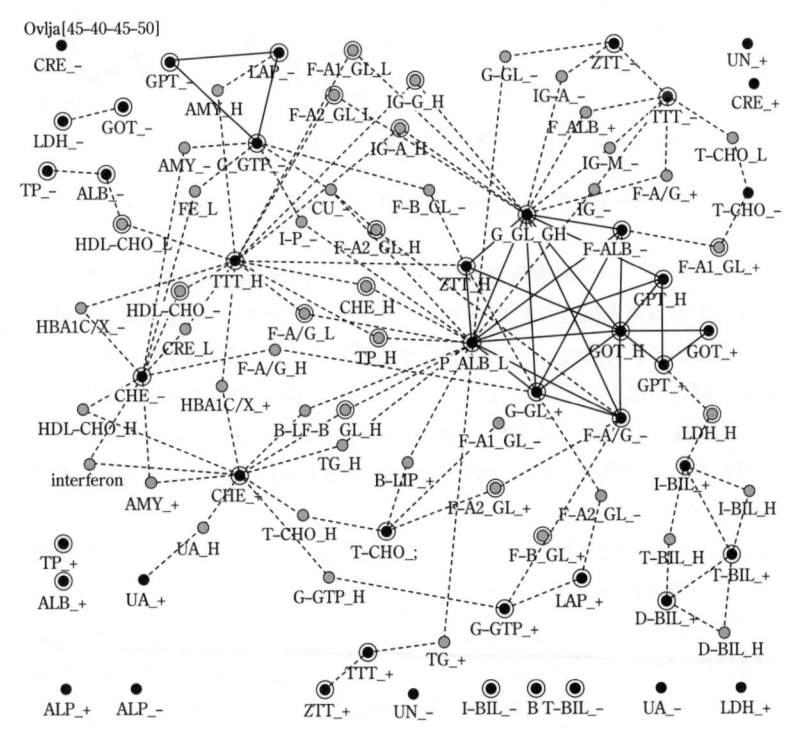

図6.1　C型肝炎患者の血液検査データに対するKeyGraph（共起度はJaccard係数で計算）

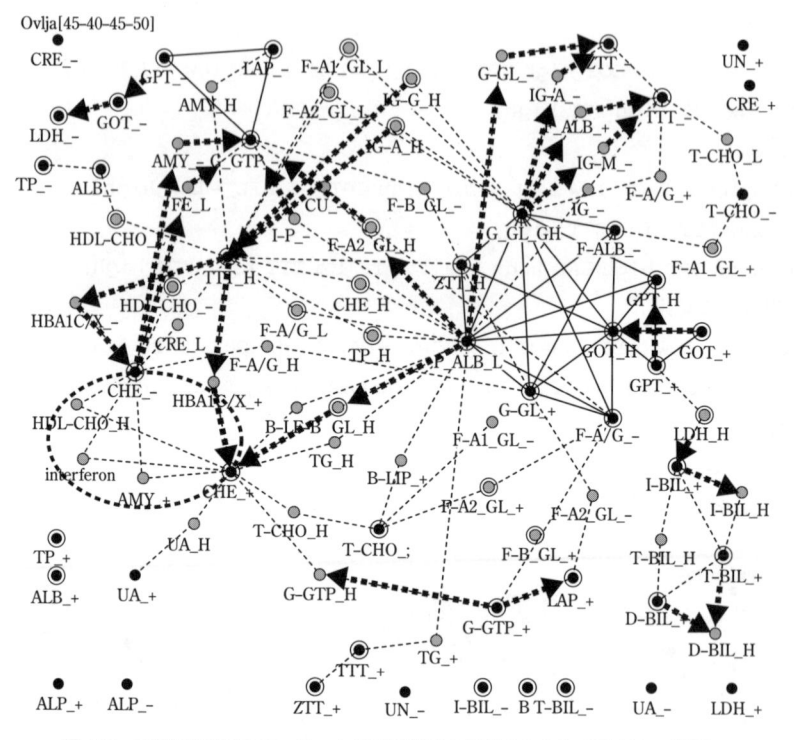

図6.2 C型肝炎患者のKeyGraphに時間順序の矢印を加えた（図4.11の再掲）．

それぞれの行は一回の血液検査の結果であり，「## 患者 X の結果」というコメントで一人の患者の血液検査履歴データは区切られる．一つ一つの事象は，血液の該当成分の多さである．たとえば，GPT_H は血液成分の一つである GPT が正常値の範囲の上限を上回ったことを示し，GPT_+ は GPT が二回の検査で連続して増加したことを示す．このようにして，約 200 人分の C 型肝炎患者のデータについて千葉大学医学部付属病院から提供を受け，その一部を KeyGraph によって可視化したものが図 6.1 である．

一見して，この図は複雑である．右側に GOT_H, GPT_+ など，肝臓細胞が破壊されていく肝炎進行段階を示す島が見える．一方，左上には逆に，GPT_- や GOT_- など，肝炎からの回復を示す島が見える．しかし，その間にある点線が理解しにくい．この図は，肝炎の進行から破壊に至ろうとする様子を見せているのか，あるいはその逆に，せっかく快方に向かう患者が不摂生によって再度悪化していく様子であるのか．

その答えは,「多くのC型肝炎患者が回復する様子を見せている図」である.ここでは,先の議論で使用した「窓」の幅を,ある患者に1年間に発生する検査データと設定して,事象間の順序関係を示す矢印を図 6.1 に追加することで図 6.2 を得た.この設定の窓について,事象AおよびBがともに含まれる窓のうち,A→Bという順序が 70% を上回る場合に,図 6.2 に見られるような太い矢印を付与した.

図 6.2 によると,C型肝炎患者の多くはインターフェロンの投与が回復の原因となっており,特にアミラーゼ（AMY）が一度上昇（AMY_+）した後に下降（AMY_-）することがわかる.

この例では,データそのものに時間情報が含まれていた.それぞれの血液検査に検査日時の情報が含まれていたからである.では,そのような時間情報がデータの中に実質的に含まれないデータでは,このような矢印を付与することができるであろうか.以下にこれを試みた例を示す.

図 6.3 は,インターネット（当時の Web およびメールなど）を含む各種の情報メディアを利用する人の倫理観に関して質問したアンケートの結果である.奈良由美子助教授（放送大学）の調査によるデータで,KeyGraph に関する同教授との共同研究

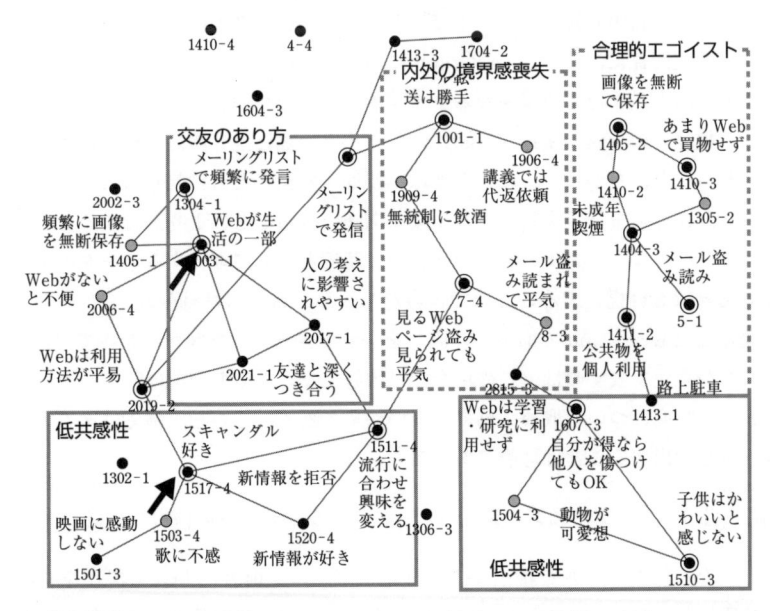

図 6.3 情報倫理観についての選択式アンケートデータ（奈良による調査）に対する KeyGraph の結果.四角の枠で囲んだ領域は典型的な若者の情報利用のあり方を示し,点線枠は従来に比べノーマルではない若者が出現しはじめていたことを示す（ブログの流行していなかった 2000 年ごろのデータから）.

から得たものである．アンケートを約1,000人の日本人大学生に対して行い，例えば「自分の見たWebページを他の人に盗み見られるのは許せないか？（問題番号7）」との問いに対して1（許せない）から5（構わない）の5段階で回答してもらう．"1"という回答を得た場合は，"7-1"というアイテムとしてデータに含める．その結果，全部で100問のアンケートの結果は，

$$D_{survey} = 1\text{-}1\ 2\text{-}1\ 3\text{-}5\ 4\text{-}1\cdots 100\text{-}1.\quad （一回答者の回答セット）$$
$$1\text{-}2\ 2\text{-}1\ 3\text{-}5\ 4\text{-}2\cdots 100\text{-}2.\quad （一回答者の回答セット）$$
$$\cdots \tag{6.3}$$

というデータを得る．これをKeyGraphによって可視化すると，それぞれの島は典型的な回答のセットを表し，それらが橋を介して組み合わせられることによって，回答者たちの倫理観の特徴を表すことになる．

このアンケートデータに対するKeyGraphにおいて，各リンクに方向を与える必要があるだろうか．第5章の後半では，アンケートを毎週とった結果，週ごとに回答者の意識の変化が見られるKeyGraphの例を示した．同例は自由回答文からなるアンケートを対象としたが，基本的な考え方はここでの選択式アンケートと同じである．すなわち，自由回答アンケートではそれぞれの回答者の回答に同時に含まれる二つの語の共起関係に注目し，KeyGraphにおける各島はある典型的なコマーシャルの視聴者の意識を，また各橋は異なるタイプの典型的な視聴者を結ぶ関係を表した．その結果，視聴者の意識の変遷が，特に新しく小さな島と既存の島を結ぶ橋の部分に見い出されることがわかった．このことは，時間の経過とともに起きる人々の意識の変遷が，新たに印象を誘う事物を既知事象に関連付けることにより進行することを示唆していた．このような人々の意識の変化を，時間とともに変化するデータの量が十分でない場合にも可視化することはできるだろうか．図6.3は一回のアンケートデータを可視化したKeyGraphであるが，流れを矢印で表すような図にはなっていない．

時間的な変化を表すのは，この場合では困難となる．その理由は，アンケートデータが異なる時間について取得されていないからである．しかし，例えば次のような相関ルールを抽出することは可能である．

相関ルール1：ブログに頻繁に参加→ホームページから自分の情報を発信

データから相関ルールを抽出する方法については，前著[6.1]にも説明を含めているので既知とする．上のルールについて，左から右に因果関係があると解釈することができるかもしれない．すなわち，いろいろなブログに参加すると自分のホームページを紹介する必要も出てくることもあろう．とすれば，ホームページから自分の情報

を発信する必要性も増えてくる．しかし，因果関係はルールの矢印と逆行することもある．例えば，ホームページから自分の情報を発信するようになり，そのページを宣伝するために他の人のブログに参加する頻度が増加するということも考えられる．原理的には，上記の相関ルールはこのいずれの向きの因果関係を表現しているとも断言することはできない．

にも関わらず相関ルールを因果関係として解釈することが多いのは，次のような理由からである．すなわち，上記の相関ルールがその逆の

相関ルール2：ホームページから自分の情報を発信→ブログに頻繁に参加

よりも高い確信度（条件付確率に近い指標で式(4.3)のoverlap関数にも近い意味を持つが，詳細は[6.1]など参照）を持つとすれば，「ブログへの参加」が「ホームページから自分の情報を発信」の原因として直接働く度合いは，その逆に「ホームページから自分の情報を発信」が「ブログへの参加」の原因として直接働く度合いよりも強いであろう．この考え方には大いに異論を呈して良いが，ここでは一旦受け入れて先の説明に進むことにする．

図6.4は，KeyGraphの各リンクの強さを第4章に述べた共起度ではなく，両端の事象を結ぶ相関ルールの確信度によって定義し，様々な事象間の因果関係を可視化したものである．この図においては，定義1.9のσの計算方法以外についてはKeyGraphと共通である．すなわち，黒いノードは高頻度の回答を表し，黒いリンクで結ばれた黒ノードたちは典型的なアンケート回答のかたまり（図6.4の三つの四角い枠）に相当すると期待される．また，赤いノードは低頻度だが，黒いかたまり（黒ノードと黒リンクからなる）の間を橋渡しする回答である．

この図の興味深い点は，意味のあるかたまりが結果として「黒いかたまり」としてだけではなく，黒ノードと赤ノードが混然として一つの意味を持つ（四角の枠の）かたまりを形成しているところである．実際，四角の枠に収まった各クラスタの中では，ノード間のリンクには両方向の矢印が付いている．これは，A→Bでありかつ B→Aという両方向の条件付確率が高いことを示し，別の言い方をすれば，一方向の因果関係ではなく，共通の原因をAとBが共有していることによって起きる現象であることを示している．すなわち，図6.4におけるそれぞれのクラスタは，ある共通の原因で生起した回答であるので，回答者たちの本質的な共通の意識を反映しているものと考えられる．

クラスタとクラスタの間には，頻度が高く，かつクラスタ間の橋渡しをしている回答が見られる．たとえば，子供を好まない人たちは，インターネットを利用して交友

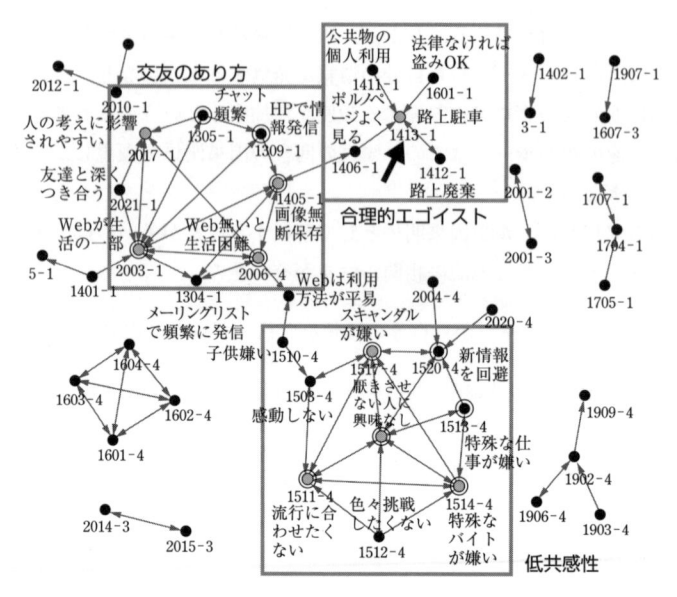

図6.4 相関ルールを可視化したグラフ（図6.3と同じアンケートデータに対して）

をすることが多いという結果に見える．また，同じように子供を好まない人たちは，共感性（他人の感じ方を自分も共有できる性質）に欠けるらしいことがわかる．この両方の関係について，矢印は「子供嫌い」から発しているので，子供嫌いであることが大きな二つのクラスタに共通に有する根本的な意識であることになる．

一方，図6.4の右上の四角い枠の中のクラスタを見てみる．このクラスタは，「ポルノページをよく見る」という回答を介して，インターネット上で盛んに交友を行うクラスタから入ってくる矢印でつながっている．すると，監視者を身近に感じなければ自分勝手に振舞ってしまう合理的エゴイストは，インターネットを介した交友を原因として発生するように解釈されることになる．

しかし，これらの解釈は通常の感覚では必ずしも妥当ではない．合理的エゴイストであることの方がWebによる交友よりも根本的な性質であるように思われるし，両者の間に直接的な因果関係は見い出せない．また，子供嫌いであることは共感性の低さの原因ではなく，結果だと考える方が理解しやすいであろう．

この例からも，条件付確率あるいは相関ルールにおける2事象間の方向付きの関係を因果関係として解釈することは，やはり困難であると言わざるを得ない．むしろ，矢印のない図6.3の方がユーザによる解釈の自由を許し，正しい解釈に至りやすい傾向にある．あえて矢印を付与するのであれば，時間情報を含むデータから得た図6.2

のようなグラフの方が，チャンス発見という目的からは理解しやすい傾向となっている．結局のところ方向付きグラフからのチャンス発見は，特に本質的な時間変化をとらえることに帰着されるべきものであると考えられる．

6.3 ■協調仮説推論CCMA：知識ベースを持つ推論エンジンによる変化点理解の試み

6.3.1 ■興味の変化点をとらえる難しさ

例えば，検索エンジンからとらえられるユーザの興味をコンピュータの推論によって理解するという問題を考えよう．これができれば，ユーザに対して的確な文書集合を提供することができる．その際，ユーザが指定できるキーワード群が不十分では，ユーザの興味を十分絞り込めないことになる．この不足を補う一つの方法が，ユーザがある瞬間に指定したキーワード群だけでなく，ユーザが指定したキーワード群の履歴をも考慮して興味を推論することである．各時点で指定されたキーワードの不足を，ユーザにとって現在と同様の興味が持続していたと考えられる過去の時点で指定されたキーワードによって補うのである．

では，ユーザの興味が持続している期間はどのようにすればわかるのであろうか．ユーザの興味を理解する手法として，ユーザの過去の興味から学習したユーザモデルを用いて未来の興味を予測するアプローチがある[6.2]．しかし，ユーザの興味の変化まで考えると，コンピュータとユーザ，あるいはその相互作用のいずれでもない外界からの想定外の影響（たとえば人との会話や紙上の文章）による興味の急変が，実際には頻繁に発生する．したがってユーザの過去の履歴からは，現在〜未来の興味を推察できないことが多い．そして，特にチャンス発見においては，このような変化を考慮することが重要となる．

すなわち，そのようなユーザの変化に応じて，その時点まで提示していなかったような文書情報を新たにユーザに提示することができれば，ユーザは適切に機会をとらえた意思決定をすることが可能となる．また，ユーザに対して，「あなたの興味は先ほど大きな変化をしましたよ」と自覚を促すこともできる．これは，ユーザがチャンスに値する情報を求めて検索行動を続けるプロセスをチャンス発見の二重らせんプロセス（第1章）とみなすと，自分の考えを反映した内部（主体）データの中で，ユーザ自身でも気付きにくい自分の興味の本質的な変わり目を提示することにあたる．

変化をとらえるという目的からは，ユーザモデルを時刻とともに変動させる方法も

ある．しかし，ユーザの興味が変化する時点を検出する手法を確立しなければ，いつユーザモデルを変化させるかという問題が残ってしまう．たとえば，ユーザによる各時点での様々な単語の使用頻度を一時的なユーザモデルとするような手法では，キーワードの不足という先の問題を解決できなかった．なぜなら，例えば日本語から英語への翻訳に興味を持つユーザが，「翻訳」という単語の使用を減らして「英語」や「日本語」の使用頻度を上げたからといって「日本語から英語への翻訳」への興味は下がっておらず，むしろ「翻訳」，「英語」，「日本語」の三つの単語が，同じ興味の持続している期間に指定されたことが重要だからである．

筆者らが1997年に発表したIndex Navigatorは，仮説推論のコストに基づく協調(Cost based Cooperation of Multiple Abducers：CCMA) [6.5]という推論によってユーザの興味を理解する．CCMAは，変化の速度が未知な時系列を理解するための推論であるので，ユーザの興味が示す予想外の変化の理解に適している．これによりIndex Navigatorは，各時点でのユーザの興味の対象分野を理解し（ユーザの興味の分類自体も参加する学会や自分に合う共同研究者を探索するのに役立つ），その結果としてユーザの興味に関連の深いキーワード群と文書を出力することができる．チャンス発見に役立つ本質的な変化を正しくとらえることを目的とした自動推論として，応用範囲は広い．

Index Navigatorのユーザは，小さなウインドウへのキーワードの書き込みによって，興味が惹かれるキーワード集合をいくつか指定する．このようにして，各時点で

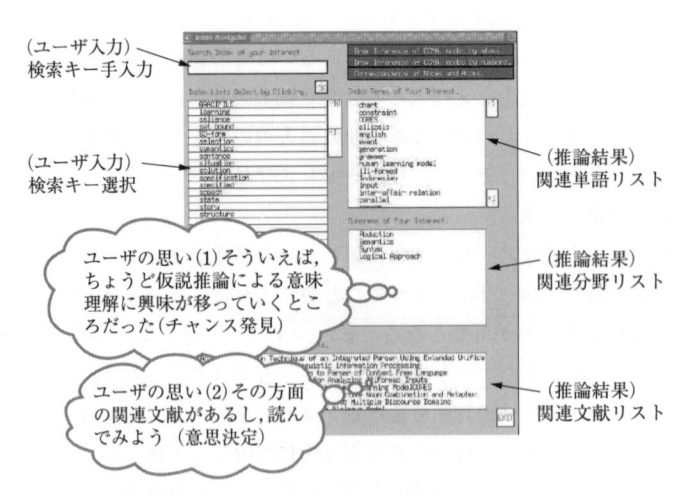

図6.5 Index Navigatorの実験画面（1995年ごろの古いインタフェースであるが），ユーザの興味の変化に即した情報提供はチャンス発見の基本である．

指定されたキーワードの履歴からユーザの興味ある分野を推論するのが Index Navigator における CCMA の役割である．ここで推論された分野が「分野リスト」に書き込まれ，これらの分野からユーザの興味に関連の深いキーワード群が導かれ，「キーワードリスト」に出力される．分野リストからは，同時にユーザの興味に合う論文も導かれ，「文書リスト」に出力される．ユーザは，これら三つのリストから自分の関心に近いものを自分で選び，詳細を見ることができる．

以下に，Index Navigator の次の二つのサブシステムの動作原理を詳説する．

ユーザの興味理解部：ユーザが指定したキーワード群の履歴から，ユーザの興味の対象分野を推論する．

キーワード・文書提示部：ユーザの興味理解部で求めた分野の中から，ユーザの興味に関連の深いキーワードや文書を求めて提示する．

6.3.2 ■ユーザの興味の理解部における CCMA の働き

ユーザの興味は，外界からの影響によって予想外に変化する．Index Navigator では，このユーザの興味が変遷する様子を CCMA によって理解する．

CCMA の機能は，事象の時系列の一貫した原因とその一貫性が破れる時点，すなわち原因の時間軸上の変わり目を見つけることである．CCMA は変化の激しさ，すなわち時系列の一貫性のなさが不明なため，いかなる形でも知識の中に与えることができないような時系列の原因を推論する．

時系列の一貫性をとらえる推論は，CCMA 以前にも研究されてきた．例えばマルコフモデルにおける状態遷移確率は，時刻の変化につれて状態がどの程度の速さで変化するかを確率値によって示したものとなっている．ベイジアンネットワークにおいては，事象間の因果関係の強さが条件付確率として与えられており，これを時点間の因果関係に適用すると一貫性をモデル化したことになる [6.4]．しかし，このような時系列の一貫性の確率モデルは，変化の速度がまったくわからない時系列についてはデータから学習するのが難しい．簡単に言えば，変化の速度が速ければ時系列の中で起きている事象の一貫性は低く，例えば，ある時点から 1 時間後に同じ事象が起こり続ける確率は低いはずである．

実際，図 6.6 のように時間変化についての条件付確率は不安定である．CCMA は，時点間の遷移確率のような一貫性の見積りが与えられない場合，複数のアブデューサ（コストに基づく仮説推論を行うシステム（後述））のそれぞれに一時点の観測事象の原因を推論させ，隣接する時点のアブデューサ間の協調によって時間方向に一貫性の

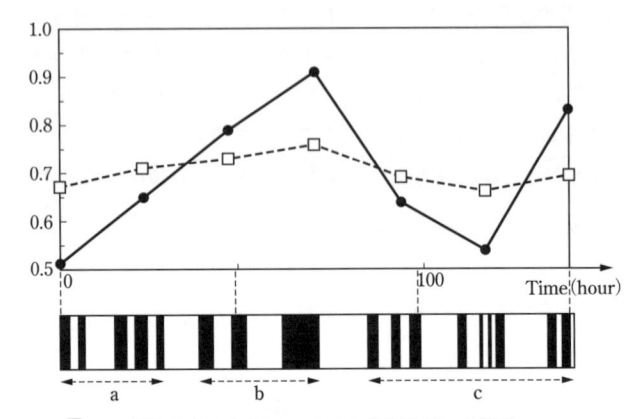

--□-- 前後12時間で，ユーザAが「アブダクション」に興味を持った確率 $p\alpha$.
—●— 前後12時間で，ユーザAがある時点で「アブダクション」に興味を持った時，その次の時点でも「アブダクション」に興味を持った条件付き確率 $p\beta$.

■ ユーザAが「アブダクション」に興味を持った期間

図6.6　各推論手法による解の精度（Precision）

ある原因を推論するものである．この協調推論によって，原因の一貫性と原因の切れ目を検出する様子を次に概説する．

6.3.3 ■ CCMA の推論プロセスの概要

連続する N 時点（$t_1, t_2, \cdots t_N$）からなる時系列において，各時点での観測事象を $G_j(j=1, 2, \cdots N)$ で表す．$j=1, 2, \cdots N$ の各観測事象 G_j の原因を，時間方向に一貫性を持つ解仮説 $h_j(j=1, 2, \cdots N)$ として得るのが CCMA の役割である．ただし，h_j は仮説集合 H の部分集合で（式(6.4)），背景知識 Σ と合わせて G_j（ゴールとも呼ぶ）を導くことができ（式(6.5)），矛盾のない解仮説（式(6.6)）でなければならない（ϕ は空節）．

$$h_j \subseteq H \tag{6.4}$$

$$h_j \cup \Sigma \vdash G_j \tag{6.5}$$

$$h_j \cup \Sigma \not\vdash \phi \tag{6.6}$$

Σ は，式(6.7)のようなホーン節といわれる形式のルールを集めた背景知識である．$X_1, X_2, \cdots X_n$ は条件，Y は結論を意味するアトム（知識の記述単位：命題にあたる）で，それぞれが事象の生起や人の発話を表すと考えれば良い．ここでは，$X_1, X_2, \cdots X_n$ は文献 DB 中の n 個の分野を表し，Y は文献 DB でこれらの分野のすべてに含まれるキーワードの一つを表す．

6.3 ■協調仮説推論 CCMA：知識ベースを持つ推論エンジンによる変化点理解の試み

$$Y: -X_1, X_2, \cdots, X_n \tag{6.7}$$

Y が空節 ϕ ならば，式(6.7)は条件のアトムが互いに矛盾することを意味し，この矛盾は式(6.6)で禁止されている．

アルゴリズムの詳細は文献[6.3]に譲るが，CCMAでは連続する時点の事象の一貫性を以下の協調推論によって理解する．

まず，各時点のゴール（観測事象）にその事象を説明するアブデューサを割り当てる．ここで j 番目のアブデューサは，式(6.4)～(6.6)の制約を満たす中で，コストの最小な解仮説 h_j を得る推論（コストに基づく仮説推論：Cost based Abduction，以下 CBA と略す）を行う．ここで解仮説 h_j のコストとは，式(6.8)の cost である．$w(\eta)$ は H の中における仮説 η の重みであるが，η が真となる確率 $p(\eta)$ に対して，$w(\eta)$ を式(6.8)のように与えると，CBA の解仮説 h_j は G_j の事後確率最大の説明となる[6.5]．

$$\text{cost} = \sum_{\eta \in h_j} w(\eta), \quad \text{ただし } w(\eta) = -\log p(\eta) \tag{6.8}$$

CCMA では，j 番目のアブデューサが自分の解仮説 h_j を両隣のアブデューサにメッセージとして伝える．このメッセージの伝え方が CCMA の特徴で，解仮説 h_j の中の各仮説と同じ仮説に隣接する（$j-1$ 番目と $j+1$ 番目の）アブデューサにおける重みを0とするのである．これは，式(6.8)から j 番目のアブデューサの解仮説が真であることを，隣接時点でも強く信じるという意味を持つ．そして，各アブデューサは再び CBA の推論を行い，解仮説を得て再び両隣にメッセージを出す．この処理を，どのアブデューサの仮説の重みも変化しなくなるまで繰り返す．

各仮説の重みを初めに与えるから，一時点で仮説が真となる確率を用いることになるが，時点間の状態遷移確率は不要である．したがって CCMA は，状態の変化の速さが未知の時系列にも適用可能となる．状態（どの仮説が真であるかという組合せ）が変わる時点では，ゴールを説明できない仮説は，前後の解仮説の影響で重みを0にされても解仮説から却下されるので，多くの場合この変わり目を正しく得ることができる．

CCMA と同様に，協調推論の枠組みから事象の時系列を理解する研究には他に FA/C[6.6]などが存在したが，CCMA とは異なり，すべての時点の観測事象から時点間の矛盾がない（すなわち変化しない）原因を仮説として求めていた．何らかのチャンスによって人が新たな関心を得るという場合は，ある時間とその次の瞬間の間で矛盾が生じることを積極的に許容することが必須となる．

図6.7では，最上段のノード(根)が各時点のゴール（指定されたキーワード）を表し，最下段のノード(葉)は仮説（ユーザの興味の対象かもしれない分野）を表す．例

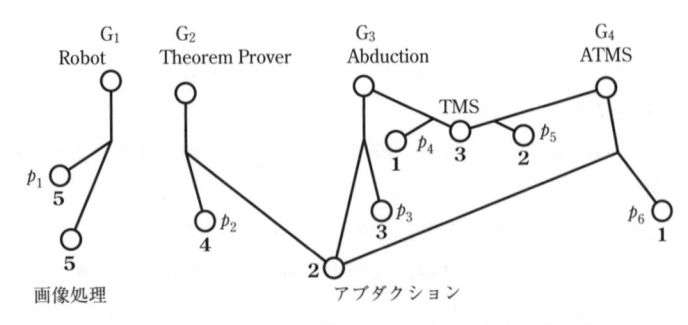

第6章 ■ フローモデルに基づくシナリオマップ

図6.7 ユーザの興味理解部でCCMAを適用する知識の例.

えば，図6.5のG_1:"Robot", G_2:"Theorem Prover"…は，それぞれ時刻$t_1, t_2(>t_1)$, …でユーザの指定したキーワードであり，"画像処理"はユーザが画像処理の分野に興味を持っているという仮説を表している．この"画像処理"の重み（図6.7におけるノード"画像処理"に示される"5"）は，式(6.8)から文書DBにおける分野"画像処理"の文書の割合に対する負の対数とする．図6.7の枝は，「キーワード←分野」という因果関係の規則をホーン節で表したものである．例えば図6.7左端のグラフは，ホーン節

　　　　Robot:-画像処理, p_1

を表す．p_1は，「画像処理分野の文書は$p(p_1)$の確率で"Robot"を含む」という条件付確率$p(p_1)$を表す形式上の仮説で，p_1の重みは式(6.8)より$-\log p(p_1)$である．このようなホーン節の集合で表された知識を元に，CCMAのそれぞれのアブデューサは，ユーザがそれぞれの時点でキーワードをどのような分野への興味から指定したのかを，CBAによって推論する．そして，先述のようにアブデューサ同士で仮説の重みを操作する協調によって，ユーザがどの期間においてどの分野への興味を持続させたかという理解に達する．

図6.7のようにゴールの時系列と知識が与えられた場合に，CCMAで行われる推論プロセスを図6.8に示す．

Cycle 1でアブデューサらは，解仮説としてユーザの興味が，

h_1:画像処理

h_2:アブダクション

h_3:TMS（Truth Maintenance System：真理維持システム，ATMSなどのアブダクションの推論システムを含む）

h_4:アブダクション（h_iが時刻t_iにおける興味の分野を示す）

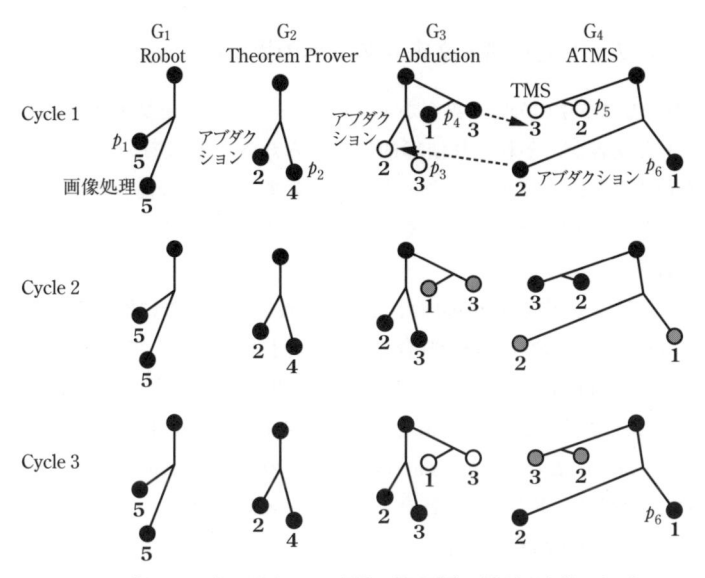

6.3 ■協調仮説推論 CCMA：知識ベースを持つ推論エンジンによる変化点理解の試み

図 6.8　図 6.7 の知識と時系列に対する CCMA の推論過程. 不応期については，[6.5] 参照.

と変化したと推論する．すると，メッセージが図 6.8 の破線矢印のように伝達される．すなわち，Cycle 1 の G_4 に対する解仮説 h_4 の中の仮説に分野"アブダクション"があるので，これと同じ仮説"アブダクション"の重みを隣接する（G_3 を説明する）アブデューサにおいて 0 にする．言い替えると，G_3 を説明しようとするアブデューサは，G_4 のアブデューサからのメッセージを受け，「ユーザはアブダクションに興味を持っている」と信じた状態で Cycle 2 において CBA を再実行する．Cycle 3 ではどの仮説の重みもこれ以上変化しないので，推論は終了する．

以上の結果，このユーザの興味が一度「画像処理」から「アブダクション」に変化した時点 t_2 の後は，その興味が持続したと理解される．こうして，興味の一貫性と変化が検出される．なお，図 6.8 の絶対不応期と相対不応期は，仮説が隣接アブデューサからの影響を受ける度合が弱められる期間であり，両不応期の併用によって協調推論が無限ループに陥るのを防ぐために導入された．

以上の CCMA の推論によって，各時点（現時点を含む）でユーザの興味の対象となっていたであろう分野の集合がそれぞれ解仮説として求められ，現時点の興味として推論された分野が分野リストに出力される．

6.3.4 ■ キーワード提示部・文書リストへの提示部

次に，分野リスト中の分野の集合から，キーワードリストと文書リストに出力するキーワードと文書が，それぞれ演繹的に求められる（式(6.7)の"画像処理"から"Robot"を得るように）．これらのキーワードと文書は，以下の優先度によってソートされ，優先度の高いものから順に，それぞれキーワードリストと文書リストの上から出力される．

式(6.9)における p_0 の確率 $p(p_0)$ は，$area_1$，$area_2$ の両分野に属する文書のうちキーワード $keyword_0$ を含むものの割合であり，p_0 には重みとして $-\log p(p_0)$ が与えられる．すると，$area_1$ と $area_2$ が分野リストの中にある場合には $keyword_0$ に優先度 $p(p_0)$ が与えられる．また，$area_1$ しか分野リストの中になければ $keyword_0$ の優先度は $p(p_0) \cdot p(area_2)$ となる（$p(area_2)$ は文書 DB の中での $area_2$ の中の文書の割合）．したがって，分野リストの中の分野の多くがホーン節の条件と一致するほど結論部のキーワードの優先度が高くなる．

同様に，文書にも確率を基に優先度が与えられる．そのため，文書 DB における $area_1$，$area_2$ の両方に属する総数 M の文書中の一文書が $document_1$ である（さもなくば式(6.10)は背景知識に含まれていない）ことから，式(6.10)の p_1 の確率 $p(p_1)$ を $1/M$ で与え，キーワードと同様に $document_1$ の優先度を計算する．

$$\text{keyword\_0:- area\_1, area\_2, p\_0.} \tag{6.9}$$

$$\text{document\_1:- area\_1, area\_2, p\_1.} \tag{6.10}$$

6.3.5 ■ Index Navigator の評価実験

CCMA とそれを用いた Index Navigator を最初に提案したのは，1995 年のことである．その頃刊行された人工知能学会誌十周年記念 CD-ROM（人工知能学会誌 Vol. 11, No. 3 付録）の中には，論文および解説論文が合計 741 編が収録されている．各論文がどの分野に属するかという情報を含めて，HTML 形式で蓄積されている．ここから Perl 5.0 で文書を取り出し，自動的に式(6.10)のようなホーン節の集合を生成することによって，知識ベースを構築した．この知識ベースの規模は，H の中の仮説数（分野数）が 95，背景知識 Σ の中のホーン節数が 6,212 となった．索引中のキーワードは意味の近い派生語をまとめて扱うため，タイトルから[6.7]と同様に助詞や冠詞を取り除き，[6.8]の手法で語尾変化を除いたものとした．

6.3 ■協調仮説推論 CCMA：知識ベースを持つ推論エンジンによる変化点理解の試み

ユーザ（被験者）
人工知能を専門としない学生 10 名.

実験方法
各被験者に Index Navigator と同様のウインドウを同時に四つ見せ，それぞれユーザの興味理解部に以下を用いた Index Navigator のインタフェースとした．A～D のウインドウをユーザが区別することはできるが，4 通りの推論手法の名前は伏せた．

A：CCMA

B：学習機能付きベイジアンネットワーク（ユーザの興味について分野間の遷移確率を実験開始時からの履歴から計算する）

C：CBA（各時点のユーザの興味をまったく独立に CBA で推論させる）

D：Explanatory Coherence（EC）（[6.9] の仮説推論で，隣り合う解仮説集合 h_1-h_2 あるいは h_2-h_3 などのペア間で共有する仮説数の割合が最大となるように，解仮説集合の系列 $h_1, h_2, \cdots h_N$ を求める手法．これは，CCMA に比べると時点間に強い一貫性を仮定したモデルである）

各被験者は各時点で四つのウインドウのいずれかからキーワードを指定し，その結果得られたキーワードを用いて，他のデータベースから得た論文を読んでも Index Navigator が出力した論文を読んでもよい．そして，新しく興味を持ったキーワードを入力し，同じ操作を繰り返して行う．ユーザが入力したキーワードは，各時点でのユーザの興味として自動記録した．被験者が多くの文献を参照しながら作業に集中するように，興味を持った分野の内容のレポートを実験期間（1 週間とした）終了後に提出してもらった．

CCMA を用いた Index Navigator では，システムが指定したキーワードのうち，直後にユーザが指定するものの割合が時間とともに増加した．これは，ユーザがキーワードの意味を学習するにつれて，CCMA を用いたウインドウの出力キーワードの中に自分の興味を表していると感じるものが増加したためと解釈できる．

また，CCMA を用いたウインドウ A は，ユーザの興味の多くの部分を安定して表示する結果となった．これは，ユーザの指定するキーワードのうち，ウインドウ B, C, D よりもウインドウ A から選ぶ部分が多くなったことが主な原因と考えられる．

このように CCMA は，長い時間に渡って正確なキーワード集合でユーザの興味を表す上で適した推論であることがわかった．実験開始時直後はベイジアンネットワークの性能が上回っているが，これは遷移確率の学習が，初めのうちはユーザの興味の実際の変化と一致したからと見られる．

一方，単なるCBAは時点間の一貫性を考慮していないし，ECは強すぎる一貫性を仮定している．このため，CBAとECをそれぞれ用いたIndex NavigatorのウィンドウC, Dからキーワードを指定するユーザは，2日目までにいなくなった．すなわち，CBAではユーザの指定したキーワードの履歴を考慮しないことになるので，そもそもの問題である単一の時点で指定されるキーワードの情報不足については何ら解決していない．したがって，不足した情報からユーザの興味を推論することになるため，推論の誤りが多くなり，ユーザから見ればIndex Navigatorは自分の興味を理解できないとの評価になってしまう．現在のWeb検索エンジンは快適に動作するので，これはそれほど問題にならず，慣れればユーザ自身が表現方法を習得するのであるが，このように文献当該分野の初心者が課題を与えられて用いる場合には，慣れるまでの短期間に疲労感に負けてしまうことがあった．

　逆にECでは，ユーザの興味に切れ目があることを考慮していないため，すでに失われたユーザの興味までが各リストに出力されがちであった．その結果，ユーザにしてみれば自分の興味が変わったのに，新しい興味をIndex Navigatorが理解しないということになる．以上のCBAとECに対する評価は，実際のユーザの声とも一致していた．

　比較的良好な経過を示したCCMAとベイジアンネットワークを比較すると，ここではベイジアンネットワークの方がユーザの興味の変化の解釈を誤ることが多かった．例えば，あるユーザが2日目のほとんどの時点で分野「アブダクション」に興味を注いだ場合，3日目にこのユーザがキーワード"ATMS"を"abduct"の次に選んでも，分野「アブダクション」への興味だけが持続していると解釈された．しかし，このユーザの関心は，実際は3日目の途中からアブダクションの高速アルゴリズムへと変化していた．この例は，2日目までに学習した興味の遷移確率を3日目にも用いることが，やや強すぎる先入観となったことを意味している．一方，CCMAでは，3日目のキーワード"ATMS"を指定した以降におけるユーザの興味に，「探索アルゴリズム」の分野を含めることができた．

　一方で変化を鋭く捉え過ぎると，ユーザの興味が持続しているのに「変化した」と誤って解釈する危険がある．しかしこの誤りは，CCMA使用時の感想としては報告されなかった．実際にCCMAでは，"reason"を指定した直後に"abduct"を選択すると「アブダクション」への興味が持続していると理解したし，"reason"の次に"model"を選択すると，新しい「帰納学習」への興味と同時に持続している「アブダクション」の分野への興味も把握できた．

6.3.6 ■ CCMA の限界

　CCMA では，1 サイクルでは隣接アブデューサ間でのみメッセージを送り合う．したがって，一貫した興味が続く時区間 $[t_0, t_3]$ 中の時区間 $[t_1, t_2]$ ($t_0 < t_1 < t_2 < t_3$) で，前後とまったく異なる興味が挿入されることがあると，$[t_1, t_2]$ でのアブデューサの解仮説が前 (t_0) と後 (t_3) のアブデューサの仮説と異なるために，t_0 と t_3 のアブデューサの間のメッセージのやりとりを阻むことになる．これを各アブデューサから $L(>1)$ 時点前後のアブデューサまでメッセージを送るようにしても，$[t_1, t_2]$ の長さは L より長いかもしれないから，本質的な解決にはならない．また，t_3 以降のユーザの実際の興味が t_0 以前と違う場合には，正しい推論を阻害することになる．

　しかし，分野をある程度限定したデータベースの専用の検索エンジンでは，前後とまったく異なる興味が一貫した興味が続く中で挿入されるということは少ない（インターネット全体を検索するような場合は別である）．したがって，時区間 $[t_1, t_2]$ での興味が t_0 および t_3 と異なっても，解仮説中のすべての仮説（分野）が異なることは少ないから，何らかの重要な興味に関する仮説 η が t_0 と時区間 $[t_1, t_2]$ で共通しているのが通常である．すると，η を真とする t_0 のアブデューサのメッセージは，時区間 $[t_1, t_2]$ を経て t_0 から t_3 まで伝わり，t_3 での解は η を含むものに絞り込まれる．すなわち t_3 でのアブデューサは，「t_3 で指定されたキーワードを説明できる」と「η を含む」の両方で絞り込まれた仮説を得るから，t_0 と t_3 で同じ興味からキーワードが示されるならば，t_0 と t_3 のアブデューサが同じ解仮説を得る可能性は高くなる．

　ところが，文献を検索しながら新たな文書に出会い，そこに研究や調査活動におけるチャンスを発見したいというようなユーザの場合には，時区間 $[t_1, t_2]$ での興味がその直前・直後とまったく異なる場合もある．その場合，[6.5] における回路故障診断の結果にも見られたように，一般には状態の変わり目の直前・直後の解仮説の精度が劣下する．CCMA の解の精度が向上するのは，興味の変わり目から 2～3 時点において一貫した興味が続く場合に限られる．

　しかし，それでも CCMA はベイジアンネットワークの古典的なモデルよりも高精度で変化をとらえることができる．ベイジアンネットワークでは，t_0 でのアブデューサの解仮説中の仮説 η を解としないアブデューサが時区間 $[t_1, t_2]$ の中にあっても，t_0 から t_3 までの一貫性は，t_0 から t_3 まで分野 η への興味が続く確率 p で与えられる．したがって，p が十分大きければ t_3 に t_0 の仮説が反映される．しかし，ベイジアンネットワークの学習データにおいては，η の真偽が頻繁に変化していると p が小さくなるため，t_0 から t_3 への一貫性がほとんど考慮されなくなる．すなわち，現在にお

ける興味の変化と一致しようがしまいが，過去に得た学習データにおける時間変化の速さが推論結果に大きく影響してしまう．ここでの実験で扱ったのは，過去における変化の速さが今起きている興味の変化と一致しないことが多い場合であるから，ベイジアンネットワークの誤推論が多発する．

　以上のように，古典的な確率推論手法やその拡張に協調推論機構を取り込んだCCMAのような手法によって，チャンス発見を志向する検索ユーザを支援することは可能である．ただし，その性能には限界もある．この限界は，論理的あるいは確率的に知られたことをまとめた知識ベースが存在するという仮定が，そもそもユーザが検索エンジンからチャンス発見をしようとするような動的で複雑な環境において破られるという理由に由来する．次節では，時間的な流れを時系列データから探索的に取り込み，知識ベースを要しないようなフローモデルについて述べる．

6.4 ■議論構造の要約と可視化

　ここでは，主として松村らによる議論構造の可視化手法について述べる[6.10, 6.11, 6.12]．議論とはメッセージの時系列であり，そのデータには本質的に影響・被影響といった方向付き関係が存在する可能性がある．KeyGraphでは，あえてこの方向を可視化しないことによってユーザの想像力を刺激し，会話データに適用した場合には話題がシナリオマップ上で移動するという前提で，ユーザによる話題の展開の理解を支援することも可能である．一方，本節で述べる可視化手法では，話題の展開におけるメッセージ間の影響・被影響という向きを直接矢印で表し，その方向を利用することによって，各メッセージや単語が全体の流れに対して有する影響力を数値化することができる．この技術を転用すると，

・コミュニティにおけるリーダ（火付役），フォロワ（伝承者）の抽出
・肝炎などの時系列データから，予後に影響のあった治療や症状の抽出

などの用途にも展開することも可能となる．この意味では，KeyGraphと同様に拡張性を有するツールであり，また第8章に述べるようにKeyGraphと互いの能力を補い合う性質を利用してユーザが両者を併用することも可能となる．

6.4.1 ■議論構造の可視化とチャンス発見

　研究室や会社などの組織においては，新しい研究のアイデアや経営戦略を打ち出すためのミーティングや会議が日々行われている．また，そこで行われた議論の内容

は，組織における知識や意識の共有を促進する知識マネジメントの一環として議事録として記録され，蓄えられていることも多い．

しかし実際には，蓄えられた膨大な議事録は再び利用されることなく，膨大な議事録フォルダの中に埋もれていることがほとんどである．これは，忙しい研究者やビジネスマンには，長い議事録を読むだけの時間と労力を捻出することが困難だからである．したがって，議事録の論点をすばやく把握するための技術開発が望まれている．

しかし，議事録を読み返すのと議論の一部を検索して読むのとでは，同じ議論の内容が繰り広げられていても，得られる情報は同じではない．というのは，議論には「文脈（第1章で述べた「コンテキスト」に相当）」というものがあるからである．議事録の全体には，そのうちの一行だけ読んでも理解できない文脈とその変化の全体が現れる．さらに，議事録を改めてじっくり読み返すことによって，議論しているときには結論にまで至らずにうやむやになった話題の中から興味深い話題を発見することもある．最近では，このような話題から斬新な発想が生まれることが注目を集めている．企業においてはマーケターたちも，顧客からの主要な意見だけではなく希少な意見にも注目するようになった．では議事録の場合，そのような興味深い話題をどのようにすれば見い出すことができるのであろうか．

ここでは，「議論を発展させるトリガとなるような話題」を興味深い話題と考え，議論のテキストに基づいた表層的な解析により議論の流れをとらえることを考える．すなわち，議事録における議論の流れを構造化して視覚的に表示することにより，議論全体の流れを読者が把握することを支援する方法である．話題の興味深さをあらかじめ定量化し，その結果をユーザに知らせることができれば，議論の興味深いところだけをすばやく把握するのに役立つと考えられる．この節では，筆者の永年の共同研究者である松村真宏氏（大阪大学経済学部）の了解を得て，論文中の記載を本書向けに加工しながら紹介する．ここで紹介する「影響普及モデル：IDM (Influence Diffusion Model) [6.10, 6.11]」は，構造化された議事録から議論の発展に強く影響を与えた話題を同定することを試みる手法である．

6.4.2 要約と議論構造理解

短時間で要点だけ理解することを目指すのであれば，議事録の構造化を行うよりも，もっと単純に議論の要点だけを取り出して短くまとめる要約技術を利用すれば良いと思う方もいるであろう．そこで，議事録の構造化と要約との違いについて考えてみよう．

文章の自動要約に関する研究は古くから盛んに行われているが[6.13]，新聞記事や

学術論文など，すでに推敲され，場合によっては章立てまでなされている文章を対象としていることが多かった．したがって，タイトルや章の見出しに含まれる語を利用したり，「重要なのは」のような手がかり語を利用するアプローチが多い．しかし，複数の参加者が話した言葉をそのままテキストに起こした議事録はそのような定型的なスタイルをなしていないので，これらのアプローチを適用することは難しい．

Webページのような非定型的な文書から要約を作成する研究も近年行われている．しかし，要約のためにはテキストの内容をある程度理解し，中心的な話題を特定し，それらを簡潔にまとめるという三つの作業が原理的に必要となる．ところが，テキストから抜き出された文には代名詞や省略などの照応関係や「しかし」などの接続詞によってもたらされる論理関係が含まれている．したがって，照応関係やテキストの修辞構造を同定したり概念の抽象化や言い換え等を行わないと，理解不能な要約になってしまう．これらの技術はまだ完備されるまでに年月が必要であろう．

更に困難なことに，推敲された文章では全体を貫く論旨が一貫しているが，議論においてはいくつもの話題が発散的に生まれ，その中から議論の参加者の興味の琴線に触れた話題を中心に様々な話題が絡まりあって，新たな議論に発展する．したがって，議論においては論旨が一貫していることはむしろまれである．このような複雑な構造の文章を要約するための一つの方法として，ユーザの興味を要約に反映させることも考えられているが，現状の要約技術ではまだ難しい．チャンス発見においては，議論の中で生まれる多様な論点（島々）とその間の変遷（橋）を的確に理解することが要求される．そのためには，原文の情報をすべて残しつつ，ユーザの興味を反映しながら読み深めるべきポイントを選択できる技術が要請される．

以上のことから，すばやく議事録の論点を把握するためには議論の流れを構造化・可視化し，話題の展開を把握できるように読者を支援することが結局は一番の近道となる．これまでにも議論の話題構造を自動的に抽出する研究は行われているが[6.16, 6.17]，チャンス発見においては複数の流れが複雑に絡まりあう議論を対象として，話題が途切れたかと思えば新たな話題へと発展するようなシナリオまで観察したいところである．そのような話題の発展においては，話題を変えてしまうような魅力的なメッセージが放たれており，前後の文脈とあわせて読めばその魅力を再認識することもできるであろう．第2章に述べたように，人にとって自分の言葉はチャンスの隠れている主体（内部）データと見ることができる．それが組織やコミュニティであれば，隠れた組織知あるいは社会知を表出化し，新たな意思決定を得るために有用な情報となることが期待できる．本章のIDMは，話題と話題の関係を理解できるように構造化し，その構造を読者が把握できるように可視化する機能までをも含む手法であ

る.

　IDM 以前の研究の代表としては，Netscan プロジェクト[6.14]がある．このプロジェクトでは，年間 800 万人もの参加者が 1 億 5 千万通以上ものメッセージをやり取りしている USENET での議論構造を可視化して，多くの価値観が混ざった膨大なコンテンツを整理してユーザに示すことを試みていた．また，電子掲示板やメールソフトに広く採用されているメッセージ間の返信関係をスレッド表示する機能を使うと，議論構造を簡単に可視化できる．USENET やメーリングリスト，電子掲示板などで行われる議論はメッセージ間の返信関係がはっきりしているので，議論の流れを追いやすく，複数の話題が絡まり合っていてもそれらを区別することは容易にできる．

　一方，IRC などのチャットシステムでも複数の議論が同時に進行しているが，メッセージ間の返信関係が明確ではないので議論の流れを追いにくい．そこで，議論の内容を分析して発言をスレッド単位に並べることにより，議論をフォローしやすくするシステムも提案されている[6.15]．このシステムでは話題の一貫性に注目しており，繰り返し登場するキーワードもしくはキーフレーズを探し，それらのキーワードを共有するようにメッセージを配置することで，議論の流れをスレッド構造に変換している．また，議論の構造をキーワードレベルで抽象化して 2 次元空間に可視化することにより，参加者が複数の話題間の関連を認識しながら議論を進めることができるシステムも提案されていた[6.16]．E メールにおける雑談や議論の流れを，メッセージの引用関係に基づいて視覚化することも試みられていた[6.17]．

6.4.3 ■影響普及モデル（Influence Diffusion Model：IDM）：語彙的結束性に基づく話題の同定と構造化

　第 3 章における定義 3.2 を，次のように特殊化してみよう．

定義 6.1

　2 階層フロー型シナリオマップとは，四つの変数の組 $(\Delta_1, \Delta_2, \sigma_1, \sigma_2)$ である．ここで，

　Δ_1：レベル 1 のシナリオの集合．

　Δ_2：レベル 2 のシナリオの集合．

　σ_1：Δ_1 のシナリオ間にある方向付き相互関係の強さの値の集合．

　σ_2：Δ_2 のシナリオ間にある方向付き相互関係の強さの値の集合．

　IDM は上記の $\Delta_1, \Delta_2, \sigma_1, \sigma_2$ を次の四つの要素の形で具体化したものである．

> Δ_1：単語あるいは熟語など，議論において用いられる概念単位の集合．
> σ_1：一つのメッセージ（厳密には後述のようにセグメントと呼ぶべきである）中において単語が内容の繋がりを持って順に現れるという関係．
> Δ_2：メッセージの集合．
> σ_2：メッセージからその後のメッセージへの影響度．

　この四つ組みを，至って単純な計算手法で求めるのがIDMの特徴である．本質的に議論構造を解析するためには，先述したように文や個々のメッセージを超えた文脈を扱わなければならない．文脈は文と文との関係によって表すことができるが，この関係は大きく一貫性（coherence）と結束性（cohesion）に分類できる．一貫性とは，文と文との論理的な関係を表し，原因，評価，説明，並行，例示などの意味的な関係によって構成される[6.18]．一方，結束性とは文と文のつながりを明示する表層的な結びつきを表し，照応，接続詞，語彙的結束性などによってもたらされる[6.19]．

　議事録のような文法的に適格であるとは限らない文章からは，文と文との論理的な関係や照応関係を導き出すことは難しい．そこで，技術的には結束性を表面的にとらえる語彙的結束性に着目するのが有効となる．すなわち，結束性をもつ語の出現による文章中の関連箇所の結びつき，すなわち文書中の語彙的結束性に基づいて話題の境界を自動的に求めるのである．以下に紹介する影響普及モデル（Influence Diffusion Model）では，語彙的結束性に基づいて議事録から話題のまとまりの範囲を同定する．この語彙的結束性が前記の σ_1 である．そして，そのようなまとまり（一つのメッセージとみなす）とまとまりの間の結束性が前記の σ_2 である．シナリオマップとして見ると各メッセージが最小の島となり，メッセージ間の結束性の構造を可視化することによって更に大きなまとまりを島として理解することも，島と島の間の橋を超えた文脈の影響を理解することも容易となる．

（1）話題境界の同定

　IDMではまず，語彙的結束性に基づいた話題の境界の同定を行う．対象となるテキストの各文を先頭から順に $st(t=1, 2, \cdots, n_1)$ とし，t_1 番目から t_2 番目までの連続する文の集合をウインドウ $W(t_1, t_2) = \{st_1 \cup st_1+1 \cup \cdots \cup st_2\}$ で表す．$W(t_1, t_2)$ に含まれる文の数，すなわち t_2-t_1+1 は，あらかじめ設定されたウインドウサイズに等しいものとする．ここで，ウインドウごとにどのような話題について述べられているのかを特徴ベクトルとして求める．特徴ベクトルは，ウインドウ $W(t_1, t_2)$ に含まれる語 w それぞれについての重みを式(6.1)により求め，この値の上位から指定された個数の語と，それぞれの語の重みから求める．特徴ベクトルの次元は，大きすぎると

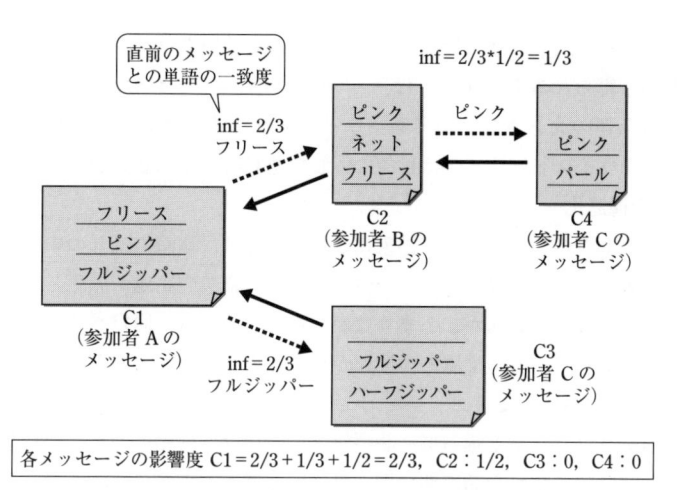

```
                    直前のメッセージ
                    との単語の一致度           inf＝2/3*1/2＝1/3

                          inf＝2/3    ┌──────┐   ピンク   ┌──────┐
                          フリース    │ピンク │ ──────→ │ピンク │
                                      │ネット │ ←────── │パール │
    ┌──────┐              │フリース│            └──────┘
    │フリース│              └──────┘               C4
    │ピンク  │                C2              （参加者 C の
    │フルジッパー│         （参加者 B の          メッセージ）
    └──────┘              メッセージ）
        C1
    （参加者 A の          ┌──────┐
    メッセージ）           │フルジッパー│
                  inf＝2/3 │ハーフジッパー│   C3
                  フルジッパー └──────┘   （参加者 C の
                                              メッセージ）
```

各メッセージの影響度 C1＝2/3＋1/3＋1/2＝2/3，C2：1/2，C3：0，C4：0

図 6.9　IDM におけるメッセージ間の影響度伝播

余計な語を含み，小さすぎると必要な語が含まれない．例えば，各ウインドウの特徴ベクトルの次元を仮に 20 などと設定する．このベクトルは，そのウインドウに含まれる一つ一つの語を一つの成分とし，その成分値を語 w に対して，

$$\text{Vector\_element}(w, t_1, t_2) =$$

$$tf(w, W(t_1, t_2)) \times \left(\log\frac{tf(w, W(1, n_1))}{tf(w, W(1, n_1)) - tf(w, W(t_1, t_2))} + 1\right) \tag{6.11}$$

とする．ここで $tf(w, W(t_1, t_2))$ は，語 w がウインドウ $W(t_1, t_2)$ 内に出現している頻度を表す．式(6.11)は，特徴キーワード抽出指標として広く使われている TFIDF [6.20]の基本的な考え方を踏襲しており，ウインドウ内に特徴的に出現している語に大きい重みを与えている．ここで，隣接するウインドウ間の特徴ベクトルの類似度を測定することにより，ウインドウ間における話題の結束度を測定することができる．隣接するウインドウの特徴ベクトルを V_1，V_2 とすると，ウインドウ間の結束度はウインドウ間の類似度，すなわち以下の式(6.12)により求められる．式(6.12)の値が大きいほど V_1，V_2 の結束性は高い．

$$\text{Sim}(V_1, V_2) = \frac{V_1 \cdot V_2}{|V_1||V_2|} \tag{6.12}$$

以上の方法によりウインドウサイズを決めれば，文と文との間の結束度を自動的に求めることができる．このようにして，すべての文と文との間の結束度を求めた後，結束度の低いところを話題の境界と見なしていくことにより，テキストを任意個の話

題に分割できる．以下では，分割されたそれぞれの話題をセグメントと呼ぶ．議論のテキストから得られるセグメントは，一つのメッセージとおおよそ解釈する．なお，同定される話題の大きさは，境界数やウインドウサイズによって異なる．したがって，境界数やウインドウサイズは目的に応じて適宜設定する必要がある．

（2）話題の構造化

各セグメントのベクトルとして抽象化される話題は，議論の流れの中に位置している．議論の流れは一本道ではなく，一つの話題から複数の話題が派生したり，様々な方向に発展した複数の話題がまとまりながら進行している．同定された話題だけを提示するのではなく，前後の文脈との関連がわかるように話題を構造化して提示するのがIDMの役割である．

推敲・編集された文章と違って，議事録では話題は時間軸に沿って進行しているので，あまり時間的に離れた話題間の関連は薄いと考えるのが自然である．そこで，近傍にある話題間の関連を調べることにより，話題の構造化を行うことを考える．話題構造化の手続きは以下のようになる．

まず，先述のように各セグメントとして同定された話題ごとに特徴ベクトルを再び求め，それを文頭から順に $Vt(t=1, 2, \cdots, n_2)$ とする．ここで，話題の影響が及ぶ範囲の広さを n_3 とすると，Vt と $Vt+1, Vt+2, \cdots, Vt+n_3$ のそれぞれとの類似度を式（6.12）により計算し，その値がある閾値より大きければ Vt と $Vt+1, Vt+2, \cdots, Vt+n_3$ のそれぞれとの間にリンクを張っていく．なお，経験的に視察しやすい構造を可視化するため，以下の実験などでは $n_3=5$ に固定している．この操作をすべての話題について行うことにより，話題の構造化が可能となる．

（3）類似度の計算

IDMでは，ある話題が他のメッセージの内容を強く支配しているときに，この話題には影響力があるものとみなす．もともとは電子掲示板などの返信関係の明らかなテキスト集合について提案された手法[6.21]であったが，その後，議論のセグメントとセグメント間の関係を上述の特徴ベクトルによって自動的に取り出すことにより，構造化されていない議論にも適用できるようになった[6.22]．IDMは，メッセージチェーン（メッセージ間の関係の連なり）上を伝播していく語の割合に着目することにより，あるメッセージが他のメッセージに及ぼす影響力を媒介影響量とする．メッセージ C_x 中の語の集合を W_x，C_x に返信しているメッセージ C_y の中の語の集合を W_y とすると，C_x から C_y に伝播した媒介影響量は式（6.13）で表される．

$$I_{xy}=\frac{|W_x \cap W_y|}{|W_y|} \tag{6.13}$$

また，C_y に C_z がさらに返信している場合には，C_x から C_y に伝わった媒介影響量 I_{xy} が C_y を経由してさらに C_z にまで伝わる．したがって，C_x から C_z に伝播した媒介影響量 I_{xy} は，式(6.14)で表される．

$$I_{xz} = \frac{I_{xy}|w_x \cap w_y \cap w_z|}{|w_z|} \tag{6.14}$$

式(6.13)では文脈支配の関係を継承する単語の比率で表しており，式(6.14)はこの比率をメッセージチェーンに沿ってかけ合わせていくことを表している．これは，ある単語がある話題にとって支配的な文脈になり，その支配的な文脈がさらにその次にメッセージの伝搬する話題にとって支配的になっていく比率を求めることを意味している．以上の手続きにより，C_x が他のメッセージに及ぼす媒介影響量を測ることができる．IDM では，メッセージの媒介影響量は，そのメッセージが他のメッセージに及ぼした媒介影響量の総和であると考える．ただし，ここにおいて用いられる計算式では，線形係数の与え方などにさらに工夫が加えられており，ここに述べた計算式はそのうちの一つの与え方である．

図6.9 のメッセージチェーンにおける各メッセージの媒介影響量は，そのメッセージから他のメッセージに伝わった媒介影響量の和で与える．例えば図6.9 では，C_1 が発した媒介影響量は，（C_1 から C_2 へ伝わった媒介影響量）＋（C_1 から C_3 へ伝わった媒介影響量）＋（C_1 から C_4 へ伝わった媒介影響量）＝2/3+1/2+1/3＝3/2 とする．また，同様の手続きにより，C_2 が発した媒介影響量は 1/2，C_3 が発した媒介影響量は 0，C_4 が発した媒介影響量は 0 とする．

このようにして，先に構造化していた議事録に IDM を適用することにより，議論に影響を与え，盛り上がりの要因となっている話題を発見することができ，ユーザがすばやく議論の論点を理解するのに役立つと考えられる．以上をまとめると，IDM を用いた議論構造可視化システムの全体像は下記のようになる．

(4) IDM の手順

Step ①：形態素解析

入力テキストが日本語の場合，文章は分かち書きされていないので，形態素解析ツール（KeyGraph で用いるものと同じ「茶筌」など）により必要な品詞だけを抜き出す．デフォルトでは名詞だけを残すが，オプションにより動詞，形容詞，副詞，未知語も選択できる．また，"a"や"it"など通常はキーワードになり得ない語（ストップワード）を文章から取り除く．次に，語幹が基本的な概念を表し，接尾辞などは統語的な性質を表しているという仮定に基づいて，"plays", "player", "playing"などを文献[6.8]の手法で語幹"play"に縮退する正規化を行う．また，連続する2単語の出現頻度

がある閾値（ここでは3とする）より大きければ，その単語の組を熟語とみなす処理を行う．日本語で書かれた文章でも形態素解析を行って分かち書きし，前処理は同様に適用する．

Step ②：話題境界の同定

与えられたウインドウサイズと，切り出すセグメントの数に基づいて，入力テキストをセグメントに分割する．ひとつのセグメントをメッセージと見なす．

Step ③：話題の構造化

与えられた閾値を用いてセグメント間の関連を特徴ベクトルに基づいて計算し，議事録を構造化する．

Step ④：影響度の計算

構造化された議事録にIDMの計算を適用し，影響力の大きいセグメントを同定する．

Step ⑤：可視化

構造化された議事録を可視化し，ユーザが議論の構造を把握できるようにする．また，このときに媒介影響量の大きいセグメントを目立たせ，ユーザの迅速な論点の発見と理解を支援する．本稿では，話題構造を可視化した図を構造化マップと呼ぶ（なお，構造化マップは，AT＆T研究所が開発して無償で配布しているグラフ描画ソフトウェアGraphvizを用いて自動作成している）．

（5）システムの出力例

話題の境界を同定するときに設けるウインドウサイズを20，話題を構造化するときにリンクを張るかどうかを決定する類似度の閾値を0.05としたときのDSVの出力例を図6.10に示す．各ノードはそれぞれセグメントを表しており，ノード間の矢印はそのセグメント間に関係があることを示している．二重枠のノードは影響力の大きいセグメントである．解析したテキストは，研究者，学生，社会人ら9人が集まって「インターネットにおける価値観と意思決定」について3時間議論したときに記録したテープを文字に起こしたものであり，2,472文（70,186文字）からなるものであった．

このテキストは膨大であるうえ，節や章などに分かれていないので議論全体の構造がわからず，どこから読み始めればいいのかという判断も難しい内容となっていた．

一方，図6.10の構造化マップを見ると，複数のセグメントが連なった大きなメッセージチェーンが三つと，孤立した幾つかのセグメントが見える．また，メッセージチェーンのふくらみから，議論が盛り上がっている様子や議論が収束している様子を感じることができる．一つのセグメントは平均して約42文から構成されている．こ

6.4 ■議論構造の要約と可視化

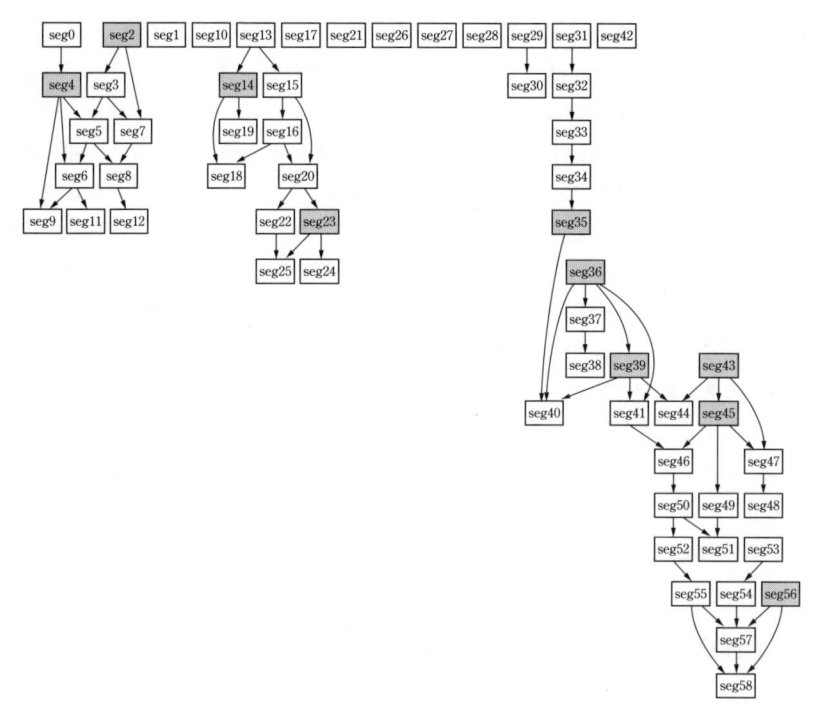

図6.10 メッセージチェーン上における影響度の計算方法

こで，図6.10中のそれぞれのすなわちメッセージチェーンで議論されている話題に目を向けてみる．

まず，seg. 0とseg. 2を起点とする一連のメッセージチェーンは，チャットでの行動やホームページの閲覧行動など，インターネット上の情報行動に関する一般的な話題について議論している．このメッセージチェーンではseg. 2とseg. 4の影響力が大きいが，seg. 2から具体的なアンケートの項目についての議論が始まり，seg. 4ではこのメッセージチェーンで最も重要な「モラル意識」が登場している．

また，seg. 13を起点とする一連のメッセージチェーンは，「情報倫理」についての議論で盛り上がっている．影響力の大きいseg. 14とseg. 23は，いずれも後半の議論の起点となる新しい話題を提供しており，seg. 14で生まれた「インターネットをプライベートな空間だと見なしている」という話題が発展し，seg. 23では「共感性」や「合理的エゴイスト」など，本議論において重要な概念の創出につながっている．seg. 36を起点とするメッセージチェーンは他のメッセージチェーンの盛り上がりとは異なり，2段階の盛り上がりを見せている．最初の盛り上がりはseg. 39でいった

155

ん収束しているが，そこに現れた seg. 43 の話題から再び議論に火がついて発展している．最初の盛り上がりでは，インターネットの匿名性が意識や行為にどういう影響をおよぼすのかについて議論しており，seg. 39 でいったん「情報の志向性」に落ち着いている．しかし，seg. 43 でそれまでのコンテキストと多少異なる「情報の価値観」という新しい話題が提示されて，再び議論が盛り上がった．また，seg. 56 も，それまでのコンテキストと多少異なる話題を提示している．このような話題は，参加者らが内心心待ちにしながら，それまで具体的に言葉で表現できなかった話題が登場したものと考えられ，議論を通した意思決定のチャンスをつかんだものと言えよう．実際，参加者の中からはこの後，情報に価値を見い出して行動に移っていくプロセスについての共同研究が始動し，その後ジャーナル掲載論文[6.23]となった．

一方，孤立して存在しているノードの多くは，その中だけで自己完結している話題が多く，そのような話題は議論全体に占める重要度も低かった．このように，議論を構造化することにより，これまで見えてこなかった話題の盛り上がりや盛り上がりを経由し意思決定の到達へというパターンが見えてくることがわかる．

6.5 ■ IDM を用いたヒューマンネットワーク分析

6.5.1 ■リーダとフォロワ

図 6.11 は，ある服飾ブランドについて，同ブランドのファンが集まって行っているコミュニケーションを IDM によって分析した結果である．ここでは，それぞれのノード（数字を記した楕円形）が一つのメッセージを表し，それぞれの矢印がメッセージ間の影響の伝播方向を表す．すなわち矢印の元は送り手のメッセージを表し，矢印の先はそのメッセージに対する返信を表す．したがって図の最上段にノードが一つしかないということは，このコミュニティにおけるコミュニケーションを開始したメッセージが，その後のすべてのメッセージに影響を及ぼしていることを表している．

このような場合，最初に発言した人は明らかにコミュニティのリーダと呼ぶにふさわしいと言えよう．しかし，リーダに劣らず重要な人がリーダの発言を受けてメッセージを発信し，後の人も議論に追随できる状況を作ってくれるフォロワ（追随者）である．往々にしてリーダは考えが斬新で，人を寄せ付けないことがある．これに対し，フォロワがいかにリーダの考えを他の人に伝播させるかということは，コミュニティがリーダの考え方について広くその価値を理解されるアイデアとしてとらえ直して伝承していくかどうかを決める決定要因となる．図 6.12 の例では，最初のメッセ

6.5 ■ IDM を用いたヒューマンネットワーク分析

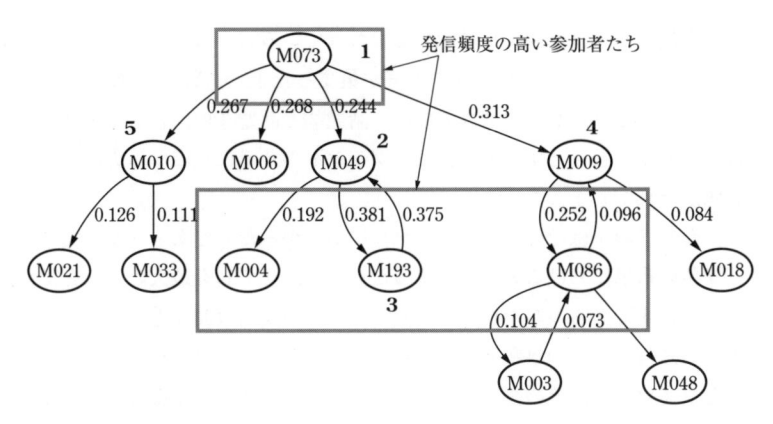

図6.11 図6.12にあたるコミュニティメンバー間のネットワーク

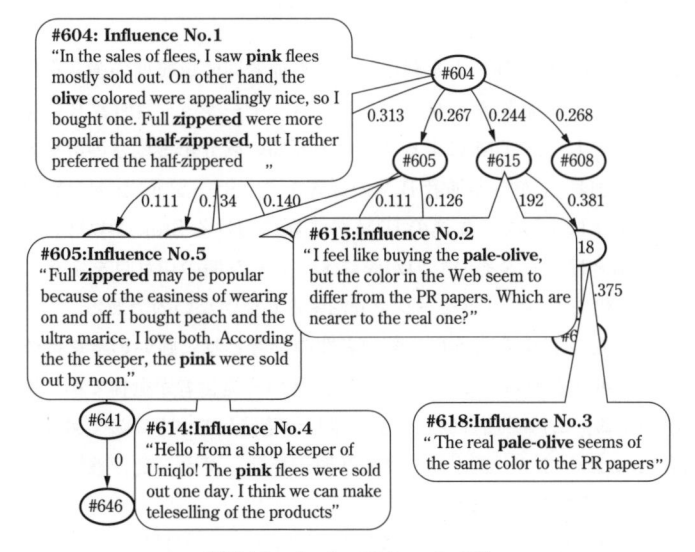

図6.12 メッセージチェーンの例

ージは次の三つの話題に分解することができる．

話題①　フリースの色として，ペールオリーブ色は好まれるかどうか．
話題②　フリースの色として，ピンク色は好まれるかどうか．
話題③　フリースはハーフジッパーかロングジッパーかどちらが良いか．

図6.12では，これらそれぞれについて別々のパスが発生していることがわかる．

157

すなわち，右端のパスは話題①を継承して行われているコミュニケーションで，結果としてペールオリーブ色のフリースに人気が集まった上で，Webに掲載されている色が実物と同じかどうかが議論されている．話題②と話題③の内容を読むと，話題①ほどには盛り上がりを見せず，話題②は同ブランドの企業に就職する方法についての話へと話題がそれてしまった．

ここで，なぜ話題①はその後の盛り上がりにつながったのであろうか．実際にペールオリーブ色の市場における人気は高まったものの，必ずしも最大の人気を得た商品ではなかったはずである．したがって，盛り上がりの要因は商品力そのものだけではないと考えられる．一つの解釈として，リーダのメッセージのうち，話題①を抽出して追随したフォロワが，その後のコミュニケーション全体に強く影響した可能性がある．

6.5.2 有向ヒューマンネットワークの可視化

そこで，IDMのアルゴリズムを利用して，参加者間の影響度の強さを媒介影響として計算してみた．参加者Aの発言の集合をメッセージa，参加者Bの発言の集合をメッセージbとして，IDMによるメッセージ間の媒介影響度さの計算方法をそのまま適用し，参加者Aから参加者Bへの影響をメッセージa，b間の影響から求めるという計算手法によって，先述のIDMの手順におけるStep③以降を行った．すなわち，この場合はデータそのものが既にメッセージ間の切れ目を定義しているので，セグメント化によってメッセージを分割する必要がないのである．

この結果，図6.11にあるように，参加者間の影響と特に強い影響を持つ参加者を見い出すことが可能となる．ここでは，M049という発言者が全体で第二位の影響を持つことがわかる．この参加者はわずか2回しか発言していないので目立ちにくかったが，図6.11においてペールオリーブの話題①をリーダから受け継いで，メッセージ#615を送ったその人であった．

このように影響の強いメッセージの発見は，場合によっては影響の強い参加者の発見と強く絡み合う問題となる．IDMは，コミュニケーションにおけるこれら主たる影響源を把握するための有効な手法といえる．特に，BBSサイトが様々なトピックに分かれていて，それぞれのトピックが別の掲示板で語られているような場合，あるトピックについての掲示板だけを取り出してIDMを適用し，ヒューマンネットワークを得ることによって，そのトピックにおける議論のリーダと有力なフォロワを見い出すことが可能となる．

流行の伝播を予知する目的からは，特にリーダを「オピニオンリーダ」と称して重

6.5 ■ IDM を用いたヒューマンネットワーク分析

要視する傾向があるが，実際にはフォロワを見い出すことこそが重要となるビジネスの局面は多い．

例えば，企業におけるビジネスはチームワークによって遂行される．特にチャンス発見プロセスを用いた意思決定を遂行するような場合には，チームの参加者たちはまずシナリオマップの中から異なる部分を理解し，後にそれぞれの理解した部分を結んで橋渡しする部分の意味合いを考える必要がある（第2章参照）．そのための準備として，参加者らはそれぞれ独自の得意なトピックについて十分な理解を持った上でチャンス発見プロセスに挑むことを筆者らはユーザに奨励している．しかし，複数のトピックについてそれぞれのリーダが集まってチャンス発見プロセスに参加してしまうと，互いが自分のシナリオを主張して他から提示されるシナリオを認め合わないため，議論が紛糾してチャンスは見い出されにくくなることが多い．そこでは，各トピックのフォロワが集まるほうが良い結果に至ることになる．したがって，IDM のような手法によってリーダだけではなくフォロワとしての資質を備えた人を見い出すことは，チームワークの必要な意思決定を支えるチャンス発見を実現するために必須となる．この考え方は，企業における人事構想においても有効であることが見い出されている．

IDM は，議事録から話題の単位（セグメント）を同定し，さらに同定したセグメント間の関連を調べることにより，議論の内容を構造化マップとして可視化するための手法である．意思決定に影響を及ぼす重要な事象を発見するというチャンス発見の目的において，IDM が表す話題の一連の流れは，議論を行う人たちの思考の流れを可視化したものといえる．その人たちが消費者の代表をランダムに集めた集合であるとすると，この思考の流れは消費者が消費するという意思決定や，新しい欲求を見い出す過程を観察するためのシナリオマップとなる．すなわち，二重らせんプロセスをマーケティングに利用する上では，IDM は外部（環境）データの解析・可視化手法として有効に働く．また，議論する人たちが企業のマーケティング戦略を立てようとするのであれば，IDM の示す議論の流れを自分たち自身で観察することによって，自分たちが組織としてどういう方向に向かおうとしており，どのような点で意見の衝突があるのかという点を理解することが可能となる．すなわち，二重らせんプロセスにおける内部（主体）データの可視化手法としても IDM は有効に働く．多様性と変化に富む消費者の要求に答えるためにこそ，企業が一貫性を保持して進むことが必要であり，そのために組織内の細かな考え方の方向性を探ることは，必須の要件といえる．

6.5.3 ■ IDM に関する補足

IDM についてのユーザからの意見を振り返ると，セグメントの大きさ，セグメントの数，セグメント間の関係が重要であった．つまり，あまり構造化されていない構造化マップは，全体像を直感的に理解するのには役立つが，議論の流れはとらえにくい．一方，構造化しすぎて議論の流れが複雑になると，今度は全体像を直感的に把握しにくくなる．おおよそ1ノードあたりのリンク数が 0.6～0.8 である構造化マップが理解しやすいことが明らかになったが，さらにユーザのスキルや目的などに応じて構造化のレベルを動的に変化させるなどの工夫も有効であろう．

Salton らは，段落間の類似度に基づいて段落をノードとするグラフ構造を考え，リンクの多い段落を重要だと見なしている [6.24]．しかし，実験結果によると，議論の起点となるような話題は必ずしも多くのリンクを持つわけではなかった．議論には，一般に最初に話題提起となるトリガがあって，そこから徐々に盛り上がって，そして収束に向かう．したがって，リンク数だけを見ていれば盛り上がっている最中の話題を知ることはできるが，それまでの流れを理解しないまま話題の核心に迫ってもその本質を理解することは難しいであろう．これは，議論のトリガをとらえた要約への応用も考えられる．

また，本章で扱った語彙的結束性は同一語の繰り返し関係に基づいているが，他にもシソーラスに基づく語彙的結束性や，語の共起関係に基づく語彙的結束性などがある [6.25]．話題境界の同定，話題間の類似度の精度を上げるためには，これらの語彙的結束性にも取り組んでいく必要があろう．また，言語学における談話分析においては，接続詞や感動詞，会話の間に挿入されるフィラーなどの談話標識などの手がかりがよく用いられており，IDM でもこれらの手がかりを組み合わせて用いることが考えられる．

6.6 ■ 活性伝播法（Priming Activation Indexing：PAI）：コンテキスト遷移を見る

話題がシナリオマップ上を移動する様子を可視化する手法という意味では，IDMとは別に，KeyGraph のような語の共起グラフを利用したシナリオマップ上に直接話題の移動の様子を書き込むという方法も考えられる．松村らは，以下に述べる PAI（活性伝播法：Priming Activation Indexing [6.26]）を構築し，家電製品のデザインなどの議論データから製品開発におけるビジネスチャンスを発見するユーザの例を生み

6.6 ■活性伝播法（Priming Activation Indexing：PAI）：コンテキスト遷移を見る

だした．

共起グラフの上に順序性のある島から島へのつながりを見い出して矢印を付すという意味では，PAI は IDM 同様に定義 6.1 の有向シナリオマップの一種である．PAI においては，シナリオマップの要素 $\Delta_1, \Delta_2, \sigma_1, \sigma_2$ を次のように具体化する．

Δ_1：単語あるいは熟語など，議論において用いられる概念単位の集合．
Δ_2：単語から単語への活性伝播（後述）の強さ．
σ_1：高頻度単語のなす連結グラフの集合（KeyGraph での島の集合に相当）．
σ_2：連結グラフ間の活性伝播の強さ（KeyGraph での橋に相当するが，方向を持ち，島の間の活性伝播を表すことが相違点）．

以下，可視化技術 PAI の説明であるが，まずキーワード抽出の話から始める．

6.6.1 ■文章における主張の理解とキーワード抽出

文章はその著者が読者に自分の考えを伝えるために書かれるものであるから，著者が伝えたいことを理解することが文章を理解することであろう．しかし，人の主張を正しく理解することは場合によって困難であり，そのためにわれわれは，社会生活において齟齬に苦しむのである．ましてコンピュータによる自然言語処理では，文章の意味や背景，文脈を理解するのは難しい．

ここで文書の主張は，その文書における最も本質的ないくつかの単語と，その間の関係によって言い換えることができると仮定しよう．それならば，コンピュータにとって意味を理解するよりは容易な問題ではないであろうか．すなわち，そこで意味を自動的に深く理解することは断念し，語の統計情報（頻度など）や文章の構造上の特徴（章立てなど）に基づいてキーワードを抽出するのである．

しかし，文章から実際に「主張」を表すキーワードを抽出することは容易ではない．例えば，繰り返し言及される語は重要な概念を表すと仮定して出現頻度の高い語をキーワードとする方法では，出現頻度の低い著者の主張を表す語を取り出すことはできない．また，同じ分野のコーパスと比較したときに相対的に出現頻度が高い語をキーワードとする方法だと，文章を特徴付ける語が得られるので文章の分類には役立つが，そのような語が著者の主張を表すとは一概には言えない．タイトルや見出しなどの位置情報や"in conclusion"などの手がかり表現を利用する手法でも，文章の表現や構成は著者により大きく異なるので，うまく著者の主張を得られる文章は限られる．既知の手がかりとなる語の近くから，出現頻度が低くても重要なキーワードを統計的に抽出する手法も提案されているが，著者の主張が手がかりとなる語の近くにあ

るとは限らない．

　先に述べた KeyGraph は，当初，これらの従来手法に対して，著者の主張であるがゆえに出現頻度の少ない語を抽出するアルゴリズムとして筆者によって提案されたのであった．しかし，KeyGraph もまた従来のキーワード抽出法の問題点を継承している．すなわち，これらの手法は語の出現頻度と共起頻度に基づいているので，文がランダムに並び替えられた文章からも，原文から抽出するのと同じキーワードを抽出することになる．人であれば，文がランダムに並び換えられると文章の意味を理解することができない一方，正しく文の並んだ文章からは正しく意味を捉えることができ，キーワードも適切に指定できる（特に苦手な人を除いて）．

　文章の著者の主張をコンピュータによって，文の順序性も考慮して，人と同じように正しくキーワードとして得る手法はないだろうか？このことができれば，文章を深く理解する助けになるであろう．本章では，著者の想定する読者が文章を読むときの記憶の活性状態に着目して，文章を読んだ後に読者の記憶に強い印象を残す語をキーワードとして取り出す手法として PAI を紹介し，さらに PAI が内容の流れを示すシナリオマップの可視化ツールとしても有用であることを示す．

6.6.2 ■コンテキストの変化をとらえる活性伝播（PAI）アルゴリズム

　人が文章を読んでその内容を理解できるのは，文章中の語が何らかの形で脳に記憶され，脳がその記憶を解釈するからである．脳が記憶を解釈するメカニズムはまだわかっていないが，記憶の認知的な側面は徐々に明らかになってきた．例えば記憶には，ある語が想起（活性化）されるとその語に関連する語も想起（活性化）されるというプライミング効果（Priming Effect）[6.27] があることや，記憶の想起の早さはその想起頻度に依存すること [6.28] などが，様々な認知実験によって確認されている．

　このプライミング効果は，文章の内容を理解する作用にも深く関与していると考えられている．というのも，文章を読み進むにつれて話題が読者の頭の中に展開され，それに伴って記憶が活性化されていく中で文脈を理解し，内容を把握していると考えられるからである．難しい内容の論文でも，まず緒論などで研究の背景にふれ，徐々に話題を転換したり膨らませたりしながら読者を著者の展開したい話題へと誘導し，読者の頭の中に話題を理解するために必要な知識を十分に築いたところで著者の主張が展開されると理解しやすい．

　つまり，著者のこのような話題の展開にともなうコンテキストの変化に誘導されるように強く活性化されて読者の記憶に強く残る語こそ，著者の主張を表しているキー

6.6 ■活性伝播法（Priming Activation Indexing：PAI）：コンテキスト遷移を見る

ワードであると考えられる．記憶のメカニズムを近似したものに，活性伝搬モデル（Spreading Activation Model）[6.29]がある．この理論は，人の認知的側面から構築されたモデルであり，ノードとして表される語がノードの活性を伝播させるリンクで結びついたネットワーク構造として記憶が表される．これまでに様々な活性伝播モデルが考案されているが，PAI のベースとなる活性伝搬モデルは式(6.15)で表される[6.33]．

$$A(t) = C + ((1-\gamma)I + \alpha R)A(t-1) \tag{6.15}$$

ここで，各変数は次の通りとする．

$A(t)$：活性回数 t の語の活性値を表すベクトル
C：ネットワークに注入される活性値を表すベクトル
I：$A(t-1)$ の活性値を $A(t)$ に伝搬させる単位行列
R：ネットワークの構造を表す接続行列
γ：活性値の減衰率を表す減衰パラメータ
α：ネットワークが語の活性値に及ぼす影響力の程度を表す伝搬パラメータ

ここで，R の i 行 j 列の要素 R_{ij} は，語 w_i と語 w_j の関連の強さを表している（対角成分は0）．式(6.15)は，外部からの刺激によりネットワーク内のノードに活性が伝搬するモデルに基づいている．しかし，文章が読者の記憶に与える効果は，式(6.15)の R のように直前までの記憶と無関係に加わるのではなく，直前の記憶から文章の内容によって新たな記憶を導くものと考える方が自然である．そこで本章では，話題の変化に応じてネットワーク構造，すなわち語間の関連性まで変化するというモデルを実現するために，接続行列を R_t で表す．また，R_t に注入される活性値を表すベクトルを C_t で表す．すると，新しい活性伝搬モデルは式(6.16)のように表すことができる．

$$A(t) = C_t + ((1-\gamma)I + \alpha R_t)A(t-1) \tag{6.16}$$

ここで R_t は，時刻 t における情報の受け手の頭の中での概念間の関係を表している．文章の読者なら，今，文章のある部分を読んでいることによって得られる語と語の関連性ということになる．論文の場合，節（節がなければ章）ごとに意味がまとまっていて（各まとまりを IDM と同様にセグメントと呼ぶことにする），それらが順番に読者の頭に入ることによって著者の主張が読者に伝わる．そこで PAI では，セグメントごとに R_t が決まり，活性伝搬が行われる（すなわち t が1だけ増える）というモデルを考える．以下，語の活性度に基づいてキーワードを抽出する新しい手法

として，PAIの具体的な処理手順を示す．

Step ①前処理：IDMにおけるStep ①と同様の処理を行う．

Step ②文章の分割

意味のまとまりに応じて，文章をセグメント $S_t(t=1, 2, \cdots, n)$ に分割する．論文を対象とする場合は章や節で分割し，一般の文章を対象とする場合はパラグラフや話題の境界で分割する．分割の目印がなければ，IDMのStep ③と同様の処理を行う．

Step ③接続行列 R_t の導出

各セグメント S_t における語のネットワーク構造を接続行列 R_t として表す．R_t の導出は以下のように行う．まず，各セグメント S_t を理解する上で基本となる概念を表す語として，S_t における出現頻度の高い語の上位 N_1 個[†]を選ぶ．次に，それらの語のすべての組合せ $(w_i, w_j)(i \neq j)$ の連想の強さを測るために，S_t 内での (w_i, w_j) の共起の強さを測る．共起の強さは，式(6.17)で表される $co(w_i, w_j)$ で定義する．

$$co(w_i, w_j) = \sum_{s \in S_t} \min(|w_i|_s, |w_j|_s) \tag{6.17}$$

$|w|_s$ は，セグメント s に含まれる文における語 w の出現頻度である．ここで，N_1 個の語を冗長なリンクなしに結び合わせるための必要最小限なリンク数として，$co(w_i, w_j)$ の上位 N_1-1 個までの語の組 (w_i, w_j) の間にリンクを張ることにより，語のネットワークを構成する．

R_t は基本的にはこのネットワークを表す行列であるが，ここでさらに，連想関係が強いほどプライミング効果が大きくなることと，語 w_i から1本のリンクに伝搬する活性値が w_i に接続しているリンク1本1本に均等に分かれて伝搬することを仮定する．すなわち，N_1 行 N_1 列の R_t の i 行 j 列の要素 $r_{i,j}$ は，$co(w_i, w_j)$ の上位 N_1-1 個までの語の組 (w_i, w_j) に対して

$$r_{ij} = \frac{co(w_i, w_j)}{(w_i \text{の接続リンク数})} \tag{6.18}$$

の関係があるものとし，それ以外の成分については $r_{i,j}=0$ とする．

Step ④活性伝搬

各セグメント $S_t(t=1, 2, \cdots, n)$ について，式(6.16)を実行して活性伝搬を行う．ここで，$A(t)$ は t 番目のセグメント S_t までに活性化された語の活性値を表すベクトルで，外部から注入される語の活性値は1とする．また，簡単のため，ここでは減衰パラメータを $\gamma=0$ とする．R_t はプライミング効果と語の活性値の伝播量を考慮しているが，その際に様々な仮定に基づいているので，最終的には伝搬パラメータの値を

[†] 本章では $N_1=20$ としている

6.6 ■活性伝播法（Priming Activation Indexing：PAI）：コンテキスト遷移を見る

予備実験により求めて，R_t を調整する．本章では，予備実験で最も結果の良かった $\alpha=1$ を伝搬パラメータとする．

Step ⑤ キーワードの抽出

文章の始めから終りまで活性伝播させて活性値が高くなる語は，著者が一貫して強く主張したい語であると考えられる．また，KeyGraph の考え方を踏襲すれば，重要な概念をつないでいる語も著者の主張を表していると考えられる．重要な概念に蓄積された活性値は，1回の活性化でも近隣に多くの活性値をもたらすので，重要な概念をつないでいる語は活性値が急に高くなる語として得ることができる．そこで，活性値の高い語を「高活性語」，活性値を活性回数で割った値の高い語を「鋭活性語」と定義し，高活性語と鋭活性語をあわせて著者の主張を表すキーワードとして取り出す．

6.6.3 ■PAI の適用例：グループインタビューからのチャンス発見

マーケティング戦略立案におけるグループインタビューは，被験者を数名集めてあるテーマについて深く議論してもらうことにより，参加者の潜在的な関心やニーズを探る目的で行われる．ここで我々が試みたのは，グループインタビューの様子を収めたテープから書き起こしたテキストデータに PAI を適用して，そのような参加者の関心やニーズを表すキーワードを発掘し，その意味を理解することである．

PAI を一般的な文章に適用する場合には，文章を読んだ後に読者の記憶に強い印象を残す語に着目してきたが，これは最終的な著者の主張を得たかったためである．ところがグループインタビューにおいては，途中で一瞬出てきてすぐに消えてしまった話題でも，参加者の意識を大きく変えるきっかけとなった話題であれば非常に重要である．そのような話題の変化点に位置する語の活性値は鋭く変化するので，活性伝播の途中に現れる鋭活性語に注目すればキーワードとして得ることができる．例えば，PAI をある家庭用電化製品に関するグループインタビューデータに適用し，途中で現れては消えていく鋭活性語を取り出すと，7語中5語が「注目すべき」とディスカッション参加者がコメントした重要語であった．さらに，それらの語が PAI の提示する単語間の関係を示すグラフの中で位置づけられる位置からは，そういった重要語を基本的なアイデアとして用いた製品開発のシナリオが得られている．具体的にそのディスカッションを主催した企業の名やデータの中身を見せられないのは残念であるが KeyGraph や IDM とともに，PAI が実際に企業でシステムデザインや製品開発に役立った事例はすでに蓄積されている．現在，このような事例を学術研究や商品開発の現場で積み重ねて知見を蓄えており，グループインタビューがチャンス発見ツ

ールの源泉となる可能性は高い．

　ここでは，データを公開することの可能なグループのデータに対するPAIの動作例を示す．これは，様々な家庭での食品消費に関するデータをKeyGraphで可視化し，これをシナリオマップとして見ながら，主婦らが家庭における食事のシナリオについて話し合ったものである．すなわち，第2章で見た二重らせんプロセスの中で主婦たちを食卓デザインの主体だと見れば，主体データに位置付けられるテキストデータに対して，PAIを用いて解析・可視化したものである．

　以下は，そのときの主婦たちの会話の一部を抜粋したものである．

　　　………

参加者E　なんかぱっと見て，Qの方がメニュー的に華やかな気がするんですよね．お寿司とか．なんか，ハンバーグ，ミートボールってあるし．華やかっていうか，ごちそうっていう感じかな．

参加者A　Pは冬でも忙しい時期には，ポテトサラダとかどーっと作っとけば．カレーライスも作っておけば，忙しい時期，作り置きができるもの．そうそう，忙しくて買い物に出たくない日がある．

参加者B　寒くて出たくない日もあるし．

参加者C　行かなきゃいけないと思っても行かない日ってあるよね．夕方になると寒くなっちゃって．

参加者D　やーめたっていうんでしょ？結構，じゃがいもとか玉ねぎとか買い置きがあるし．うちもいっつもそう．きれないんだよね．

参加者A　結局，のりも必ず家にもあるじゃないですか．そうすると，今日おかずがないから，寂しいから何か1品っていうことありますよね．

参加者B　そうするとごまかしって言うと悪いけど，あるもので済ますことがある．まあ足りないから，のりも入れとこ．

参加者E　なるほど．忙しい日で，表に出たくない日で．納豆もこんなメインに出てきてますもんね．

参加者B　Qは華やかです．華やかだ．

参加者A　今日はこれはちょっとお正月が終わっておせち料理に飽きて．

参加者E　ちょっとお料理する時間がある日よ．

参加者C　やる気があって，手間ひまかけられる日じゃない？

参加者A　元気がある日よ．要するに，料理を作ろうと思う日で，手間ひまかけられる日で，もちろん買い物に行ける日でないとダメね．

6.6 ■活性伝播法（Priming Activation Indexing：PAI）：コンテキスト遷移を見る

夕食①（冬季：過去10日間平均気温より−3℃以上低い）

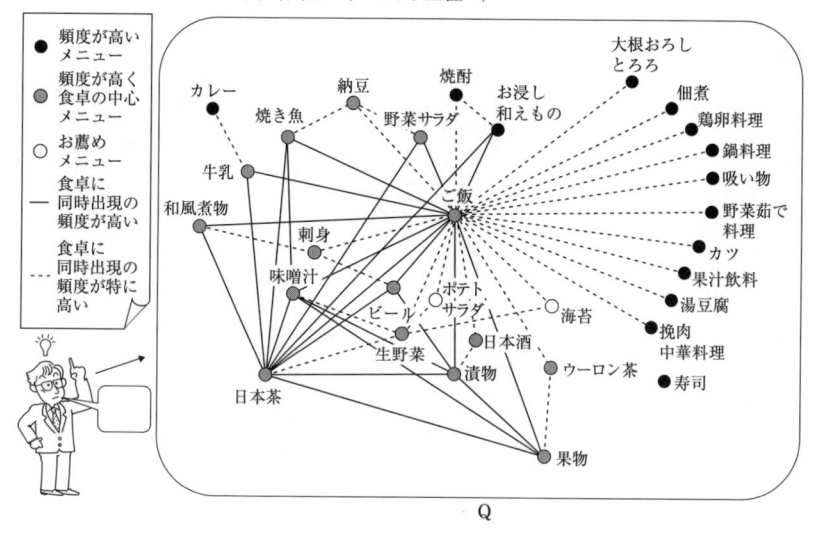

凡例：
- ● 頻度が高いメニュー
- ● 頻度が高く食卓の中心メニュー
- ○ お薦めメニュー
- ── 食卓に同時出現の頻度が高い
- ┄┄ 食卓に同時出現の頻度が特に高い

Q

夕食②（冬季：過去10日間平均気温より+3℃以上高い）

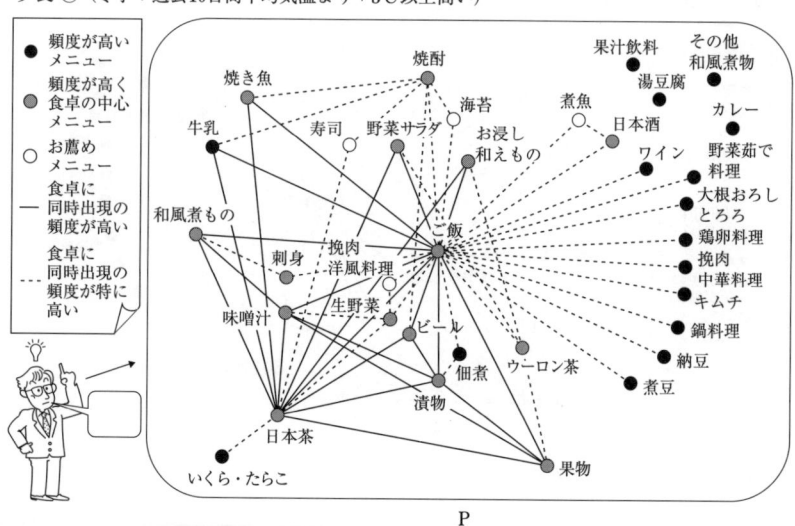

凡例：
- ● 頻度が高いメニュー
- ● 頻度が高く食卓の中心メニュー
- ○ お薦めメニュー
- ── 食卓に同時出現の頻度が高い
- ┄┄ 食卓に同時出現の頻度が特に高い

P

第6章 ■ フローモデルに基づくシナリオマップ

夕食③（夏季：過去10日間平均気温より−3℃以上低い）

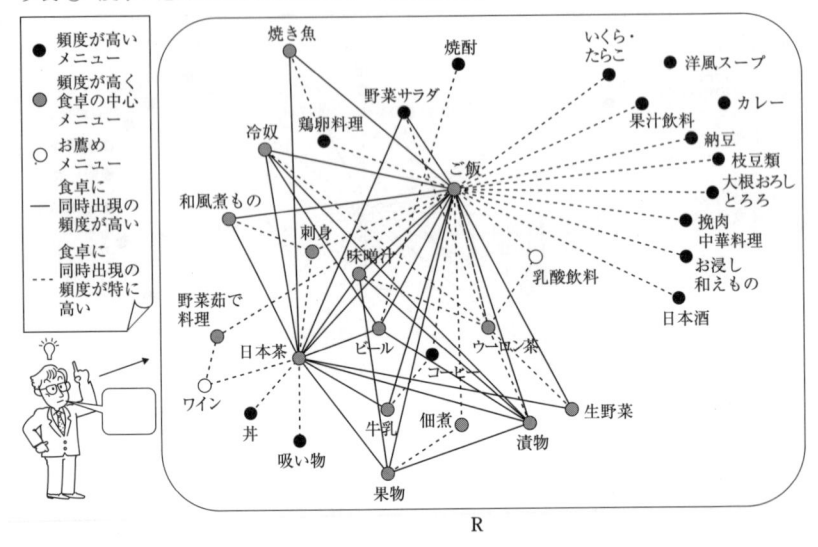

R

夕食④（夏季：過去10日間平均気温より+3℃以上低い）

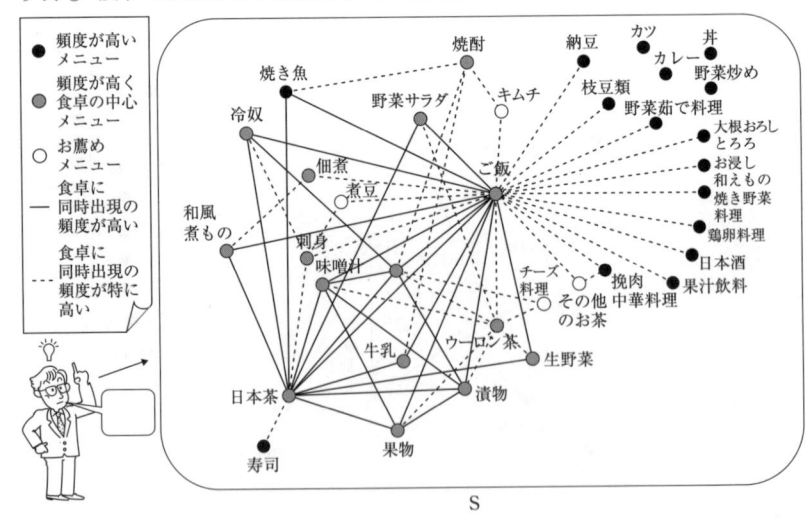

S

図6.13 関東一円における夕食消費のデータ（食マップ™[6.30]）から得たKeyGraphによるシナリオマップ

6.6 ■活性伝播法（Priming Activation Indexing：PAI）：コンテキスト遷移を見る

表6.1　グループインタビューの，各セグメントにおける活性語

Seg.	高活性語（その時点までに強く活性化）	鋭活性語（その時点で強く活性化）
16	(ワイン), 夏, (乳酸―飲料), 夏―時, いい, 手―巻き―(寿司), 野菜―サラダ, 皆さん, (ワイン)―入る, 真夏	暑い―時, 暑い, 料理, 来る
17	(ワイン), 夏, (乳酸―飲料), 夏―時, いい, 手―巻き―(寿司), 皆さん, 野菜―サラダ, (ワイン)―入る	暑い, 不快指数, 真夏, 料理
18	(ワイン), 夏, 湿気, (乳酸―飲料), 夏―時, いい, 時, 手―巻き―(寿司), 野菜―サラダ, 皆さん	暑い, (ワイン)―入る, 真夏, 不快指数
19	(ワイン), 夏, 湿気, (乳酸―飲料), 夏―時, いい, 時, 手―巻き―(寿司), 冬, 忙しい―時期	暑い, 野菜―サラダ, (ワイン)―入る, 真夏, 不快指数
20	忙しい, 忙しい―時期, (ワイン), 夏, 湿気, (乳酸―飲料), 夏―時, いい, 時, 作る	暑い, 野菜―サラダ, (ワイン)―入る, 真夏
21	忙しい, 忙しい―時期, (ワイン), 夏, 湿気, (乳酸―飲料), 日, 夏―時, いい, 時	寒い, 結構, (じゃがいも), 暑い, 行く―日
22	忙しい, 家, 忙しい―時期, (ワイン), 夏, 湿気, (乳酸―飲料), 日, 夏―時, いい	必ず, 寒い, ハイ, やっと―納得, ねぎ, 時, 結構
23	忙しい, 家, 忙しい―時期, (ワイン), 夏, 湿気, 忙しい―日, 出る―日, (乳酸―飲料), 日	(のり), 必ず, やっと―納得, ハイ
24	忙しい―日, 出る―日, 忙しい, 手間ひま―かける―日, 華やか, 家, 忙しい―時期, (ワイン), 夏, 湿気	(のり), 寒い, 手間ひま―かける―日, 華やか, 必ず
25	夏, 夏―時, いい, 手―巻き―(寿司), 真夏, (洋風), おすすめ―メニュー, 寿司, まあ―冬, (ワイン)―入る	(のり), 寒い, 日, 必ず
26	出る―日, 忙しい―日, 時間, 手間ひま―かける―日, 忙しい, 華やか, 家, 忙しい―時期, (ワイン), 夏	(のり), 湿気, 寒い, 日
27	出る―日, 日, 忙しい―日, 時間, 手間ひま―かける―一日, 忙しい, 華やか, 家, 忙しい―時期, (ワイン)	(のり), 湿気, 寒い
28	出る―日, 日, 忙しい―日, 時間, 出かける, 手間ひま―かける―日, ちょっと, 忙しい, 華やか, 家	(のり)
29	出る―日, 日, 時間―スーパー, 忙しい―日, 出かける, 時間, 手間ひま―かける―一日, ちょっと, 忙しい, 華やか	(のり), 家

………（後略：全体で約2時間続く）

　この会話を可視化した単語間の共起グラフ（KeyGraphにおける黒ノードと黒リンクだけを可視化したもの）を図6.14に示す．その上で会話全体をセグメントに分割し，各セグメントの共起グラフ上での位置を示したのが図6.15である．これによると，「不快指数」「湿気」「暑い」といった気象条件についての話題から，何のきっかけか「忙しい」「手間ひまかける」などといった主婦の時間のやりくりの話題に急に変化しているように見える．

　一体，どのような発言があったからこのように話題が変わったのだろうか？　この疑問は重要である．何らかの発言があって，主婦らがわざわざそれまでの話題から新

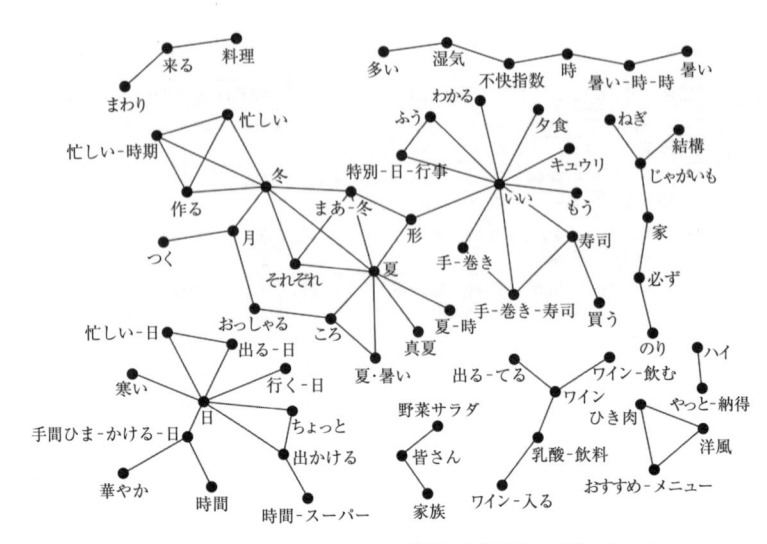

第6章 ■ フローモデルに基づくシナリオマップ

図 6.14　グループインタビューの結果を共起グラフで描いたもの

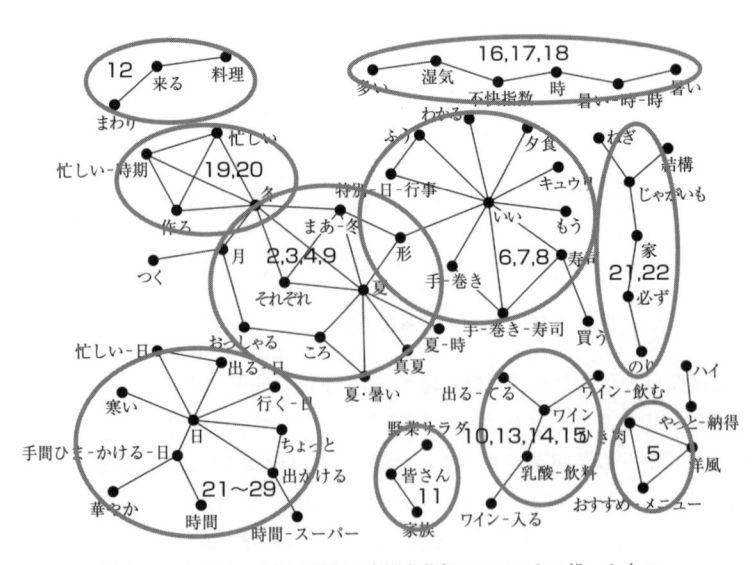

図 6.15　セグメント間の話題の変遷を共起グラフの上で描いたもの

6.6 ■活性伝播法（Priming Activation Indexing：PAI）：コンテキスト遷移を見る

しい話題に移るというのは，その発言が食卓をデザインする主婦にとって非常に重要な意味を持っているからである．

表 6.1 は，各セグメントにおける高活性語と鋭活性語を示したものである．この場合は，ある場面で出てきてすぐに消えた話題が新しい話題へと参加者らを遷移させたのであるから，そのときに出現した鋭活性語が何であったかに注目する．すると，「じゃがいも」「のり」という語が見出される．この語を含む発言を見ると，先にあげた会話例のうち，たとえば次の二つの発言がセグメント 21 に見い出される．

………

参加者 A　P は冬でも忙しい時期には，（じゃがいもで）ポテトサラダとかどーっと作っとけば．カレーライスも作っておけば，忙しい時期，作り置きができるもの．そうそう，忙しくて買い物に出たくない日がある（前掲一部を再掲）．

参加者 A　結局，のりも必ず家にもあるじゃない．そうすると，今日おかずがないから，寂しいから何か 1 品っていうことありますね（前掲の一部を再掲）．

………

すなわち，それまでは暑い季節についての話題が中心だったが，ここで参加者 A が「冬でも」と文脈を転換し，ちょうど話題にあがりかけていたじゃがいもを用いた「ポテトサラダ」という料理が主婦の味方になると主張する．彼女は，料理に手間をかけられないとき（忙しくて手間をかけたくないとき，あるいは買い物に出かけるのが億劫になる寒い冬）に，ポテトサラダならば作り置きができるという主張をしている．その後，話題は主婦にとっての作業効率の改善へと展開する．すなわち「ポテトサラダ」は，主婦にとって料理作業のコツをひらめかせる重要なアイテムだったのである．

PAI によって取り出される低頻度だが重要なキーワード，そしてそのシナリオマップ上での位置付けを可視化することにより，会話の参加者たちが既に口に出したにもかかわらず，その重要性に気づいていないチャンスを発見する手がかりが得られる．実際，希少な消費者の意見に注目した新商品開発やマーケティング戦略から新たな市場を切り開く事例が生まれており，チャンス発見コンソーシアム会員からも注目を集めている（http://www.chancediscovery.com など参照）．

参考文献

[6.1] 大澤幸生 監修『チャンス発見の情報技術』第1章「データマイニングの限界」東京電機大学出版局（2003）

[6.2] 小野智弘，本村陽一，麻生英樹「ユーザの個人性と状況依存性を考慮した映画推薦方式の検討」情報処理学会マルチメディア通信と分散処理研究会，情報処理学会（2005）

[6.3] 大澤幸生，谷内田正彦「仮説推論のコストに基づく協調による時系列の理解」人工知能学会誌，Vol. 12, No. 4（1997）

[6.4] Ghahramani, Z., "Learning Dynamic Bayesian Networks", In Giles, C.L., and Gori, M.（eds）" Adaptive Processing of Sequence and Data Structures, Springer, pp. 168-197（1998）

[6.5] Charniak, E. and Shimony, S.E., "Cost-based abduction and MAP explanation", Artificial Intelligence, Vol. 66, pp. 345-374（1994）

[6.6] Carver, N., Lesser, V., "A Formal Analysis of Solution Quality in FA/C Distributed Sensor Interpretation Systems", Proc. Int'l Conf. Multiagent Systems, pp. 11-17（1996）

[6.7] Swaminathan, K., "Tau: A Domain-independent Approach to Information Extraction from Natural Language Documents", DARPA workshop on document management, Palo Alto（1993）

[6.8] Porter, M.F., "An Algorithm for Suffix stripping", Automated Library and Information Systems, Vol. 14, pp. 130-137（1980）

[6.9] Ng, H., Mooney, R., "On the Role of Coherence in Abductive Explanation", Proc. AAAI' 90, pp. 337-342（1990）

[6.10] Matsumura, N., Ohsawa, Y., Ishizuka, M., "Influence Diffusion Model in Text-Based Communiation Poster", The Eleventh Conf. World Wide Web（WWW11）（2002）

[6.11] 松村真宏，大澤幸生，石塚満「テキストによるコミュニケーションにおける影響の普及モデル」人工知能学会誌，Vol. 17, No. 3, pp. 259-267（2002）

[6.12] 大澤幸生『チャンス発見の情報技術』第11章「活性伝播アルゴリズム～コンテキストの変化を捉えるテキストマイニング」東京電機大学出版局（2003）

■参考文献

[6.13] Luhn, H.P., "The Automatic Creation of Literature Abstracts", IBM Journal of Research and Development, Vol. 2, No. 2.159-165（1958）

[6.14] Smith, M., "Tools for Navigating Large Social Cyberspaces", COMMUNICATIONS OF THE ACM, Vol. 45, No. 4, pp. 51-55（2002）

[6.15] Spiegel, D., "Coterie：A Visualization of the Conversational Dynamics within IRC", MIT Master's Thesis（2001）

[6.16] 角康之，西本一志，間瀬健二「協同発想と情報共有を促進する対話支援環境における情報の個人化」電子情報通信学会論文誌，Vol. J80-DI, No. 7, pp. 542-550（1997）

[6.17] 村上明子，長尾確「ディスカッションマイニング：構造化されたコミュニケーションによるトピックの検索と視覚化」言語処理学会第6 回年次大会発表論文集，pp. 451-454（2000）

[6.18] Hobbs, J.R., "Literature and Cognition", Center for the Study of Language and Information, Stanford（1990）

[6.19] Okumura, M., Honda, T., "Word Sense Disambiguation and Text Segmentation Based on Lexical Cohesion", Proc. 15th International Conference on Computational Linguistics, pp. 755-761（1994）

[6.20] Salton, G., McGill, M.J., "Introduction to Modern Information Retrieval", McGraw-Hill（1983）

[6.21] Matsumura, N., Ohsawa, Y., Ishizuka, M., "Mining Mailing List Archives", Poster, The Eleventh Conf. World Wide Web（WWW11）（2002）

[6.22] 松村真宏，大澤幸生，石塚満「議論構造の可視化による論点の発見と理解」知能と情報（日本知能情報ファジィ学会誌），Vol. 15, No. 4（2003）

[6.23] Ohsawa, Y., Nara, Y., "Understanding Internet Users on Double Helical Model of Chance Discovery Process", Invited to talk in the 17th IEEE International Symposium on Intelligence Control（ISIC'02），Vancouver（2002）

[6.24] Salton, G., Singhal, A., Mitra, M., Buckley, C., "Automatic Text Structuring and Summarization", Information Processing & Management, Vol. 33, No. 2, pp. 193-207（1997）

[6.25] Morris, J., Hirst, G., "Lexical Cohesion Computed by Thesaural Relations as an Indicator of the Structure of Text", Computational Linguistics, Vol. 17, No. 1, pp. 21-48（1991）

[6.26] 松村真宏，大澤幸生，石塚満「語の活性度に基づくキーワード抽出法」人工

知能学会論文誌, Vol. 17, No. 4, pp. 398-406（2002）
[6.27]　Lorch, R.F., "Priming and Searcning Processes in Semantic Memory", J. Verbal Learninig and Verbal Behavior, 21, pp. 468-492（1982）
[6.28]　阿部純一 他『人間の言語情報処理』サイエンス社（1994）
[6.29]　Collins, A.M., Loftus, E.F., "A Spread Activation Theory of Semantic Processing", Psychological Review 82, pp. 407-428（1975）
[6.30]　斉藤隆「ニッポンの食卓の新・常識食のデータベース「食 map」が明かす」日経 BP 社（2005）

第7章

ポテンシャルモデルに基づくシナリオマップ

7.1 ■多階層シナリオマップとしてのポテンシャル場

まず，第3章における定義3.2を次のように拡張する．

定義 7.1

多階層シナリオマップとは，四つのデータの組 $(\Delta_j, \Delta_{j+1}, \sigma_j, \sigma_{j+1})$ で表される二階層シナリオマップを，1から階層数Λまでのjについて束ねたものである．ここで，

Δ_j：レベルjのシナリオの集合

Δ_{j+1}：レベルjのシナリオの集合

σ_j：Δ_jのシナリオの間にある相互関係の強さの値の集合

σ_{j+1}：Δ_{j+1}のシナリオ間にある相互関係の強さの値の集合

とする．ただし，初期条件としてΔ_1をレベル1のシナリオの集合，すなわち事象または行動の集合とし，定義3.2においてΔ_2をΔ_1から構成したのと同様に，Δ_{j+1}はΔ_jから構成するものとする．

このような拡張に基づいて，一画面の中に$\Delta_1, \Delta_2, \cdots, \Delta_\Lambda$（$\Lambda$は多階層シナリオマップの階層数）を同時に表示することができれば，ユーザは環境中のシナリオを局所大局から考慮できるようになる．しかし，このような多階層シナリオマップをネットワークモデルで表現するならば，ユーザは多層に重ね合わされたネットワークの複雑さを理解することができなくなるであろう．

そこで，一つの新しい概念を取り入れる．この新しい概念が，各事象のポテンシャルエネルギーである．ひとつのシナリオに含まれるすべての事象は，ある生起確率を有する．特に下位レベルにおいて頻度の高いシナリオは，様々なシナリオの基本的な構成要素（島内の事象）となるので，高い生起確率を持つ．ここで，事象Xの生起確率$p(X)$に対して，Xのポテンシャル値Eが気体分子のボルツマン分布にちなみ

(これについては7.3節で後述)，

$$E = -\log p(X) \tag{7.1}$$

と与えられることを仮定する．すなわち，確率値の高い事象はポテンシャル値が低いとする．また，事象の確率値は，その生起する共起単位（文章における文，あるいは購買データにおけるバスケット）の個数をデータ中にある共起単位の個数で割ったものとなるが，このうち，分子のばらつきは事象によるばらつきが非常に大きくなる傾向がある．そこでこの差を，ポテンシャルの計算において対数をとることによって緩和するのである．

このようにして，シナリオマップ上の各事象のポテンシャル値の高さを用いてポテンシャル分布を描くと，等高線図のような図となる．たとえば，図3.6に相当するポテンシャル図は，図7.1のようになる．すなわち，実際には図3.6のように点で表現される事象Xがほかの事象と線で結ばれているのではなく，事象Xと近いポテンシャル値，すなわち事象Xと近い生起確率を持ち，しかも事象Xと高頻度で共起する事象が事象Xの近傍で分布していると考えるのである．

すると，事象Xの確率値が高い，すなわちポテンシャル値が低い場合にはその近傍にも同様にポテンシャル値の低い（言い換えれば安定した）状態に相当する事象が分布することになる．図3.6の一つ一つの「島」がそのようにして集まった事象の集

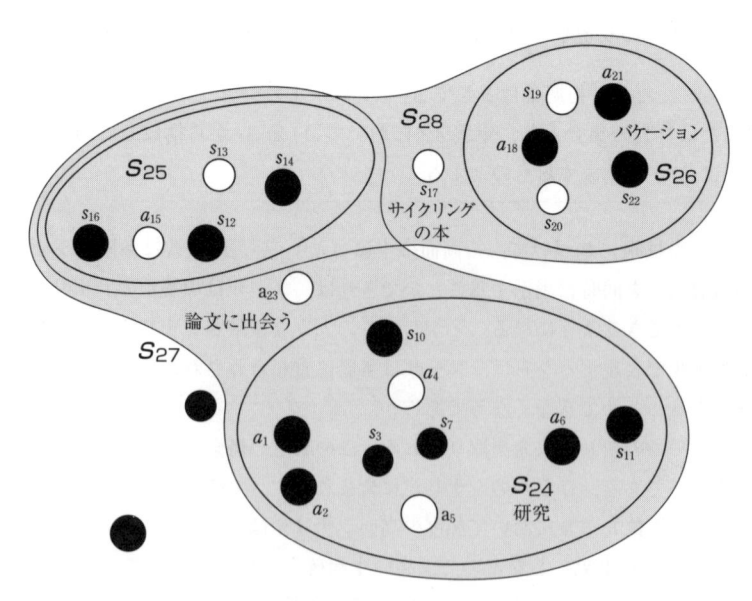

図7.1 ポテンシャルモデルによるシナリオマップ（図3.6との比較を推奨）

合であり，図 7.1 の色の濃い領域もこれに相当する．すると，ポテンシャル値の低い事象の領域がある面積を占めることになるが，これが定義 7.1 におけるレベルの低いコンテキストにおおよそ相当する．一方，レベルの低いコンテキストは，ありふれたシナリオに相当する．

このようなポテンシャルモデルに基づくシナリオマップにおいては，j の低い $\varDelta_j$ が低いポテンシャル値の等高線として表され，j の高い $\varDelta_j$ が高いポテンシャル値の等高線として表される傾向となる．

ありふれたシナリオを包む少しレベルの高いシナリオは，図 7.1 では，色の濃い領域を包む少し色の薄い領域として描かれている．さらに色の薄い領域は生起確率の低い事象の領域であるが，特に色の濃い領域同士を橋渡すような色の薄い（したがってレベルの高い等高線に近い）領域が，低いレベルのシナリオ同士を結びつける橋の役割を果たす．すなわち，ここで各領域の色が表すレベルというのは，シナリオマップ上の領域を結び付けて新しいシナリオを生み出す強さに相当する．図 7.1 の一部を横から見て，縦軸にポテンシャル値をとってみると，図 7.2 のようになる．

図 7.2 において，共同研究者との議論としばしの休息からなる忙しい出張中は，S_{25} というシナリオに完全にひたっている状態である．この S_{25} はポテンシャル値が低いので，このシナリオから抜け出そうとして様々な活動をしてみても，結局忙しい議論の場に戻るばかりである．それはそれで良いことであるが，そんな S_{25} の合間にも，休憩時間に書店でサイクリングの本に出会う．これは出張中にはめったにない出来事（めったにない事象はいろいろある）のひとつであるが，この出会いを経て S_{26}，すな

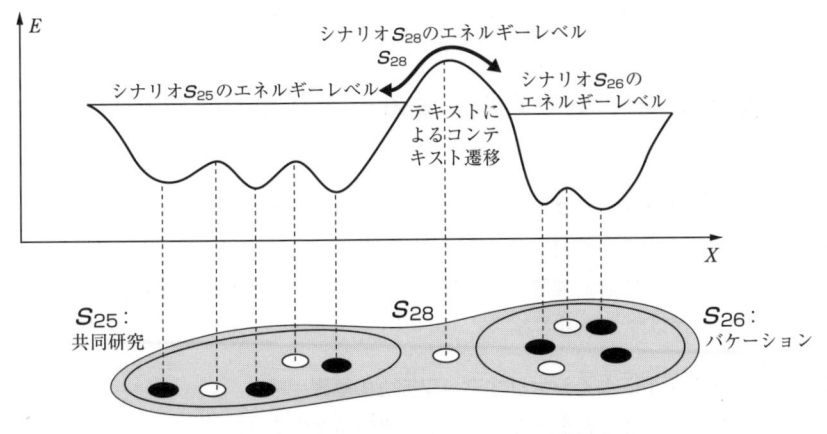

図 7.2 ポテンシャルモデルにおけるコンテキスト遷移とチャンス

わち休日のサイクリングに出かけることになる．

実は，ここで S_{25} と S_{26} という二つのシナリオの間にある白ノード（s_{17}：サイクリングの本）は，以下の二つの条件を備えている．

① S_{25} のシナリオを経験する結果であり，かつ S_{26} の原因となる．すなわち，下位のシナリオを関連づける媒体となっている．この白ノードがなければ，定義 2.1 で言えば「書店に行く」「サイクリングの本を見つける」「研究の議論，サイクリングに行く」というコンテキスト間の関連性が非常に小さなものとなり，チャンスを見い出すことができないところである．すなわち，白ノードはこの場合のチャンスということになり，KeyGraph における赤ノードに対応する．

② この後，すなわちサイクリングの本を見つけた後には，二つのまったく異なる選択肢が可能である．一つはサイクリングに行くこと，もう一つは，自転車はさておき，研究室に戻って議論を再開することである．すなわち，この二つの選択肢の効用が大きく異なるならば，式(2.1)における value s_{17} は大きくなる．ここで，サイクリングに行く方が良いか，研究を進める方が良いかは本人の関心に依存するため，シナリオマップを本人が眺めることでチャンスの value を主観的に評価（客観的指標で計りにくい個人的な満足を得るため）できることが有効となるのである．

さらに，「サイクリングの本」がもしもっと身近にあれば，白ノードの生起確率が増加し，図7.2 の S_{28} の山になっているポテンシャル値は下がることになる．これは，S_{25} から S_{26} に遷移することが一層容易となることを意味している．この性質を利用すると，シナリオマップ上の各領域のポテンシャル値を制御することによって，実際に起きる様々なシナリオのシミュレーションを行うことも可能となる．

7.2 ■ポテンシャルモデルによるシナリオマップの描画アルゴリズム

ここに示すシナリオマップの描き方は一例であり，実用性よりもむしろポテンシャルモデルというものを多階層シナリオマップとして，これまでに述べたネットワークモデルと関連付けて読者が理解できることを目的として示すものである．より発展的な描き方は 7.4 節以降で解説する．

ポテンシャルモデルによるシナリオマップ描画の基礎手順

① （初期設定）j を1，d_j を十分大きな正の実数値とする．

② 等高線の深さ d_j について，$\exp(-d_j)$ 以上の生起確率 $p(X)$ を持つアイテム X のすべてを黒ノードとし，黒リンク数 M_2 が黒ノード数 M_1 に等しく設定された KeyGraph KG_j を生成する．このとき，各アイテムの確率値は，その生起する共起単位の個数をデータ中にある共起単位の個数で割ったものとする．赤ノード数 M_3 は 0 とする（すなわち，KeyGraph のクラスタ描画機能のみを用いることになる．KeyGraph では，共起関係の強いアイテムを図中で近くに位置させるようにバネモデルを適用するので，アイテムを表す各ノードの絶対座標は意味を持たないが，ノード間の距離は意味を持つことになる）．

③ KG_j の中の各島を囲む閉曲線をそれぞれ引き，これを第 j レベルの等高線とする．ただし，これらの閉曲線は直前までに引いた閉曲線と交点を持たないように引くものとする．そのように等高線が描画できない場合は，KG_j について引いた等高線をすべて削除し，d_j を十分小さな値 δ だけ増やして①に戻る．

④ d_j を δ だけ増やした値を d_{j+1} とし，j を 1 だけ増やして①に戻る．

①は，初期レベルのシナリオを包む曲線を描画するための初期設定である．②において，該当レベルのシナリオを包む曲線を描画する骨組みとして，そのレベルに対応して作成された KeyGraph の島々が作成される．ここで，データ中の各アイテムは，作成されるポテンシャル場において位置を占めるものとなるので，式(7.1)からそのポテンシャル値が求められる．③においては等高線が描かれるが，等高線であるためには他の等高線と交わらないようにする必要がある．もしここで，低いレベルの等高線と交わったり，低いレベルの等高線と同じクラスタを包む等高線が存在する場合は，KeyGraph の島々がまだ小さく形成されているものと見なし，島々を拡大するために②に戻る．

このようにして描かれる等高線図において，Δ_1 と σ_1 は定義 7.1 で与えられ，Δ_2 以上の階層は次のように与えられる多階層シナリオマップとなる．

- Δ_j：Δ_{j-1} 内のアイテムおよび σ_{j-1} における閉曲線と閉曲線の間にあって橋の役割を果たすアイテム包含する集合
- σ_j：Δ_j の要素間における相互関係の強さ．同じ閉曲線に含まれるアイテムが高い相関関係を有する．

7.3 ■ポテンシャルモデルにおけるビジネスチャンス発見

ある集団があって，そこに属する人々は洋食あるいは和食の朝食を好んで食べるとしよう．その人たちは，よほど強い動機付けがない限り，自分の馴染みに固執する．

すなわち，和食に馴染んだ人は明日も和食の，洋食に馴染んだ人は明日も洋食系の朝食をとる．

しかし，自分の食生活にバラエティを持たせようとする非常に強いエネルギーが加われば，話は別となる．例えば，高級ホテルに泊って一食1,000円のバイキング形式の朝食を選ぶと，そこには普段食べている洋食と，普段は食べない和食系の高級食材を使った朝食が並んでいる．すると，この機会に和食にも手を出しておこうとするだろう．

しかし，もう少し日常的な状態でも，食生活にバラエティを持たせることは可能である．簡単に言うと，それは和食と洋食の間にある壁を取り払うことである．洋食を食べて馴染んでいる人に丸ごと食べられる干し魚の良さを教えて，それが納得してもらえるならば，そこを契機として焼き魚なども食べてもらうようにしていく．この二つの方法は次のようにまとめられる．

a：バラエティを求めるエネルギーを消費者らに与える．
b：まったく異なるように見える商品群を結ぶ橋となるアイテムを安価に提供したり，あるいは消費者にわかりやすい位置に置いたりする．これは，図7.3における「洋食」島と「和食」島を消費者が気軽に行き来できるようにすることにあたる．

ポテンシャルモデルに基づくシナリオマップでは，これらの操作について一枚の絵の上で考えることができる．先述のようにポテンシャルモデルのシナリオマップを二次元平面上の等高線図に描くと，ここにおける深い谷のようにポテンシャル値の低い領域は，生起しやすい事象の集合状態を意味する．例えば図7.4上図において，「焼魚」「ライス」などは多くの消費者が頻繁に購入するアイテムである．ここでの対象は消費者であって，「焼魚」「ライス」などはポテンシャル値の低い商品，すなわち頻繁に購買されやすい商品を表す．一方，干し魚は，「焼魚」「ライス」などの和食の谷と「ヨーグルト」「パン」などの洋食の谷の間にあって，どちらか片方の状態にある消費者がもう片方の谷に移動する上で乗り越えなければならない尾根にあたる．図7.3でいえば，位置エネルギーの低いところ（谷）にいる人々が別の谷に行くためには，相当な労力が必要であることになる（E_1からE_2へと，エネルギー準位を上げることに相当する）．

この，「干し魚」に相当するものが，KeyGraphでは赤ノードである．図7.4の下図は，上図のポテンシャルモデルに相当するKeyGraphである．ここで，和食と洋食の島と，両者を結ぶ道を阻む尾根（「干魚」）を見い出すことができる．逆の言い方をすれば，KeyGraphにおける赤ノードは，ポテンシャル場における尾根に相当す

7.3 ■ポテンシャルモデルにおけるビジネスチャンス発見

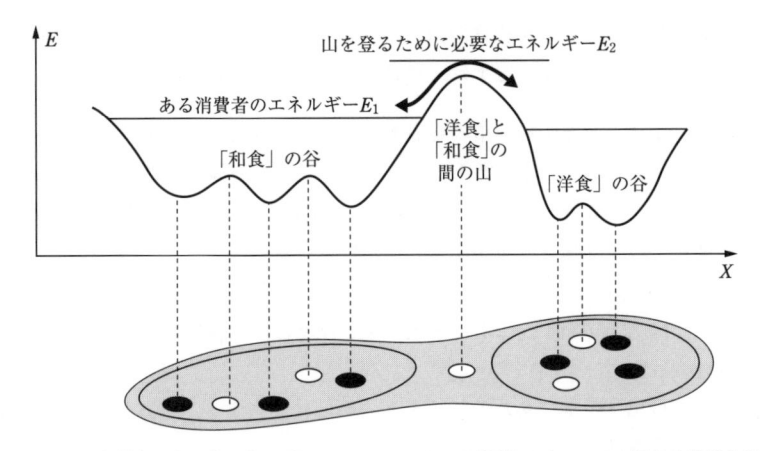

図 7.3 山を越えるということ：ポテンシャルモデルでビジネスチャンスの捉える単純な例

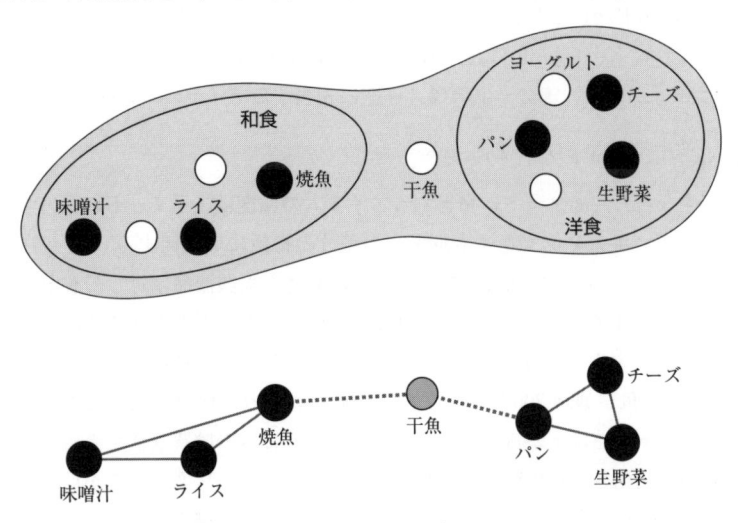

図 7.4 ポテンシャルモデルと KeyGraph

る．特にチャンス発見のためには，図 7.3 におけるいずれかの谷から尾根を越えることが必要となる（ひとりひとりの消費者に好みを変える説得を行うのは効率が悪いので，洋食党の人に和食をいきなり勧めることはしない）．尾根を越えるためには，消費者のエネルギーをポテンシャル場に対し，図 7.3 の E_1 と E_2 の差分だけ上げることが有効となる．そのためには，下記のいずれかの方法が考えられる．

① 消費者のエネルギー，すなわち様々な商品への購買欲を高める手を打つ．

② 消費者が無理なく洋食と和食の両方に手を伸ばせるように，二つの谷の間の尾根のポテンシャルエネルギーを下げ，洋食から和食への移行障壁を弱める．

上のようにポテンシャル場で市場を表すと，チャンス発見的なマーケティング戦略を考えるヒントを得ることができる．ここで，ポテンシャル場における各状態 s が実現される場合のエネルギー E と，その状態の生起確率 $p(s)$ の関係を考えてみる．この確率に関してボルツマン分布が成り立つと仮定すると，

$$p(s) = \alpha \operatorname{Exp}(-\beta E) \tag{7.1}$$

となるので，図7.3の谷間 s_1 にある事象の生起確率は，大雑把には

$$p(s_1) = \alpha \operatorname{Exp}(-\beta E_1) \tag{7.2}$$

となり，これは黒ノードにあたるアイテムの頻度に該当する．一方，図7.3の尾根 s_2 にある事象の確率は

$$p(s_2) = \alpha \operatorname{Exp}(-\beta E_2) \tag{7.3}$$

となり，これは KeyGraph における赤ノードにあたるアイテムの頻度に該当する．式(7.2)と式(7.3)から，赤ノードと黒ノードに相当するアイテムの頻度の関係は，

$$\frac{p(s_2)}{p(s_1)} = -\operatorname{Exp} \beta (E_2 - E_1) \tag{7.4}$$

となる．すなわち，赤ノードに相当するアイテムの頻度は，黒ノードに相当するアイテムに対して，ポテンシャルエネルギーの差分の指数に反比例する（E_2 が高くなると減少する）．ここでの E_2 や E_1 の高低は，消費者が当該商品に対して有する購買意欲の低高に相当する．例えば，2,000円なら買いたいと思われる本を 1,000円にすればその本は完売するであろうし，逆に 3,000円にすれば客の購買意欲は後退する．また，図7.4の干魚が通常 300円のところを 200円にすれば購買意欲は増大し，その領域のポテンシャル値は下がることになる．このように客の購買意欲を価格の関数で表すと，価格を変化させた場合にシナリオマップがどのように変形するか可視化することができ，消費者行動のシミュレーションが可能となる．例えば，二つの谷の間にあった山が価格調整によって平地となれば，一般消費者は両方の谷を行き来することができるようになり，それだけバラエティに富む購買行動をとるようになる可能性が高くなると考えられる．

このようにして，ポテンシャル場に基づく考えによれば，赤ノードに相当するアイテムのエネルギーをどのくらいに調整すれば，そのチャンスのおかげで消費者たちが谷間から他の谷間に及ぶ優良顧客になって行くかを見積もることができるようになる．

7.4 ■単純化したポテンシャルモデルとその応用例

上記のようにネットワークモデルのシナリオマップに基づいてポテンシャルモデルを考えると，KeyGraphのようなネットワークモデルによるシナリオマップと同様のデータを可視化できる点で，実用的な可視化技術を得ることができる．特に，2層のシナリオマップをポテンシャルモデルで表現するだけであれば，KeyGraphをはじめに描画した上で，稲葉らによる次の手続きによって近似的に簡易版のポテンシャル図を書くことも可能である[7.1]．このような単純なポテンシャルモデルでも，ポテンシャルの谷間の深さに図7.5のように時間情報を反映させることによって，KeyGraphにおけるいくつかの赤ノードのうちから真の橋を把握する効果まで発揮される．

徘徊型ポテンシャルモデルによるシナリオマップの描き方

データ中の共起単位（5.1節のDにおける各行）の出現順に，その共起単位に含まれるアイテム対にあたるKeyGraph中の線分を半透明の楕円で覆う．このとき，新しい楕円を描画するたびに直前までに描いた楕円の透明度を一定度合だけ上げる．

この描画方法では，本質的な橋であるような赤ノードの上に楕円形の跡を残して行く（図7.5）．しかし，本質的な橋ではなく，接しているいくつかの島から別々のルートで楕円形がその赤ノードに到達する場合には，楕円の跡は赤ノード上に残りにくい（図7.6）．

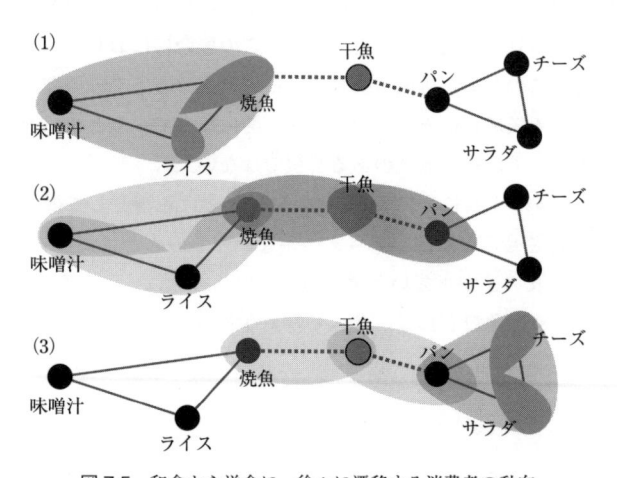

図7.5　和食から洋食に，徐々に遷移する消費者の動向

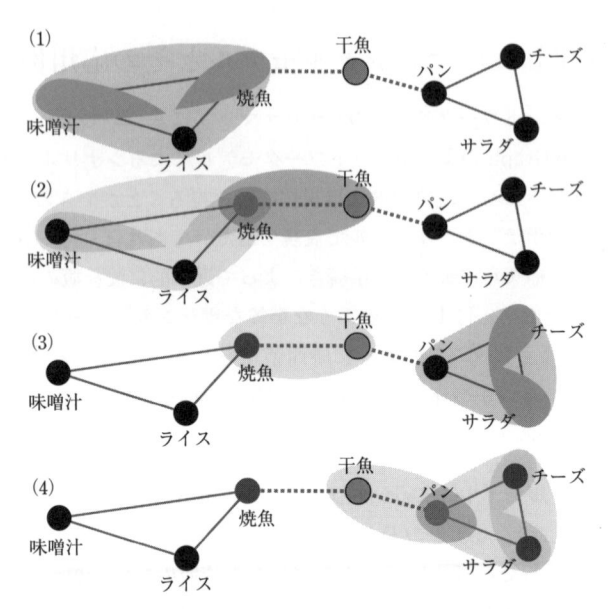

図7.6 和食と洋食の両方から別々の消費者が干魚に関心を寄せていく場合

　図7.7は，第5章に述べたレトルト商品のテレビCMに関するアンケート調査の結果を可視化した結果である．この図は，自由文による回答を短い順に並べ替え，上位の回答から順に前記の徘徊型の描き方でポテンシャルモデルによるシナリオマップを描画したものである．この図の元となったKeyGraphでは，上半分が対象商品にあまり印象を感じないという回答者層であり，下半分は食べてみたいと思った回答者層である．自由回答の長さが長い回答者の方が，この場合にはおしなべて商品に対し好感を持っていた．このため，徘徊型描画によって上半分と下半分の間にある領域のうち，色の付いている領域は徐々に消費者が好意的になっていくときに通過する回答であると解釈しても，それほど無理のある解釈ではない．

　実際，図7.7右下の「感じる」は，KeyGraphにおける橋として得られたが，ポテンシャル図を混在させると，薄い色さえつかない．このことによって，「コマーシャルに出演している女の子が可愛いと感じる」という経験は，色の濃く残った「手軽」や「面白い」と言う印象ほどには，食べてみようという関心に結びつかないことがわかる．

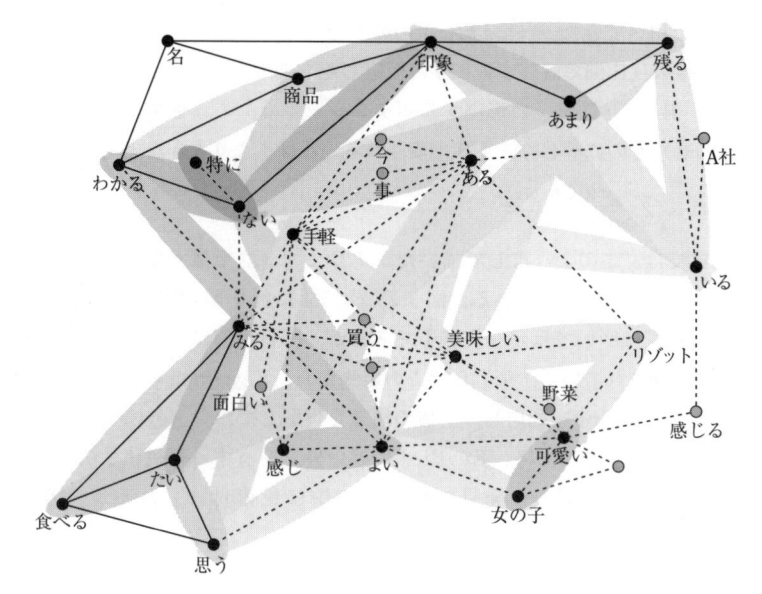

図 7.7　徘徊型ポテンシャルモデルによるシナリオマップの例：自由回答アンケートデータについて得られたもの．

7.5 ■ KeyBird：ポテンシャルマップを鳥瞰する

　KeyBird では，まずデータからグラフを KeyGraph により描画し，その上のノードに適当な高さの山を描画するというアルゴリズムによってポテンシャルモデルによるシナリオマップを描く．この場合，本来のシナリオマップとは各領域の高低が逆転する．すなわち，頻度の高い事象はシナリオマップ上で高い山となり，頻度の低い事象は谷となる．このようにする理由は，KeyBird はポテンシャルモデルにより描かれるシナリオマップをユーザに見せるインタフェースとして開発された手法だからである．頻度の高い事象やその塊は普段から目立つ事象であるので，ユーザの直感的な理解と一致させるためには高度を高くすることが適切となるのである．

　ここでは，頻度 w_n の単語 W_n がある点 x に作るポテンシャルを

$$\phi(x) = \frac{-\log p(w_n)}{(1+r_n^2)^{1/2}} \tag{7.5}$$

　　　r_n：点 x と単語 W_n の平面上の距離

と与えている．この関数は，$r \to 0$ においては $f \to -\log p(w_n)$ であり，$r \to \infty$ のときは $f \to -\log p(w_n)/r_n$ である．このポテンシャル関数は，単語の位置においてはこれ

までに本章で用いてきた，$-\log p(w_n)$ の高さをとり，単語の位置から離れるにしたがって，距離の反比例で減衰するように仮定したものである．

単語 $W_1 \sim W_n$ が，位置 x に形成するポテンシャルは，これをすべての単語について足し合わせたものに等しく，下式で表される（α は 1 より大きな実定数）．

$$E(x) = \sum_{k=1 \sim n} \frac{-\log p(w_k)}{(1 + r_k{}^\alpha)^{1/\alpha}} \tag{7.6}$$

KeyBird では，このようにして描いたシナリオマップを様々な角度から鳥瞰することができるようになっている．図 7.8，図 7.9 に例を図示する．KeyGraph と KeyBird の比較については現在実験中であるが，両者の間には以下のような長短がこれまでに指摘されている．筆者らはこの結果から，KeyGraph の複雑さに慣れないユーザがまず KeyBird を利用し，全体の構造を理解してから KeyGraph を用いるというプロセスを推奨している．KeyBird に近い外見を有する可視化手法は従来にもあったが [7.2]，このように発見プロセスの中に位置付けられるツールとして KeyBird の意義がある．

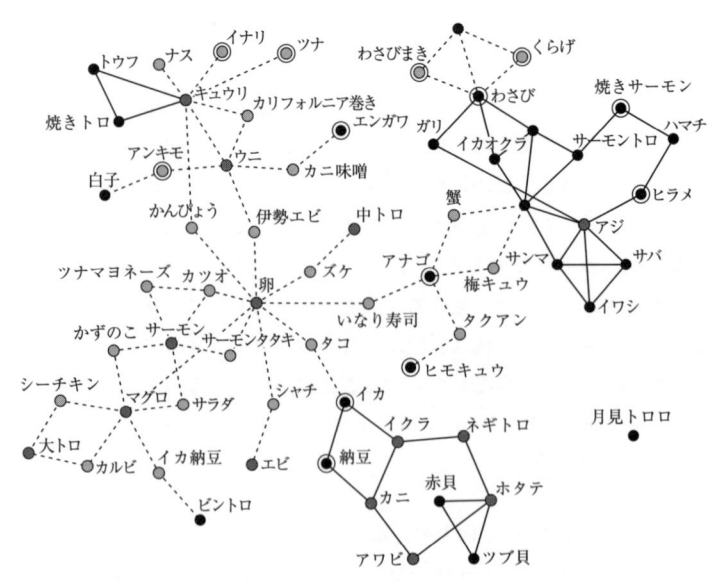

図 7.8 KeyGraph と KeyBird の比較①：「好きな寿司ネタを挙げよ」というアンケート結果を可視化した結果（口絵 2）

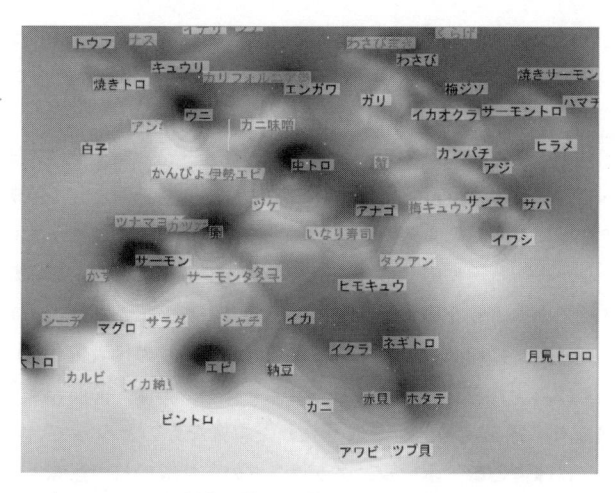

図 7.9 KeyGraph と KeyBird の比較②：「好きな寿司ネタを挙げよ」というアンケート結果を可視化した結果（口絵 3）

表 7.1 KeyGraph と KeyBird の比較

	KeyGraph	KeyBird
長所	・アイテムの繋がりが詳細に表示され情報が豊かである ・あるレベルのシナリオマップに限定したとき，橋に注目する意識が高くなる	・形状が単純なので受け入れやすい ・アイテムの人気度が高さとして表示され直感的に把握しやすい ・領域と領域の関係がコンテキストレベルで把握しやすい
短所	・形状が複雑でわかりにくくなることがある ・細部にとらわれて，全体を把握しにくいことがある	・アイテム間の構造についての情報が捨象され，橋付近の関係が見えにくいことがある

7.6 ポテンシャル場で表すチームワーク：ラグビーを例に

　ビジネスシーンにおいては，案件の内容や状況に応じて専門的な知識や技能，ネットワークなどを有した人的リソースを企業内外から参集させ，適切なフォーメーションを構成することが必要となる．このようにして，プロジェクト単位でゴールに向かってビジネスを展開する．しかしこれは，必ずしも容易なことではない．プロジェクトマネジメントの重要性が強調される所以である[7.3]．

　現実的なビジネスシーンにおいては，各人の専門分野という基本的な担当領域を意識しつつ，時々刻々と変化する環境・状況に応じてプロジェクトのメンバーがそれに留まらず，複数の役割を担うことも求められる．こうしたプロジェクト型のビジネス

においては，常に変化する状況の中で臨機応変に対応可能なフォーメーションを構成すること，つまり有機的なフォーメーションが大きな鍵を握り，チャンスをつかむ（または逃す）ということに直接的・間接的につながってくる．

こうしたプロジェクト型ビジネスにおけるフォーメーションをそのまま扱うと本章が膨大になってしまうので，以下ではこれに近似した問題を例として，チームワークをポテンシャル場によってとらえた例を示す．各人の基本的な役割があらかじめアサインされていながら，状況に応じてその役割を変えていくことが求められ，それらの動きを連続させていくような例，そう，スポーツである．ここでは，メンバー全員で所定の目的（ゴール）に向かっていくチームスポーツ競技の代表例ともいえる「ラグビー」を取り上げた．ただし，この例でのポテンシャル場は，前節のような重力場に近いものと異なり，電磁場モデルを取り入れた複雑なものとなっている．この理由は，ラグビーには味方と敵，ボール，グラウンドの各位置の持つ意味とルールが絡み合い，重力場ほど単純にモデル化できないからである．

チームスポーツにおいてチームワークが重要であることはいうまでもない．ボールの近くの選手だけでなく，ボールから離れたところでもチームに対して各選手が戦略的に貢献することが重要である．このチームにおける戦略に参画する選手らの貢献をチームワークと呼ぶ．ビデオ映像から集団の動作を計測し，その集団行動の知識を発見しようとする試みがいくつか行われている[7.4]．しかし，スポーツのチームワーク観察においては選手個々の動きの認識に留まっており，選手の動きの総体としてのチームワークを評価するのは困難であった．本章では，実際のスポーツ映像から得られる選手のフォーメーションに基いたチームワークの評価を行うために，ポテンシャル場による分析を試行する．チームワークを定量評価し，戦略改善に役立てる手法を知識発見に応用することを試みる．

ここで提案するポテンシャル場は，集団の中で各個人が作る一種の勢力範囲を構成単位としており，全体の場は映像から得られる各選手のフィールド上での位置および相互の位置関係から決定されている．ここでは，2002年12月21日に国立秩父宮ラグビー場（東京都港区）で行われた第55回全国社会人大会予選プールD組2回戦，セコム対コカ・コーラウエストジャパン（以下CCWJ）を題材とした．フィールド全体を俯瞰的に撮影できる同ラグビー場の観客スタンド最上段にビデオカメラを固定的に設置することによって，研究対象とする映像データの収集を行った．また，本取材に先立ち，2002年11月9日に埼玉県営熊谷ラグビー場（埼玉県熊谷市）で行われた第82回全国高校ラグビーフットボール大会埼玉県予選準々決勝，行田工業高校対熊谷工業高校戦を題材に予備解析も行った．

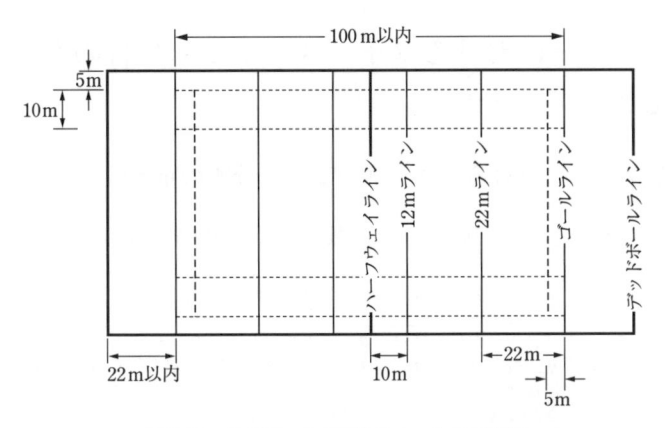

7.6 ポテンシャル場で表すチームワーク：ラグビーを例に

図 7.10　ラグビーの競技用フィールドの規程

図 7.11　本章での定式化に利用したグリッドの例

　収集した素材をデジタルデータ（MPEG 形式）に変換し，この中から，試合の局面が大きく展開した五つのシーンを静止画像として切り出し，図 7.11 にあげるようなグリッドを，図 7.10 のラグビーフィールド上で規定した．
　本章は，ポテンシャル場による分析がチームワークの定量評価と集団行動を決定する知識発見に応用されうる可能性を示し，ラグビーのようなチームプレースポーツのシーンのみならず，将来的にはマーケティングやプロジェクト型ビジネスの遂行においても示唆しうるものであることを示すことを目的とする．

7.7 ■ラグビーにおけるフォーメーション分析のための定式化とアプローチ

7.7.1 ■ラグビーにおけるフォーメーション分析の重要性

実際のラグビーの試合（熊谷ラグビー場，秩父宮ラグビー場）と関連映像を観察

表7.2 実際のラグビーの試合の観察結果

観察1：コミュニケーション	試合中のかけ声には，コンテンツとしての意味が有るものと無いものとがあり，後者（「頑張れ！」など）が大半である．録音して残る程の大声では相手に伝わってしまうので，意味あるコンテンツは小声になって，試合中に録音されて残る音声データの中での抽出は困難．
	意味のある声は，稀にリーダー選手から発せられる声と，これを全体に伝えていく比較的頻度の高いサブリーダーの声からなっている．この情報伝達における信頼感が，強いチームの特色である．
観察2：試合中のプレーコンセプトとフォーメーションの修正	リーダーの声は，選手間の距離すなわち空間的フォーメーションの理解に基づいているものが多い．強いチームは，このリーダーの理解力が高い．リーダーからの意味あるかけ声の大半は下記の2種類のタイプからなる． ・ゲームパターンのコンセプトを伝えるためのかけ声（「前で抑えろ」「作るところは作れ」など）で，比較的長期的な戦略を与えるもの ・プレー中のフォーメーションの乱れへの短期的な修正を促すかけ声．長期的な戦略は，全体の動きが見渡せるフルバック等の選手から出る場合が多い．短期的な戦略については，各ポジションのリーダーから出ている． このように指示系統は階層性を有する．又，下の特徴が見い出された． ・長期的指示はアウトオブプレーの際に発せられること，長距離の意思疎通のために言葉とそれを表すジェスチャを伴うものが多い．ここで指示される長期的戦略指示は，言葉としては概念的であるが，各状況でチーム構成員にとって具体的な意味を持つ． ・強いチームのリーダーには，プレーのリスタートの時点で，後ろor横歩きを行い，自身のポジションを検討する行為が観察される ・試合中断時のミーティングでは，選手間でどのような距離で意見を伝え合うかが，そのチームの勝敗に強く依存する．強いチームはここで適度な粒度で具体的な内容の合意形成を行うので，試合再開時のフォーメーション編成は適切で迅速である．
観察3：フォーメーションとチャンス	パスによるボールの移動，スクラム地点の移動には多くの場合に定番の秩序があるが，そういう秩序立った移動の中からトライのきっかけが生まれることは極めて稀である．そのひとつの原因は，相手に動きを予測され阻止されるためである．逆に，極端に秩序が崩れる場合はいずれのチームのリーダーもフォーメーションが理解できないので，やはりトライに結び付きにくい．
	基本的には，インプレーに入った直後の第1次攻撃・守備には，完全に定式化されたプレーが見られ，第2次攻撃，第3次攻撃においては，不確実な要素が非常に大きく（第1次攻撃から第2次，第3次の攻撃の型を予測するのは不確実性が大きく無理），先の大まかな型（コンセプト）に基づいたプレーを行っている．
観察4：	フォーメーションの定型的な秩序として，ボール周辺の人垣から離れて，人垣から抜け出てくるボールを受ける選手が数名控えている．また，強いチームでは，これらの人と人垣の間にゆらぎのある弱紐帯が見い出される．

し，その競技としての特徴を抽出した（表7.2）．観察結果を総括すると，下記のような2点に集約される．

・ボールゲームとしては15人と編成が大きく，集団行動を規定するコンセプトとその修正（コミュニケーション）がゲーム展開上重要な要素である．
・人が移動することでボールを運び，相手側のゴールにボールをグラウンディング（トライ）することで得点するという競技特性から，選手のフォーメーションによりゲームの展開が決定されるフォーメーションセントリックな競技である．

これらの観察結果より導かれる下記仮説を，実際のラグビー試合のフォーメーションを分析することによって以下で検証する．

仮説1
　選手の形成するフォーメーションにしたがってボールは移動する．ある時点のフォーメーション解析により，ゲーム展開（ボール展開）の予測が可能である．

仮説2
　チャンスは，あるフォーメーション（魚鱗型等の攻守に強いフォーメーション）のパターンが形成されているときに発生する．したがって，攻守のフォーメーションのパターンによりチャンスについての先見が可能となる．

なお，これらの仮説を検証することの目的は，実際の試合において，実時間でポテンシャルモデルによってチャンスを先見することではない．試合のペースは速く，コンピュータの出力をもとにチャンスを追うという余裕はない．ここでの目的は，ポテンシャルモデルに基づいてラグビーというチームスポーツにおけるチャンスをとらえることができるかどうかを調べ，ポテンシャルモデルの記述力の一端を示すことにある．

7.7.2 ■ラグビーにおけるポテンシャルモデルの概要

スポーツにおけるフォーメーションを定式化するためのモデルとしては，サッカー競技を対象とした，平面R^2を勢力圏に分割する手法であるボロノイ線図[7.5]や，選手の到達時間で定式化した優勢領域をベースとした解析[7.6]が試みられた．これらの手法は，個々の選手間の運動方程式に基づく単位時間に移動可能な空間を勢力範囲とし，この勢力範囲の多寡により，チームとしての連携の強さ（チームワークの強さ）を定量化し，空間的なチームワークの優劣の判定をすることが可能となる．

一方，チャンス発見においては，次の展開においてボールがどのように移動する可能性があり，ゲームをどのように展開することができるかを説明することが目的とな

る．また，ラグビーはタックル，スクラム，モール，ラックなど選手とボールの動きが独特であり，必ずしも移動可能な距離＝勢力範囲とならないという性質がある．また，攻撃手段がサッカーのように味方の勢力範囲にボールを投入するというものでなく，ボールを保持した選手と近接する選手間のパスにより成り立つという競技特性を考慮することが重要となる．

ここでは，ラグビー特性にあったフォーメーションの優劣（チームワーク）を評価するための新たな定式化手法として，ポテンシャルモデルに基づいてラグビーグラウンドをシナリオマップとする定式化を試みた．

7.7.3 ポテンシャルモデルに基づくラグビーのシナリオマップ

（1）ポテンシャル場の構成要素

フィールドの持つポテンシャル場
・攻撃側のゴールラインが正の電荷，守備側のゴールラインが負の電荷を持つと仮定する．
・フィールド全体には，攻撃側から守備側のゴールラインに向けて傾斜したポテンシャル場が発生する．

選手
・攻撃側の選手は正の単位電荷，守備側の選手は負の単位電荷を持つ．
・選手がフィールドに立つと，選手の保有する電荷に応じて周囲にポテンシャル場が発生する．各選手は，自分の体からの距離の2乗に反比例するポテンシャル場を形成する（図7.13）．

ボール
・ボールは，選手の持つ電荷よりも小さい弱い負の電荷を保有する．

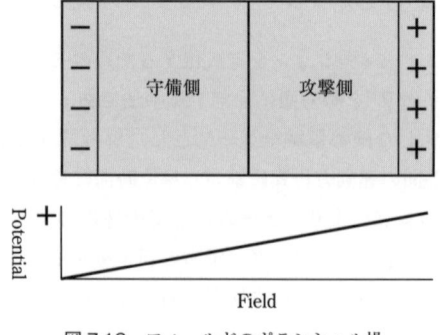

図7.12 フィールドのポテンシャル場

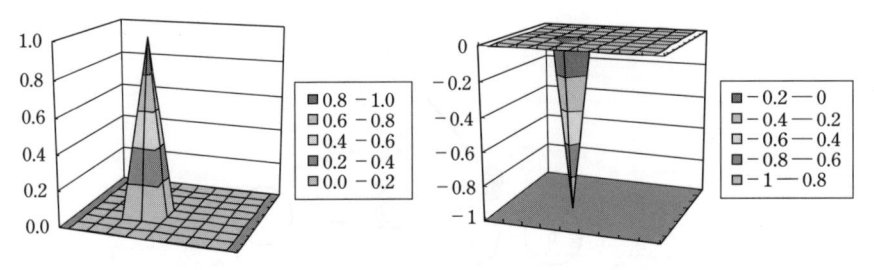

図 7.13 ポテンシャル場（左：攻撃側選手，右：守備側選手）

（2）ラグビー競技における基本動作
選手の基本移動
- 選手の保有する電荷に応じて，周囲にポテンシャル場が発生する．
- フィールドのポテンシャル勾配により，攻撃側選手，守備側選手には，それぞれ相手側のゴールラインへと移動する力が働く．
- 攻撃側の選手，守備側の選手とも，相互に逆方向のポテンシャル場を形成するので，相互の選手が密集するエリアではそのポテンシャル場は相殺される．スクラムやラック等におけるポテンシャルは，人数が同数であればイーブンとなり，選手群は停止する．
- 人数の違いによりポテンシャルが異なれば，優勢なポテンシャルを有する選手群のゴールラインと反対方向に選手群が移動する（スクラム，ラックが押される）．

ラン，キック，パスによるボールの移動
- フィールド自体のポテンシャルの勾配により，ボールは，選手により形成されるポテンシャル場の影響が無ければ自ゴールラインの方向，つまり選手の進行方向と反対側に移動する（パスは攻撃選手によって常に後ろに投げられるというルールによる）．
- 選手により形成されたポテンシャルフィールドがフィールドに存在するとき，ボールには攻撃側選手の優勢な正のポテンシャルを持つエリアに移動する力が働く（パス，キック，ランによって攻撃選手にボールが渡されようとする移動）．

（3）選手の集散（ボール，劣勢地域への集散）
- 同じチームの選手は，相手側の影響がないエリアにおいては相互のポテンシャルの影響で一定の間隔を保持するように配置される（フォーメーションの維持）．
- 相手チームの分布に対して，自チームのポテンシャル場が劣勢な場所に選手が相互に移動する．同様に，ボール周辺にも攻撃側の選手が集散しようとする．攻撃側選手の移動により，守備側の選手の移動が誘発される．

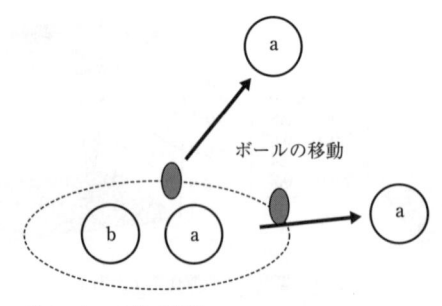

ポテンシャル場は相殺

図7.14 ボールの移動

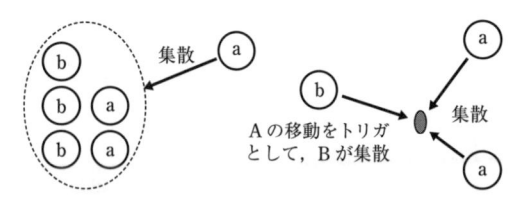

図7.15 劣勢地域への選手の移動(左)と,ボールへの選手の移動(右)

・ただし,ボールが負の電荷を持つため,これと同じ電荷を持つ守備側選手に対してはボールから遠ざかる力がかかることになるなど,電場ポテンシャルを用いた定式化には不完全な面もある.ここでは,読者の理解を円滑にするために電場ポテンシャルを適用したが,実際にポテンシャル場を適用するためには,そのドメインに適したポテンシャル場を新たに提案することも課題となる.

7.7.4 ポテンシャルモデルを用いたフォーメーション分析の試行

実際の画像を用いたフォーメーション分析に先立ち,ポテンシャルモデルを用いたフォーメーションの分析の試行として,戦略的でない陣形の代表としての「塊型攻撃フォーメーション」と,古典的な戦略に基づく陣形である「魚鱗型」,「鶴翼型」の攻撃フォーメーションに対し,攻撃力・守備力の評価を実施した.

(1) 塊型の攻撃フォーメーション

まず塊型の攻撃フォーメーションについては,塊型の防御体制でも簡単に相手側ポテンシャルの優勢域の継続を断ち切ることが可能である.表7.3の守備側塊型の際に構成されるポテンシャル図を上から見ると,図7.16のようになる.

ボールは負の電荷を持っているので,図のポテンシャルの高い部分に保持される.

7.7 ■ラグビーにおけるフォーメーション分析のための定式化とアプローチ

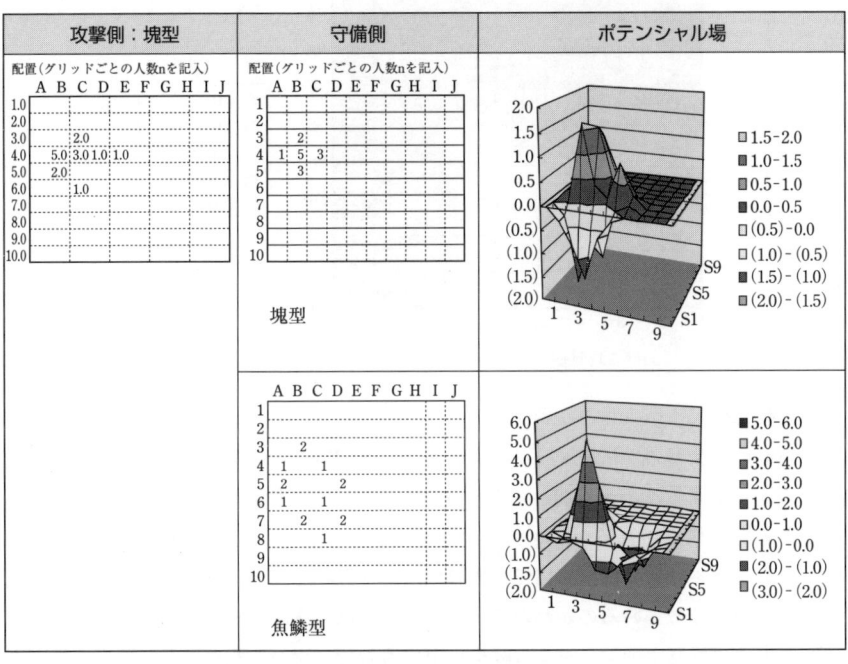

表 7.3 塊型の攻撃フォーメーションの分析（各セルの数字は選手の人数）

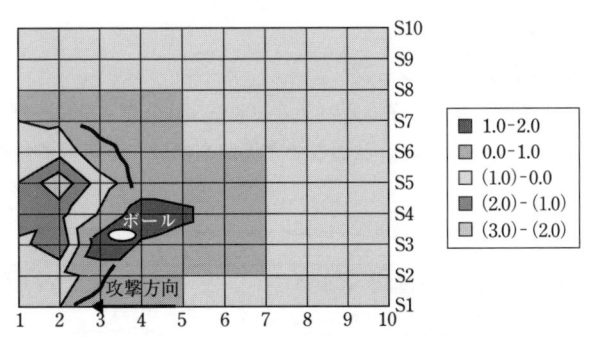

攻撃側：塊型	守備側	ポテンシャル場
配置（グリッドごとの人数nを記入） 　　A B C D E F G H I J 1.0 2.0 3.0　　　　2.0 4.0　　5.0 3.0 1.0 1.0 5.0　　2.0 6.0　　　　1.0 7.0 8.0 9.0 10.0	配置（グリッドごとの人数nを記入） 　　A B C D E F G H I J 1 2 3　　　　2 4　　1　5　3 5　　　　3 6 7 8 9 10 塊型	（3Dポテンシャル図） 1.5-2.0 1.0-1.5 0.5-1.0 0.0-0.5 (0.5)-0.0 (1.0)-(0.5) (1.5)-(1.0) (2.0)-(1.5)
	A B C D E F G H I J 1 2 3　　　　2 4　　1　　1 5　　　2 6　　1　　1 7　　　2 8　　　　1 9 10 魚鱗型	（3Dポテンシャル図） 5.0-6.0 4.0-5.0 3.0-4.0 2.0-3.0 1.0-2.0 0.0-1.0 (1.0)-0.0 (2.0)-(1.0) (3.0)-(2.0)

図 7.16 攻撃側（塊型）─守備型（塊型）により構成されるポテンシャル図

しかしながら前方に大きな負のポテンシャルゾーンが存在しているため，次のステップでボールを攻撃方向に移動するには，これを大きく迂回するフォーメーションをとる必要がある．本ポテンシャルの配置から見て，攻撃側が前方の負のポテンシャル場を迂回するのに要する時間（距離）に比べ，守備側がボールに集中する時間（距離）の方が小さいので，攻撃側ポテンシャルの優位性は継続しにくい．つまり，継続的な

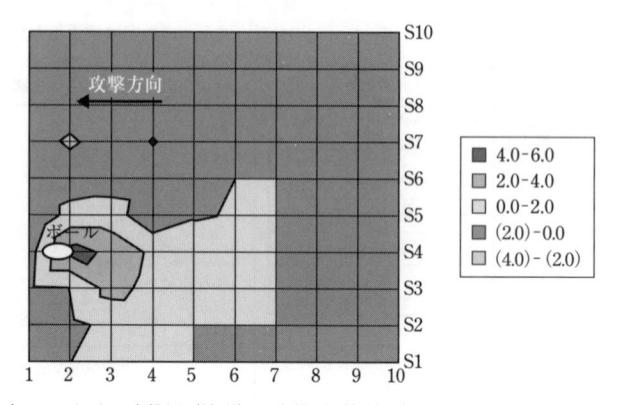

図7.17 表7.3における攻撃側（塊型）―守備型（魚鱗型）により構成されるポテンシャル図

攻撃は難しい.

　守備側が魚鱗型のフォーメーションの場合，ほぼ完全に攻撃側の尾根を断裁し，攻撃をストップすることが可能となる．表7.3において守備側が魚鱗型フォーメーションをとる際に構成されるポテンシャル図を上から見ると，図7.17のようになる．このポテンシャル分布では，守備側の優勢域が広く存在しているため，ボールの展開域が極めて狭くなっているのがわかる．この状況では，次ステップにおいて守備側がボール中央の攻撃側ポテンシャルの峰に集中するので，ボールを奪取される可能性が高く，攻撃の継続は難しい．

（2）鶴翼型の攻撃フォーメーション

　攻撃側のフォーメーションと守備側のフォーメーションが完全に一致しない場合には，攻撃側のポテンシャルが高いところで守備側を突破できる可能性がある．ただ

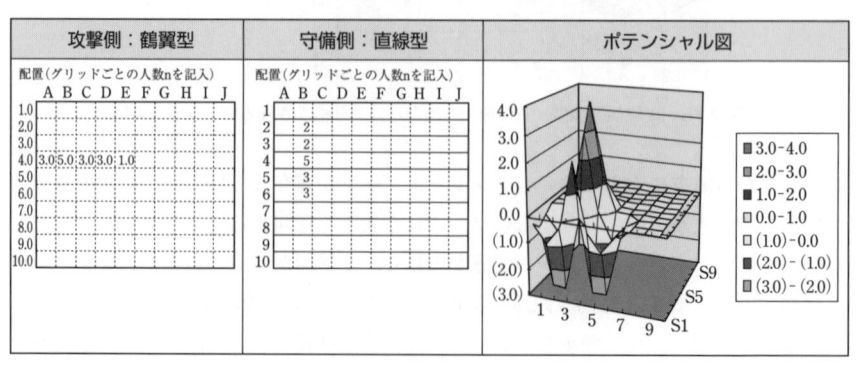

表7.4 鶴翼型攻撃フォーメーションの分析

7.7 ■ラグビーにおけるフォーメーション分析のための定式化とアプローチ

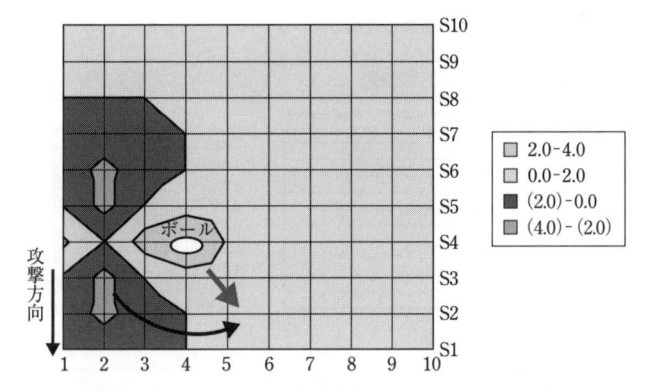

図7.18 攻撃側（鶴翼型）—守備型（直線型）により構成されるポテンシャル図

し，鶴翼型の攻撃フォーメーションで守備を突破した場合には，攻撃側のポテンシャル場は分断された形になるので，次ステップでフォーメーションを再度鶴翼型のフォーメーションに構築することは難しい．鶴翼型のフォーメーションの連続は困難であると考えられる．また，次のステップにおいて，ボールを保持する側の分断された攻撃側ポテンシャルに守備側ポテンシャルが集中するので，守備側に攻撃を止められる可能性が高い（図7.18）．

（3）魚鱗型攻撃フォーメーション

　魚鱗型の攻撃フォーメーションに対して守備側が塊型のフォーメーションをとる場合には，図7.19に示すように攻撃側ポテンシャルが優勢となるエリアが広範囲に発生し，ボール展開の自由度が大きく，攻撃側に非常に有利な状況となる．また，攻撃側の選手のポテンシャル場も分断されておらず，次のステップで再度魚鱗型のフォーメーションを構築することも可能である．したがって，攻撃側の連続的な優勢が維持

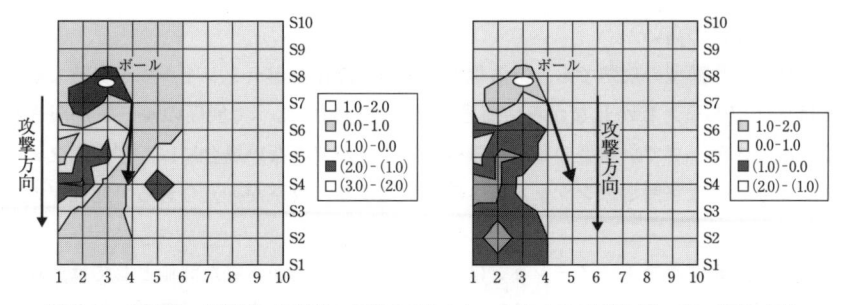

図7.19 攻撃側：魚鱗型，守備側：塊型のポテンシャル場（左：塊型 (1)，右：塊型 (2)）

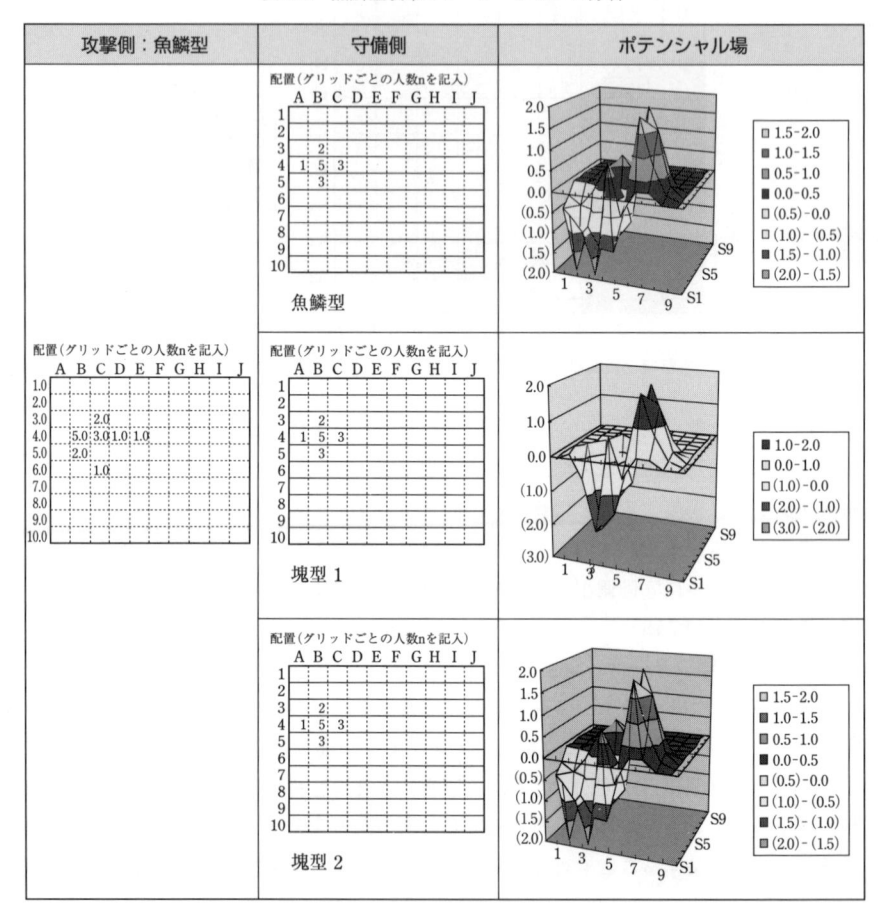

第7章■ポテンシャルモデルに基づくシナリオマップ

表7.5 魚鱗型攻撃フォーメーションの分析

攻撃側：魚鱗型	守備側	ポテンシャル場
	配置（グリッドごとの人数nを記入） 　　A B C D E F G H I J 1 2 3　　　2 4　1 5 3 5　　3 6 7 8 9 10 魚鱗型	（3Dポテンシャル場グラフ、凡例 1.5-2.0／1.0-1.5／0.5-1.0／0.0-0.5／(0.5)-0.0／(1.0)-(0.5)／(1.5)-(1.0)／(2.0)-(1.5)）
配置（グリッドごとの人数nを記入） 　　　A B C D E F G H I J 1.0 2.0 3.0　　　2.0 4.0　5.0 3.0 1.0 1.0 5.0　　2.0 6.0　　　1.0 7.0 8.0 9.0 10.0	配置（グリッドごとの人数nを記入） 　　A B C D E F G H I J 1 2 3　　　2 4　1 5 3 5　　3 6 7 8 9 10 塊型1	（3Dポテンシャル場グラフ、凡例 1.0-2.0／0.0-1.0／(1.0)-0.0／(2.0)-(1.0)／(3.0)-(2.0)）
	配置（グリッドごとの人数nを記入） 　　A B C D E F G H I J 1 2 3　　　2 4　1 5 3 5　　3 6 7 8 9 10 塊型2	（3Dポテンシャル場グラフ、凡例 1.5-2.0／1.0-1.5／0.5-1.0／0.0-0.5／(0.5)-0.0／(1.0)-(0.5)／(1.5)-(1.0)／(2.0)-(1.5)）

される可能性が高い．

　魚鱗型と魚鱗型の攻防でも，ある程度攻撃側に優位なポテンシャル場を保持することは可能である．しかしながら，前述の塊型の守備に比べて展開のルートが限られる．次のステップで魚鱗型の布陣を維持することができない場合には，守備側フォーメーションの攻撃側ポテンシャル場への集中により，攻撃が抑えられる可能性が大である．

　総じて魚鱗型のフォーメーションは，ポテンシャル場から見た評価としては，攻守ともに優位に展開できるフォーメーションの一つである．また，近隣のチームメート

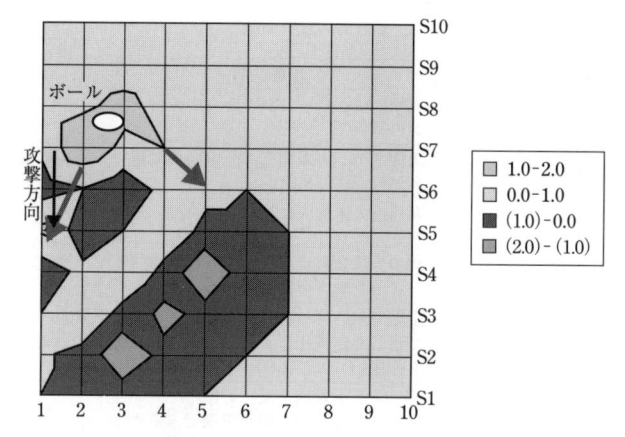

図 7.20 攻撃側（魚鱗型）―守備側（魚鱗）により構成されるポテンシャル図

とスモールワールド†[7.7]のような組織を構成するという比較的単純なルールのため，実際のラグビーゲームの局面においても実現しやすいものと考えられる．

7.8 ■分析アプローチと分析手順

ラグビーの実際の局面を対象として，ポテンシャルモデルにより，先にあげた次の仮説の検証を行った．

> 仮説：選手らにとってのチャンスは，あるフォーメーション（魚鱗型等の攻守に強いフォーメーション）のパターンが形成されているときに発生する．したがって，攻守のフォーメーションのパターンにより，チャンスについての先見が可能となる．

7.8.1 ■分析手順

ラグビーの状態遷移は，インプレーとアウトオブプレーに大別される．インプレーは，セットプレー（スクラム，ラインアウト，ラック，モール等）→パス＆ラン→セットプレーの一連の遷移を繰り返すものである[7.7]．従って分析対象としては，試

---

† スモールワールド：ノードが，クラスタ化されているも関わらず，ノード間の平均パス長が短いグラフ構造を示す．詳細は，T. Walsh Search in a small world. In Proc. IJCAI-99. pp. 1172-1177. 1999

表7.6 分析手順

項目		作業内容	ツール
STEP1	局面の選択	実際のラグビーの試合からの分析シーンの選択	
STEP2	画像切り出し	画像をデジタル化し，一定時間間隔で各局面を切り出す	動画編集ツール（日立製作所「連続写真」）
STEP3	各局面でのフォーメーション分析	各局面の画像上にグリッド（注）を記載し，各グリッドの中の攻撃側，守備側の人数を数えることで各局面のフォーメーションを把握	
STEP4	ポテンシャルモデル図の作成	上記フォーメーションを元に，本節にて示した定式化によりポテンシャル図を作成	Microsoft Excel をベースとし，VBA にて作成
STEP5	分析	ポテンシャル図を元に考察 ・試合の局面の展開が予測できるか？ ・戦術の展開の方向を提案できるか？	

（注）グリッドの決定方法
・動画編集ツール（日立製作所「連続写真」）の動画→静止画へのコマ分割単位（MPEGのIフレームのレートで決定される）は約450 msであり，これを分析のステップ単位とする．
・単位時間当たりの人間の移動速度は，[7.5]より $V_{max}=7.8$ [m/s] とする．
・上記数値は直線走行の場合の最大値である．ラグビーの場合，全力で直線走行できることはあまり多くないと考え，上記到達距離の約70%，すなわち約5.5 m程度が現実的な到達範囲と仮定した．
・上記仮定のもと，上記1ステップあたりの移動距離は約2.5 mとなる．グリッドの中央にいる選手が1ステップで次のグリッドに到達できることを目安として，約5 mをグリッド設定の目安とした．
・実際の選手の動きを観察すると，試合中全力で走っている選手がほぼ2ステップごとに1グリッドの距離を走ることが確認できる．約5 mのグリッドの設定は，おおよそ妥当であると考えられる．

合中のインプレーからセットプレー→セットプレーをワンセットとしてシーンを抽出し，各シーンに対して下記の手順によって分析した．

7.8.2 試合データでのフォーメーション分析と評価

先述の仮説を分析・評価するに当たり，2002年12月21日に行われたセコム対CCWJ戦において表7.7に示す以下の2シーンを分析した．以下に各シーンの概要を示す．

シーン1の分析：

シーン1のフォーメーションを分析すると，「攻撃側：塊型，守備側：塊型」のフォーメーションであると分析できる（表7.8）．この場合，「特に戦略のない塊型の防御体制でも，簡単に相手側ポテンシャルの優勢域の継続を断ち切ることが可能である」が，シーン1では結果的にトライに成功した．

トライが成功した理由としては，攻撃側の塊型フォーメーションを守備側の塊型フ

7.8 ■分析アプローチと分析手順

表 7.7　仮説 2 に係る選択シーン概要

シーン	時間	攻撃	防御	概要
1	前半 10:59-11:10	セコム (青)	CCWJ (赤)	セコムが，フィールド手前側のスクラムからボールを出して，相手 CCWJ の防御の間を抜けて，最初のトライを決めたシーン．
2	前半 12:25-12:36 の中間部分	CCWJ (赤)	セコム (青)	セコムのスクラムからいったんボールが出るものの，CCWJ の防御に阻まれてモールができる．このモール内の混乱でボールが CCWJ に渡り，その後 CCWJ 側が相手ディフェンスの間を抜けての大幅な陣地回復を行ったシーン（第 1 次攻撃から第 3 次攻撃までの波状攻撃のうち第 1 次攻撃）．

表 7.8　シーン 1 のフォーメーション

攻撃側：塊型	守備側：塊型	ポテンシャル図
SC A B C D E F G H I J 1.0 2.0　2.0 3.0　　2.0 1.0 4.0　　　　　4.0 3.0 5.0　　　　　1.0 6.0 7.0 8.0 9.0 10.0	CC A B C D E F G H I J 1　　　　1.0 2　　　1.0 3　　　　4.0 1.0 4　　　　8.0 5 6 7 8 9 10	■ 2.0-4.0 □ 0.0-2.0 □ (2.0)-0.0 ■ (4.0)-(2.0) ■ (3.0)-(4.0)

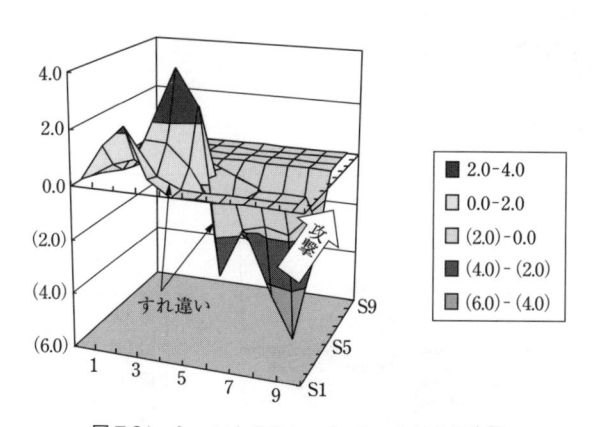

図 7.21　シーン 1 のフォーメーションによる攻撃

ォーメーションに対して正面から対峙させるのでなく，すれ違うような配置で各フォーメーションを形成していたためである（図 7.21）．以上の分析から，攻撃側が塊型フォーメーションを形成していたことにより，トライのチャンスを生かすことができ

たと評価することができる.

シーン2の分析:

シーン2のフォーメーションを分析すると,表7.9にある「攻撃側:鶴翼型,守備側:直線型」のフォーメーションとなっている.この場合,攻撃側のフォーメーションと守備側のフォーメーションが一致しない場合(図7.22),攻撃側のポテンシャル

表7.9 ポテンシャルモデルによるシーン2のフォーメーション分析

攻撃側:鶴翼型														
CC	A	B	C	D	E	F	G	H	I	J	K	L	M	N
1.0														
2.0														
3.0												1.0		
4.0										1.0	1.0			
5.0									2.0	1.0	3.0	1.0	2.0	
6.0												1.0		
7.0														
8.0														
9.0														
10.0														

守備側														
SC	A	B	C	D	E	F	G	H	I	J	K	L	M	N
1														
2														
3											2.0			
4										1.0				
5										2.0		2.0	1.0	2.0
6											1.0	2.0		
7														
8														
9														
10														

ポテンシャル図

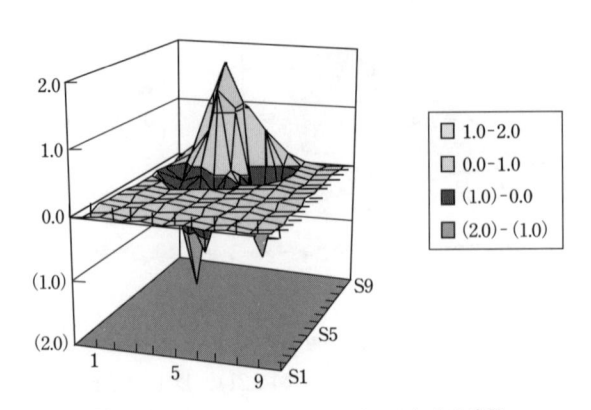

(3次元ポテンシャル図: 凡例 □ 0.0-1.0, □ (1.0)-0.0, ■ (2.0)-(1.0), ■ (3.0)-(2.0))

図7.22 シーン2のフォーメーションによる攻撃

(3次元ポテンシャル図: 凡例 □ 1.0-2.0, □ 0.0-1.0, ■ (1.0)-0.0, ■ (2.0)-(1.0))

が高いところで一時的に守備側を突破できる可能性があり，結果的に中央突破による陣地回復に成功している．

　上記シーン1及びシーン2の分析結果から，適切なフォーメーションを形成することにより，結果としてトライや陣地回復といったチャンスを導き出すことができたと分析できる．以上のことから，仮説は成立すると分析することができる．

　以上の分析結果は，大澤研究室において，大学院生らが分析した膨大なラグビー事例の一部である．さらに多くの結果からラグビーのフォーメーションの効果は十分説明可能であることを証明することができた．加えて，ポテンシャルによって数値化されたフィールド上の選手のフォーメーションをグラフ等で表記することにより，その後の最適な展開方法についての示唆，予測を視覚的に捉えることができることは，ラグビーにおける戦略立案支援に貢献するものであると評価できる．

7.9 ■ポテンシャルモデルの展望

　本章では，ポテンシャルモデルによるシナリオマップの原理を示し，その単純化したツールの例を示した．このモデルは，特にマーケティング応用において，市場をわかりやすい二次元のシナリオマップで可視化できることから，実用性が高い．さらに従来のいわゆるデータマイニングと異なる点は，このような物理モデルを適用すると，シナリオマップの一部のポテンシャル値を高くするなどの変動を加えることによって，これまでに見たことのないプロモーションを市場に加える効果をシミュレーションすることも可能となる．これらの意味で，ポテンシャルモデルの用途は今後も広がるだろうことが明瞭に確信される．

　さらに本章では，ラグビーの試合におけるフォーメーションに関する分析を示した．ラグビーの例では，分析結果をチームワークの定量評価と集団行動を決定する知識発見に応用することを試みた．サンプルとしたシーンは少数ではあるが，試合中の選手の動き（フォーメーション）のデータを収集し，これをポテンシャルマップを用いて解析した結果，ボールの展開の予測がある程度可能となった．また，チャンスにおいては，攻撃側のチームに強いフォーメーションが形成されていることが確認された．ポテンシャル場の概念を用いたシンプルな定式化によって，スポーツ競技における集団行動の一側面を表現した点には意義がある．

　この手法によるフォーメーションの解析結果は，ラグビーにおいて得点につながりそうなチャンスの場面で攻撃側が形成すべきフォーメーションの型を発見する上で有

効であると考える．ラグビーの専門家によれば，攻防が目まぐるしく変化する試合中でも，各局面に応じて常に適切なフォーメーションを形成できるチームほど強いと言われる．その意味では，チーム力を強化するためには，選手個々人の身体能力や運動能力の向上を図るだけではなく，どのような局面においていかなるフォーメーションの型を形成すべきであるかという知識をチーム内で共有する必要がある．結果をポテンシャル図によって視覚的に表現できるアプローチは，各フォーメーションの型の特徴を理解しやすいという利点がある．監督やコーチを中心として戦術のパターンを構築し，それを選手に伝達する際に有益な情報を提示するものと思われる．

今後の課題として，そもそもポテンシャルモデルは多階層のシナリオマップとして提示したものであるので，可視化される情報量は2階層のシナリオマップであるKeyGraphなどよりも大きいはずである．しかし，実際に可視化される図はKeyGraphなどよりも単純な形となる．このことは，ポテンシャルモデルにおいて多くの情報が捨象されていることを意味する．その影響として，チャンスの見落としという危険性も孕んでいる．このため，次章に示すように，ポテンシャルモデルはKeyGraphなど他のモデルによるシナリオマップと併用して利用するのが適切である．

参考文献

[7.1] Inaba, K., Ohsawa, Y., "Study on a Method for Supporting Scenario Extraction from Time Series Information", 1st Annual Workshop on Rough Sets and Chance Discovery (RSCD) in conjunction with 8th Joint Conference on Information Sciences (JCIS 2005), Salt Lake City (2005)

[7.2] Wise, J.A., et al, " Visualizing the Non-Visula : Spatial Alalysis and Interaction with Information with Information from Text Documents ", Card, S.K., Machinley, J.D., Shneiderman, B., (eds), " Readings in Information Visulization Using Vision to Think ", pp. 441-450, Morgan Kaufmann Pub (1999)

[7.3] Hammer, M. 著，有賀裕子　訳「限界なきコスト削減　ビジネスプロセス・コラボレーション」DIAMONDハーバード　ビジネスレビュー，2001年12月号，pp24-35（2001）

[7.4] 吉田貴夫「サッカーの中継のシーン解析」第2回画像センシングシンポジウム（SII'96）（1998）

[7.5] 杉原厚吉「勢力圏図を利用したチームスポーツチームワークの解析」オペレーションズ・リサーチ，2002年3月号，日本オペレーションズ・リサーチ学会（2002）

[7.6] 瀧剛志「チームスポーツにおける集団行動解析のための特長量とその応用」電気情報通信学会論文誌．D II Vol. J81-D II, No. 8, 電気通信情報学会（1998）

[7.7] Matsuo, Y. and Ohsawa, Y., "Chapter 60 : A Document as a Small World New Frontiers in Artificial Intelligence", LNAI2253, Terano, T., et al eds., Springer Verlag, pp. 7-13 (2001)

第8章

シナリオマップのモデル統合とその応用

8.1 ■ KeyGraph と IDM の統合によるシナリオ理解プロセス：肝炎進行シナリオ理解を例に

8.1.1 ■個別患者のシナリオ理解における難しさ

　第4章では700名以上という多数の肝炎患者のデータについて解析を行い，シナリオマップを可視化することによって，そこから治療のチャンスを読み取ることを試みた．これは，「肝炎において治療はいつどのように行うべきか」という一般的な知識を得ることを目的とするものである．

　しかし，一般的な知識ではなく，個々の患者についての現状を理解し，今後の治療のシナリオを立てることも有益な取組である．そこでは，一般的なシナリオにはない特異な原因や突発的な出来事が発生している可能性もあるので，第4章に述べた分析事例よりもさらに詳細に具体的なシナリオ情報を得る必要がある．特にインターネットを介した遠隔地からの診断を行うようなことが今後必須となる場合には，過去の検査データを共有して患者の現状に至るまでのシナリオを理解し，これからのシナリオを考えることは有益な技術となるであろう．

　そのような技術は医療だけに有効なのではなく，一般にあまり豊かなデータのない時系列データからシナリオを読み取るという，従来のデータマイニング技術では対応できなかった問題を解く上で有効である．例えば，スーパーマーケットにおける多くの顧客から得たPOSデータを集めてKeyGraphを得ると，精緻なシナリオを描くことが可能であるが[8.1]，一人の顧客のPOSデータから，その顧客がなぜこれまでその店で買い続けてきたかというシナリオを読み取ることは難しい．これを実現するためには，スーパーマーケットという世界が独自に持つ性質を把握するだけの経験を有する店員，あるいは頻繁な来店者自身の有する暗黙的な知識を取り混ぜてシナリオ理解を進めなければならない．本節に述べるのは，このシナリオ理解のプロセスを技術的に支援する手法として，既にここまでに述べてきたIDM（第6章）とKeyGraph（第4章）を一つのプロセスの上で併用するものである．

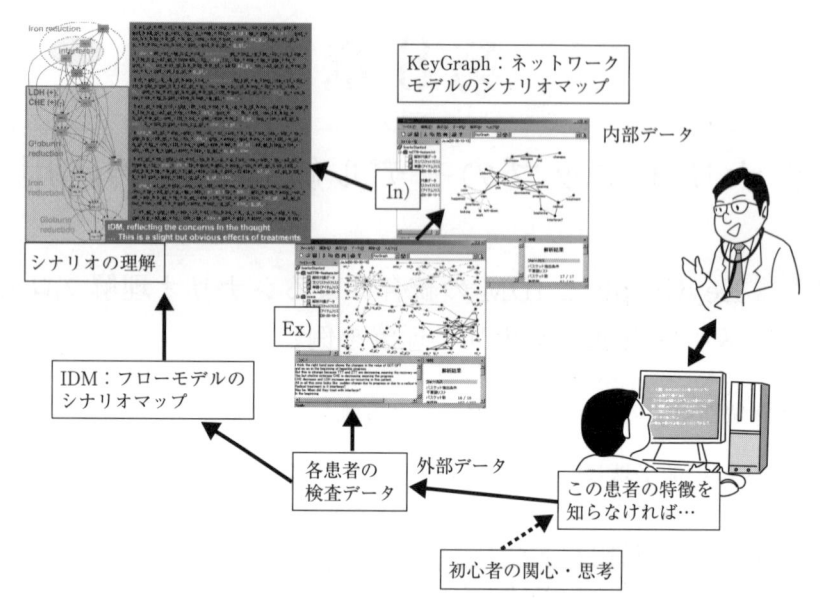

図8.1 個別の患者の解析プロセス：IDM と KeyGraph を併用して，主体データと対象データを統合していく．

その方法とは，図8.1のようなプロセスである．

① 個々の肝炎患者の血液検査結果を時刻順に並べて時系列データを作成し，これを KeyGraph で可視化する．
② これを見たユーザが新たにシナリオを立て，このシナリオの文章を再度可視化し，この患者のどのような部分に着目すべきかを検討する．
③ 一方，第6章に述べた IDM[8.2]を拡張して肝炎データ解析に利用することにより，その患者の検査結果から症状の進行，治療経過を方向付きのシナリオのフローとして可視化し，その上に先ほど KeyGraph の上で着目した部分に該当するアイテムにマークしてアノテーションを付ける[8.3]．
④ この結果，患者の病状の進行や治療の効果を説明する上で重要な血液検査の部分がどのように変化したかという情報を見ることができるので，医師としては患者のこれまでのシナリオが理解できる．

8.1.2 ■伝播モデル（IDM）の肝炎患者血液検査データに対する適用

IDM は本来，どのコメントがコミュニケーションの盛り上がりに影響したのか，

8.1 ■ KeyGraphとIDMの統合によるシナリオ理解プロセス：肝炎進行シナリオ理解を例に

誰がキーパーソンだったのかを求める手法として開発された（第6章）．このIDMを肝炎解析に転用する考え方は，元々文章からキーワードを抽出する技術として開発されたKeyGraphを地震予知，マーケティング，そして前節の肝炎解析に転用した着想[8.4]に類似している．

すなわち，メッセージからメッセージへの影響の伝播と，肝炎におけるある時点の容態から次の時点の容態への影響の伝播の間に類似性を認め，後者をIDMによって可視化する．その結果，全体の流れを可視化し，かつ全体において重要となった処置や外からの影響といった事象を浮き彫りにして，個々の患者のシナリオを説明することができるようになるのではないかという期待をもつことができる．

実際には図8.2のように，肝炎患者の血液検査の履歴（"qa"や"pdd"など，説明に一般性を持たせるためにでたらめな綴りのアイテムを並べたが，肝炎ではこのアイテムの一つ一つがある血液属性の検査値GPT_+などになる）があったとき，最初に似た内容の検査結果をひとまとめのセグメントとして，第6章に述べた方法で分割する（図の右側）．次に，図の左にあるように，近い時刻のセグメント間に共通単語が多いような場合に，前のセグメントから後のセグメントに向けた矢印を付すのも第6章に述べたIDMの方法と同様である．

実際には，図8.3のように複雑な出力を得る．この図は，

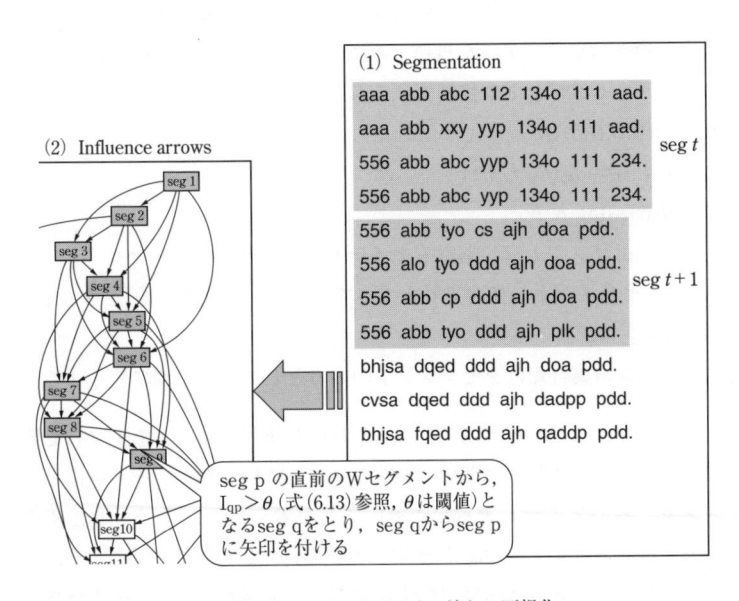

(1) Segmentation

```
aaa abb abc 112 134o 111 aad.
aaa abb xxy yyp 134o 111 aad.    seg t
556 abb abc yyp 134o 111 234.
556 abb abc yyp 134o 111 234.

556 abb tyo cs ajh doa pdd.
556 alo tyo ddd ajh doa pdd.     seg t+1
556 abb cp ddd ajh doa pdd.
556 abb tyo ddd ajh plk pdd.

bhjsa dqed ddd ajh doa pdd.
cvsa dqed ddd ajh dadpp pdd.
bhjsa fqed ddd ajh qaddp pdd.
```

(2) Influence arrows

seg p の直前のWセグメントから，$I_{qp} > \theta$（式(6.13)参照，θは閾値）となるseg qをとり，seg qからseg pに矢印を付ける

図8.2 IDMによるシナリオの流れの可視化

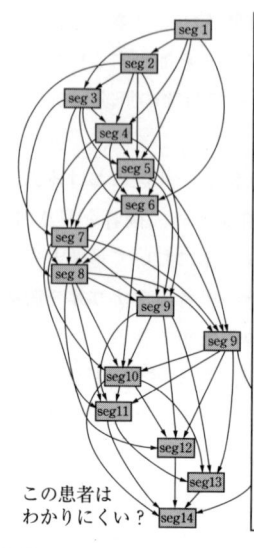

第8章■シナリオマップのモデル統合とその応用

図8.3 肝炎における実際にIDMの出力（閾値 θ を0.2に設定）．右側は，各セグメントを一つの段落として可視化したものであるが，複雑で医師にとっても理解が非常に難しい．

① 異常値の集合でそれぞれのセグメントを記述する
② その患者のデータにおけるすべてのセグメントを文書集合とし，個々のセグメントにおける検査結果アイテムを単語とみなし，式(8.1)のtfidf値[8.5]の高い値となったアイテムをセグメントの代表アイテムとする

$$\text{tfidf} = tf(dt, t)\, idf(t) \tag{8.1}$$

ただし　$tf(d, t) = \log(f^t{}_d / f_d + 1)$

$idf(t) = \log N/N_t$

$f^t{}_d$：セグメント d におけるアイテム t の出現頻度

f_d：セグメント d に含まれるすべての語の出現頻度の総和　すなわち

$f_d = \sum_{t \in d} f^t{}_d$

③ 代表アイテムの集合だけをセグメントの内容として図の右側に表示する．

というステップを踏んだものである．図8.3の右半分は，データを圧縮して要約した情報でありながら，医師からは理解の不能なものと評価された．その理由として，まだセグメントごとのアイテム表示数が多いことが考えられたので，tfidf値の特に高いものに限定してさらに少数のアイテムだけを表示するようにしたところ，今度はセグメントからセグメントへと内容が変化しすぎて，全体のつながりを理解することは

8.1 ■ KeyGraph と IDM の統合によるシナリオ理解プロセス：肝炎進行シナリオ理解を例に

やはり困難であった．各セグメントの特徴的なアイテムだけを不適切な指標で表示すると，セグメント間の一貫性が損なわれてしまうのである．

8.1.3 ■ KeyGraph と IDM の統合プロセスの結果

前節の問題点を克服するために，図 8.1 のプロセスを導入した．この理由は，TFIDF のように自動的に表示アイテムを絞り込むのではなく，肝炎についての人間の背景知識を反映した選び方でこそ意味のあるアイテム選択が可能となると推察されたためである．図 8.4 は，同じ患者に対する KeyGraph の結果である．個々の患者の場合，事象間の出現順序に有意な方向付けをするに足るデータ量がないので，単純に KeyGraph の出力を図示する．この図からユーザ（医師）が患者のシナリオを立て，そのときに考えたことのメモ内容を可視化すると，図 8.5 を得た．図 8.4 には明示されていなかったインターフェロンによる処方を，全体の流れから見い出していることがわかる．

図 8.5 からはインターフェロンのほか，グロブリンや CHE，LDH といった物質の増減に医師が着目していることがわかる．このほか，図 8.4 で重要な位置を占めているように見える鉄（fe）などについても，やはり着目すべき項目であるという内省に至った．しかし，それらがこの患者のシナリオ全体において占める位置についてはまだ理解に至らず，個々の項目の重要性が医師の臨床経験に合致した段階である．

次に，医師の着目したこれらの項目について，図 8.3 の図にアノテーション（図の右側で文字の色を変え，それを見て左側の該当するセグメントの範囲を破線丸枠で囲

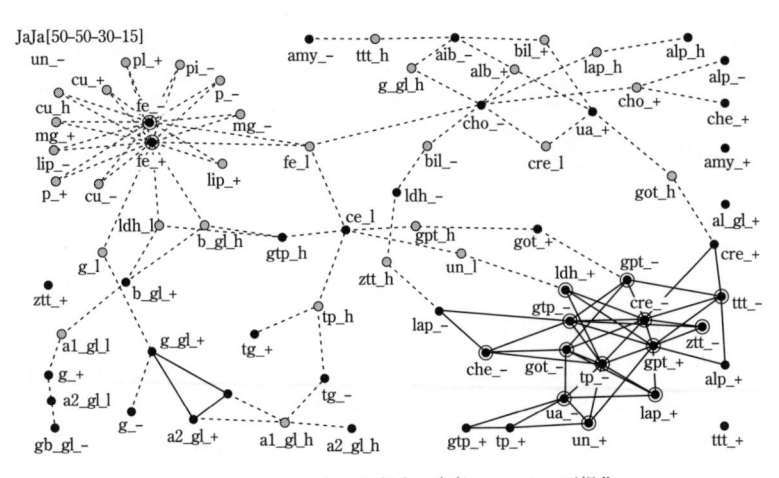

図 8.4　KeyGraph による個人の患者のデータの可視化

211

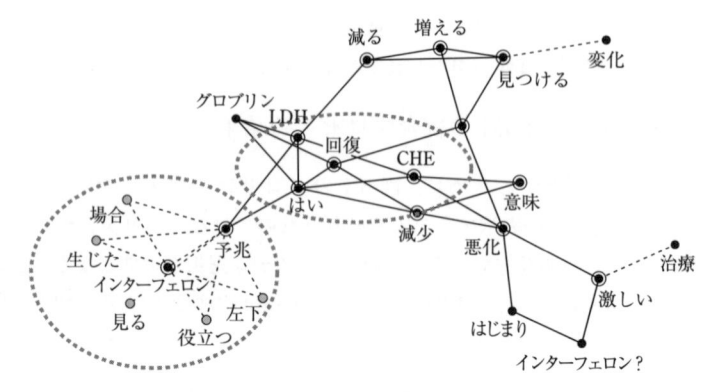

図 8.5 図 8.4 を視察したユーザの思考メモの可視化

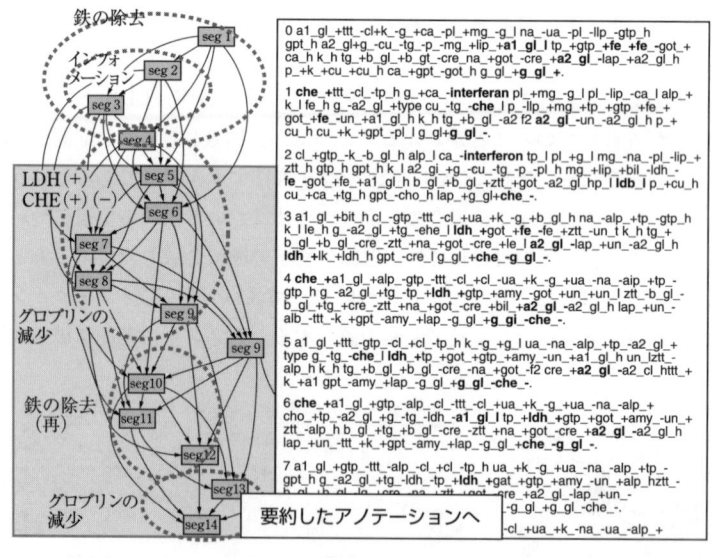

図 8.6 アノテーションの結果,理解された IDM.詳細は見づらいが,右半分から選ばれたアイテムが明るい字として残り,それらから解釈された患者の状態が左半分に記入されている.

む)を付すことによって図 8.6 を得た.この図から,「この患者については,始めにインターフェロンと瀉血の併用によって治療が行われた.その結果,LDH の増加や CHE の変化という副作用が起きたが,しばらくしてグロブリンが減り始め,回復の兆候を示し始めた.しかし,その回復の足取りが鈍り,再度瀉血を行ったところ,再び回復軌道に乗り始めたところである」というシナリオを理解することができる.

これはチャンス発見,すなわち「意思決定を左右する事象」の発見であると言え

る．患者の過去のシナリオから，これまで理解できなかったその患者の現状を理解することにより，無理なインターフェロン投与を繰り返さずに処方していくという意思決定が，ここから生まれるからである．この技術は肝炎以外にも，マーケットにおける個々の顧客について，その消費行動の変化を理解することを目的に用いることができ，現在も様々なデータに図8.1のプロセスを適用中である．

8.2 ■ポテンシャルモデルとKeyGraphの併用による消費者分析

　マーケティングにおいて，消費者行動の理解は必須である．しかし，実験目的による消費者の行動に関するデータの取得は極めて困難である（消費者行動の複雑さに加え，店舗への交渉が困難であったり消費者のプライバシーを確保しにくいため）．さらに，現在の消費者行動分析のための手法が心理学をベースとした人間の静的な情報処理プロセスモデルに基づくものを主体としていることから，消費者のおかれた状況の変化に応じた動的なシナリオを理解するような消費行動分析には至っていないという問題もある．

　消費者の状況要因（時間，場所，購入商品）が付与された消費者行動データを用い，分析手法の中で人間の情報処理プロセス（エンゲル・ミニアード・ブラックウェルのモデル[8.6]）に加え，ポテンシャルモデルによって表現される消費者行動ダイナミクスチャートとKeyGraphを統合することによって，消費者がどのように製品に反応するのかに関する動的な知識を発見する手法を示す[8.7, 8.8]．

8.2.1 ■データの例

　バーコードリーダ付き携帯電話により収集された，購入時間付き購買履歴（Video Research社のPersonal Scan Data™：場所・品目・数量・時間等のデータが付与）を解析対象として利用する．

データの内容：
　① 調査期間：03年3月31日〜6月30日
　② 対　　象：首都圏　35 km圏在住の16〜40歳男女
　④ 設　　定：n=205，有効回収=191名
　⑤ 調査対象：清涼飲料購入記録

基本統計量：

① 男性：96名（平均年齢28.6才 ±7.28）
② 女性：95名（平均年齢29.0才 ±6.59）
　　購入レコード数：4,002レコード（1レコードが1品目の1回購入に相当）
③ 男女間の差異：平均，最大値とも男性の購入頻度が女性の156％と大であった．

対象モニタにおけるクラスタ

まず，購入時間帯と購入品目を変数とし，対象モニタのクラスタリングを実施した（標準化方法：無し，クラスタ化法：ウォード法，類似係数：ユークリッド平方距離）．その結果，次のような基本的特徴を見い出すことができた．

① 主な対象モニタらは，その購入時間帯により，「午後・夜間主体」，「夜間主体」，「夜間・深夜帯」，「朝・午後主体」，「終日」の五つのクラスタに分類される．これらにそれぞれクラスタ1からクラスタ5まで番号をつけた（図8.8）．
② 購入時間と購入品目間に相関（図8.7）があり，社会的な拘束時間が長い終日購入クラスタほど購入量が増加する（図8.8）．

次に，購入ブランド全体に関する分析を行った．購入ブランド種（飲料種）は243種類，購入ブランド分布は図8.9のように指数分布に従ったほか，次のことがわかった．

① 下記3種類の商品で構成される．
・ごく少数の定番ブランド
・順位の入れ替わりの激しい中位ブランド
・購入数の非常に少ない大多数のブランド
② 定番商品は繰返し購入される．各個人の定番商品の購入間隔に，特異な濃淡パタ

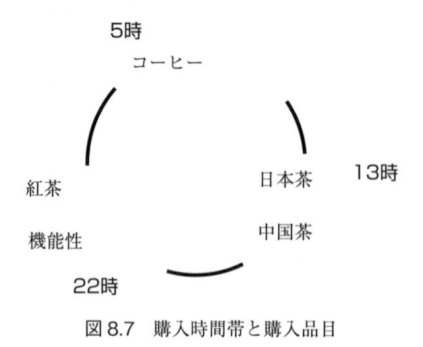

図8.7　購入時間帯と購入品目

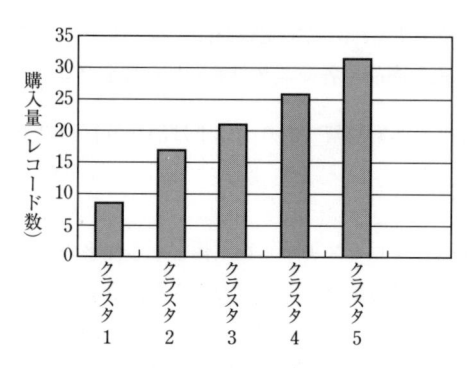

8.2 ■ポテンシャルモデルと KeyGraph の併用による消費者分析

図 8.8　ブランドのクラスタと購入数の関係（1 モニタあたりの平均購入数）

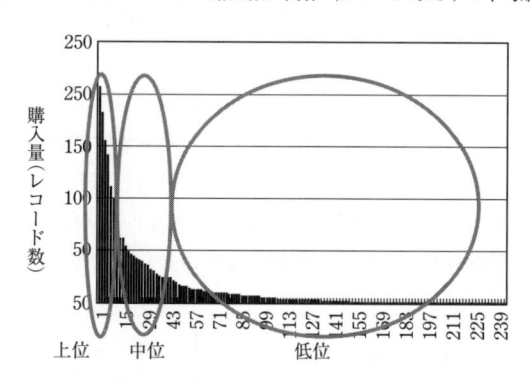

図 8.9　購入ブランド分布（各ブランドの購入回数）

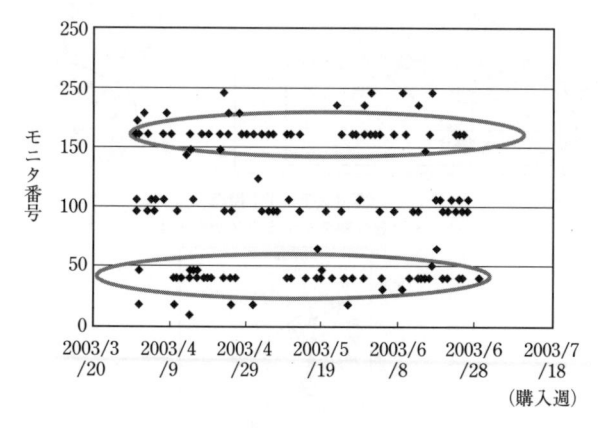

図 8.10　定番ブランド購入パターン

215

ーン（図8.10）が発生する．ここで定番商品とは，人気の高いブランド飲料のことで，図8.10はある定番商品を各モニタが購入した日をプロットしたものである．

以上は，データ解析の準備段階であり，以下は消費者行動のモデル化段階である．

8.2.2 ■手法の概要

人間の静的な情報処理プロセスモデルを主体とする従来の消費者行動分析モデルでは，上述の定番商品における濃淡パターンのような消費者行動，すなわち消費者の動的な行動が分析できないという課題があった．一方，文献[8.8]の手法では，図8.11のように分析フレームにシステム工学における3視点（プロセス，状態，情報構造）を導入することによって，消費者がどのように製品に動的に反応するかに関して深い知識を獲得することができた．

消費者行動ダイナミクスチャートとは，縦軸に購入レコード数，横軸に購入ブランドアスペクト，すなわち最大選択されたブランドの購入量を期間内に選択されたブランドの種類数で割った比率をプロットしたグラフである．前者は消費者が物を購入する意欲や財力を総合した購入力を表し，後者はブランドのばらつきの少なさを表す．これによって，消費者行動プロセスを制御する要因としての関与水準のうち，購買意

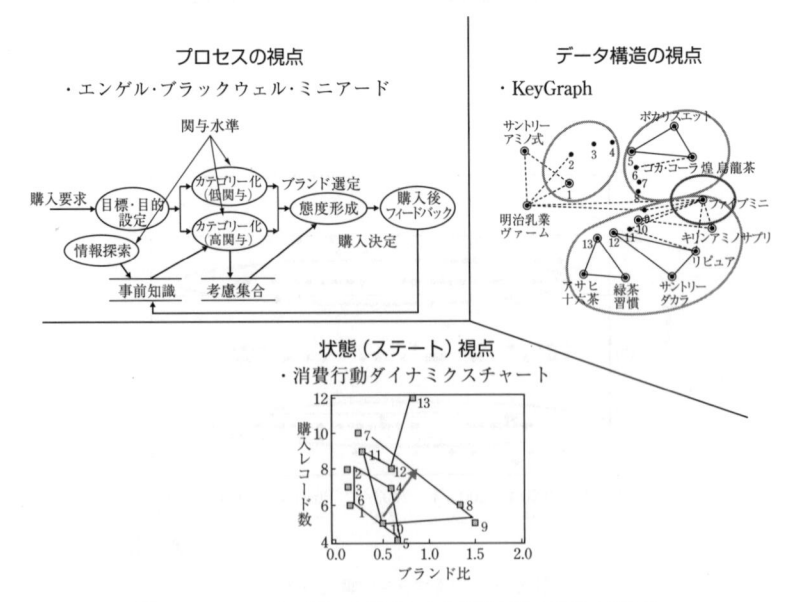

図8.11 システム工学の3視点による消費行動の動的モデル化

欲と特定のブランドへの関心度の状況を示す．すなわち，グラフの右上に行くほど消費者が自分のこだわりからブランドを選んでお金を投入しようとするエネルギーが大きく，逆に左下は購入意欲もブランドを選ぼうという意識も低い消費者に該当する．この意味で消費者行動ダイナミクスチャートは，平面の各位置がある大きさのポテンシャルエネルギーを有する「状態」に該当し，その上での消費者の関心の移り変わりを表すシナリオマップの一種であるといえる．後述のように消費者行動ダイナミクスチャートは，第7章に述べたポテンシャルモデルに対応付けて理解するとわかりやすくなる．

一方，本書に再三登場している KeyGraph は，データ全体におけるアイテム間の共起関係がそのデータのシナリオの流れを表すと見なし，様々なシナリオの可能性を可視化する手法である．ここでは，購入週・購入ブランドで構成されたモニタごとの期間内の購買レコードをデータとすることにより，購入週と購入ブランドの共起関係から各消費者がいつ何を購入したかという情報構造を把握するために用いる．データ形式は式(8.2)のようになる．

$$\begin{aligned}
\text{D\_brands} = &1, \text{brand\_1 band\_2 brand\_3}\cdots. \\
&2, \text{brand\_2 band\_4 brand\_4}\cdots. \\
&\cdots \\
&1, 3 \quad \text{brand\_1 band\_2 brand\_3}\cdots. \\
&1, 3 \quad \text{brand\_1 band\_4 brand\_4}\cdots.
\end{aligned} \qquad (8.2)$$

式(8.2)において，各行の先頭は週の番号であり，これに一回の買い物で購入したブランド名（brand_1, brand_2, …）が続く．

8.2.3 ■消費者行動ダイナミクスチャートによる分析

購入レコード数が上位58名のモニタを消費者行動ダイナミクスチャートにマッピングした結果を図8.12に示した．期間ごとの消費者の位置を消費者行動ダイナミクスチャート上にプロットすることができるので，その移動のベクトルから顧客状態（製品関与水準）を分析するモデルとしての利用が可能である．

ここでは，消費者行動ダイナミクスチャートおよびKeyGraphを用いて，モニタの週ごとの消費者行動を動的に分析した例を示す．KeyGraphの中の数字ノードは，購入週の番号（第1週～第13週）を示す．図8.13は，ある30歳の男性モニタについて分析した結果である．

このように消費者行動ダイナミクスチャートからは，モニタの消費者行動における

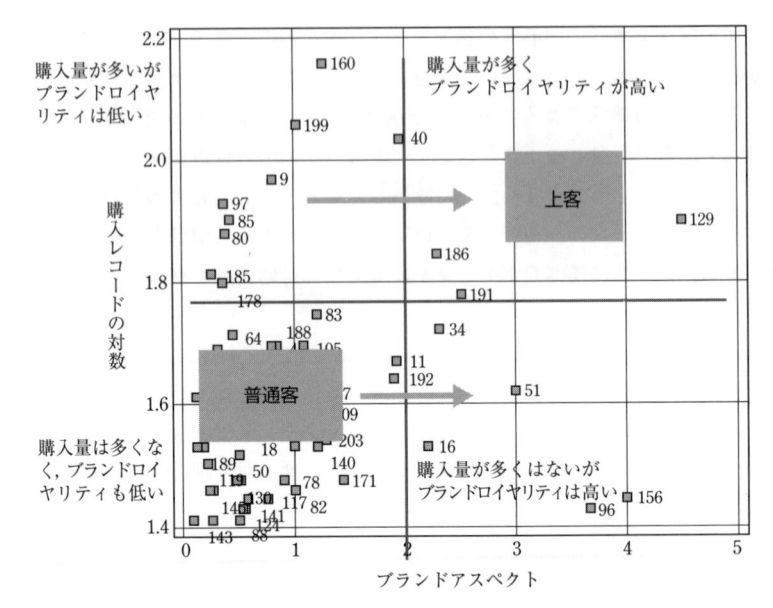

図8.12 消費者行動ダイナミクスチャートによる静的分析

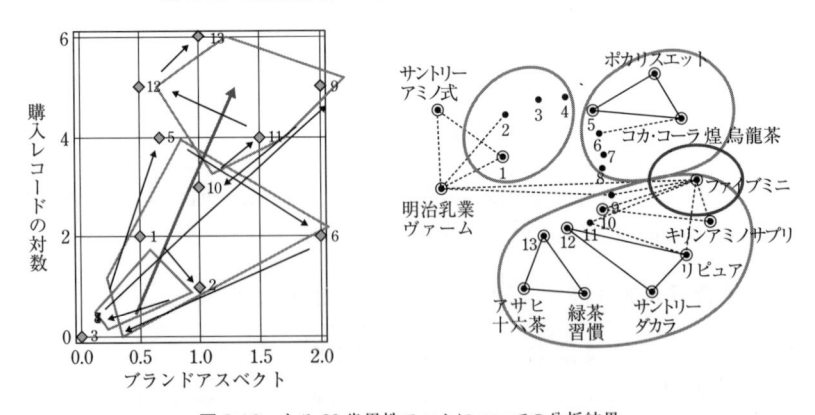

図8.13 ある30歳男性モニタについての分析結果

市場全体に対する関心の状態遷移を知り，そこから消費者心理のシナリオをとらえることができる．以下，この男性モニタに対する消費者行動ダイナミクスチャートとKeyGraphのそれぞれについて，シナリオを解釈した結果を示す．

消費者行動ダイナミクスチャート（図8.13左）

約4週周期で大きなループを描きながら，全体が右上（XY正方向）にシフトしている．多種類のブランドへの関心を持ったり，その中からあるブランドを選んで執

着したりというサイクルを繰り返しながら，購入量全体が増加していることが観察される．

Key Graph（図 8.13 右）

後半に向けて，購入するブランド嗜好が次第に明確に構成されている．約 4 週周期で，初期の健康系から最終的にはお茶系ドリンクに嗜好が完全にシフトしていることがわかる．特に前半においては新しい機能飲料への関心があり，中盤ではコカコーラなど旧来からある清涼飲料に移行するが，「ファイブミニ」に出会って再び新しい機能飲料に目を向けるようになっている．後半において，お茶系ドリンクへの関心が選択的に高まったことは，お茶のダイエット効果が宣伝されるようになり，一種の機能飲料としてのお茶への注目が強まったことによるものと解釈される．

その他様々な消費者について本手法で解析した結果として得られた理解を，既存の消費者行動理論と比較すると下記のような知見に至る．

①消費者行動ダイナミクスチャート上の周期的振動の発生

下記に示す関与水準の定期的な遷移が繰り返す結果，周期的振動が発生する．
・低関与から高関与への遷移：バラエティシーキング[8.8]により発生．
・高関与から低関与への遷移：コストベネフィット理論[8.9]に従い，認知コスト低減のため低関与への移行が発生．

②購入量のスパイラルな推移

訴求力が強い製品の購入をトリガとして自己知覚水準[8.6]が向上し，商品全体への関与水準も向上する．これにより，関与水準の周期的振動全体が上にシフトする．逆に，関心を持つブランドが長期間発生しないことで自己知覚水準が下がり，関与水準の周期的振動自体が下にシフトする．

定番商品の購入間隔に見られた特異な濃淡パターン（図 8.10）は，定番商品が低関与－高関与で周期的な変化を見せつつ，継続的に購入されることで観察される現象と解釈することができる．

このように一人の消費者の変遷を複数の手法で可視化することもチャンス発見，すなわち「意思決定を左右する事象」の発見手法の一つであると言える．現時点で，ある顧客が新しいブランドを探しているかどうか知ることは，その顧客に新しいブランドを推奨してよいかどうかという意思決定を左右する．もし，その客がこれまでのブランドにこだわっているなら，その思い入れを大切にするのも顧客維持を実現するための有効なビジネス意思決定である．このチャンス発見の効果は，以下のようにポテ

ンシャルモデルと本手法を統合すると一層発揮される．

8.2.2 ■消費者行動ダイナミクスチャートとKeyGraphのポテンシャルモデルによる統合

　第7章で述べたポテンシャルモデルによって一人のモニタにおけるブランドに対する関心の世界を描くと，図8.13において示された変化を一枚の図にまとめ，大局的にとらえることができる．図8.14は図8.13のKeyGraphを参照して，この男性のポテンシャルモデルをおおまかに描いたものである．描き方は，まず初期（1～2週）における機能飲料を一つの谷，すなわちポテンシャルエネルギーが低くこの消費者が陥りやすい状態として解釈する（図8.14左上）．終盤の機能飲料やお茶飲料もこのモニタにとって魅力的であったので，やはり深い谷をなす（図8.14右上）．この二つの谷の間には機能飲料3（図8.13のファイブミニ）を介したつながりあるので，機能飲料3を両方の谷の境界近くに配置する．中盤（第5～6週）ではコカコーラなど古くからあるドリンクを消費しているので，上記のような機能飲料・健康飲料とは独立の谷として描く（図8.14下）．

　このポテンシャルモデルによるシナリオマップは，KeyGraphを主観的に解釈したものに過ぎない．しかし，消費者行動ダイナミクスチャートをこのシナリオマップの上で解釈すると，図8.15のように理解されるようになる．以下の各項目の番号が，図8.15における図の番号に対応する．

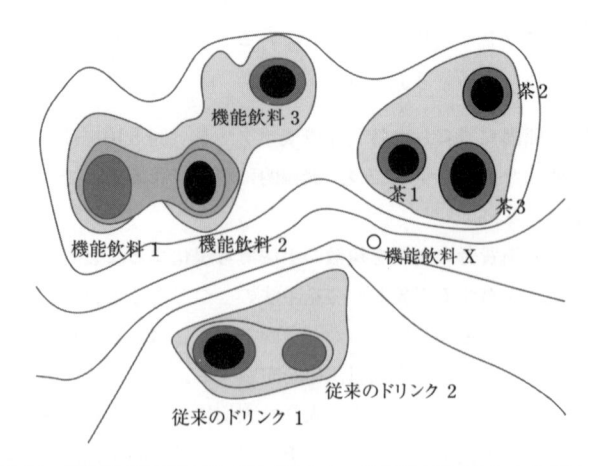

図8.14　図8.13の男性についてのポテンシャルモデルによるシナリオマップ

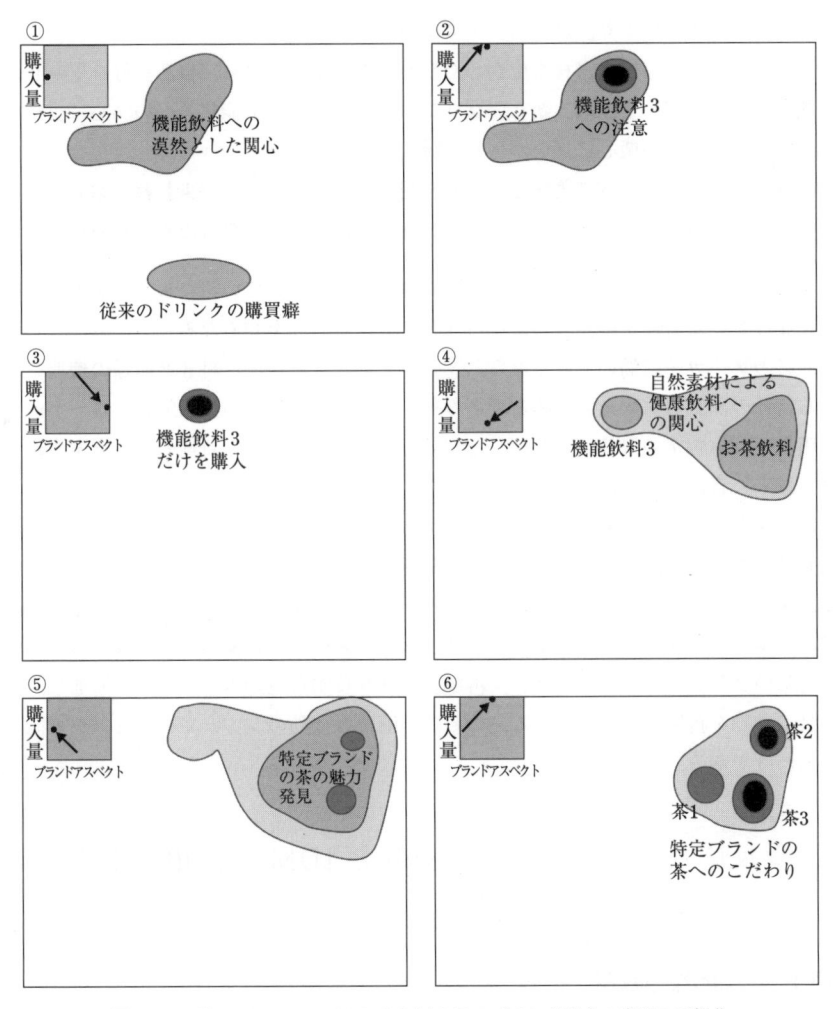

図 8.15 ポテンシャルモデルによる図 8.13 のブランド関心の変遷の可視化

① 最初このモニタは，従来からあるコカコーラなどを特に深く考えずに飲んでいた．しかし，近い場所で販売されている機能飲料にもおぼろげに関心を寄せ，ときどき購入するようになっていた（第 6 週ごろまで）．
② 購入を進め，探索的に良いブランドを求めながら購入するようになる．機能飲料の中から機能飲料 3 を購入してみると，なかなか体調が良い．
③ その後しばらく，少しこだわって機能飲料 3 を購入するようになった．他のもの

を買わないようになり，購入のペースは鈍る．
④　機能飲料3は自然の素材を生かした飲料であったことから，自然素材を生かした機能飲料への関心を深め，新しいブランドのお茶飲料や機能飲料への関心に目覚める．ブランドへの関心に迷いが生じ，購入のペースは鈍る．
⑤　特定のお茶ブランドで美味しいものを発見し，財布のヒモが少し緩み始める．
⑥　おいしいお茶ブランドにこだわって買うようになる．お金もたくさん使う．

　もしこの図を見る人がお茶系ドリンクのメーカーで働いているなら，上記の解析対象になっている男性が優良顧客になろうとしていることを知るだろう．一方，もし機能飲料のメーカーに働いているなら，②のタイミングで機能飲料3と同様の機能を有する自社の飲料の試飲をすすめるであろう．実際，デパートの健康飲料のコーナーで血圧を下げる特定の機能飲料を探したが見つからず，店員から新種の青汁をすすめられ，以来，青汁を毎日飲んでいる人は少なくないという．

　ポテンシャルモデルを用いてシナリオマップを可視化することによって，消費者が消費者行動ダイナミクスチャート上で周期運動をしがちである理由も理解しやすくなる．すなわち，ポテンシャル場の谷から谷へ移動する際，山や尾根を通るときには運動エネルギーが減り，それは購入量とブランドアスペクトの減衰として表れる．そして新しいブランドを好感したとき，再び谷を下りながら運動エネルギーは増加し，勢い良く移動を再開することになる．いわば，消費者行動のシミュレーションが可能となるわけである．

8.3 ■反応なき反響：KeyGraph と IDM の併用によるコミュニケーション分析

8.3.1 ■「反応なき反響」とは

　従来から，マーケティング理論の基礎の一つとして取り上げられてきた一連の理論，Rogersによる流行普及理論[8.10]，Hippelにおけるリードユーザの役割の理論[8.11]，さらに鷲田らによる価値転換層を含む理論[8.12]などによって，消費者集団において意識が変化・伝播する様子が明らかとなってきた．これらの考え方を用いると，社会における話題の展開について分析することも可能である．しかし，具体的にどのようなコミュニケーションが話題の伝播や展開を媒介するのかについて，実際のコミュニケーションデータに基づいて明らかにする研究が進むようになったのは，近

8.3 ■反応なき反響：KeyGraph と IDM の併用によるコミュニケーション分析

年になってテキストマイニング技術が隆盛し，メールや BBS，ブログなどにおけるオンラインコミュニケーションによってコミュニケーション内容のデータが容易に入手できるようになってからのことである．

テキスト化されたコミュニケーション内容を解析するとき，KeyGraph と IDM はそれぞれ役割が異なる．KeyGraph は，いくつかの島で表されるトピックとその間の橋渡しを行う語を表示する．別のたとえを用いて言えば，図 8.16 に示すように，雑然と樹木の茂る山において，大樹（島に該当する）の間にある根（橋に該当する）を介した深い関係を見い出そうとするものである．一方，IDM は，一本一本の木における枝や葉の関係の詳細に明らかにし，その木の中でどの分枝（一つのメッセージに対応する）から出ているどの枝（メッセージに対する返信の集合）が最もよく成長したかを知ろうとする上で有効である．

コミュニケーション内容を表すテキストに KeyGraph と IDM を別々に適用し，それらから両者の結果を注意深く比較すると，興味深い発見に至ることがある．この節では，ある商品のコマーシャルがリリースされてから後の 30 週間において，オンラインコミュニティ上でのその商品に関して盛り上がった内容を分析した例を示す．この分析から，話題の展開は必ずしもメッセージに対する応答の繰り返しから起きるのではなく，図 8.17 のような「反応なき反響（Resonance without Response[8.13]）」という有力な盛り上がり要因が存在することがわかる．すなわち，ある種の盛り上がりは一つのスレッド（あるメッセージとそれに対する返信の集合で，IDM が可視化できる一本の木に近い概念となる）の中だけで起きるのではなく，スレッド間で，すなわち相互の返信なしに共鳴する相互作用によって発生するということを意味する．

図 8.16　KeyGraph と IDM の比較

図 8.17 直接の反応（応答）によるコミュニケーション（左）と，共鳴（右）．右図では，手前の二名の話題が奥の二名の会話に乗り移っているが，特に奥の二名が手前の二名に対して応答したわけではない．

　スレッド内の人間関係を強い紐帯，スレッド間の関係を弱い紐帯と仮に考えると，本節で示すのは KeyGraph と IDM の併用によって弱い紐帯による盛り上がりを観測した結果であると言えるかもしれない．

　図 8.17 の例を用いて述べると，「反応なき反響」は次のような共鳴現象によって起きると考えられる．まず，誰か数名が何か話をしている．また，その人たちとは別の数名と自分が同じ部屋で話をしている．そのうちに，自分は自分が属さない集団の話題を耳にして，内心興味を持ち始める．しかし，すぐにそのことを口に出すと，それまで話していた仲間とは別の人たちの話題を盗んだような気になるので，すぐには話題にのせられない．とはいえ，やはり興味は強いのでそのうちに口に出し始め，結局自分のいる集団はもう片方の集団の話題に感染することになる．これは，部屋の中の人々が話題で共鳴しているようなものである．

　この共鳴が繰り返されて話題が世間に伝播していくと考えることは，すべての流行が「応答」によるコミュニケーションによって起きると考えるよりも自然に，様々な流行現象を説明することができる．例えば，携帯電話にいろいろなストラップをつけている女子高生は日本中にいる．それどころか，海外に出かけても同じようなことをしている人が多くなってきた．日本では，女子高生は違う高校の女子高生と頻繁に携

帯電話のストラップについて会話をするのだろうか？海外の人たちは日本の女子高生とわざわざ国際電話で話をして，高い電話代を払って「携帯電話に可愛いストラップをつけたのね」と話したのだろうか．おそらくそうではあるまい．想像の域を出ないが，日本の女子高生は電車の中で他の女子高生の会話を横で聞いていたり姿を見たりしていたのであろう．それだけでも，つまり直接話しかけなくてもストラップを真似ることはできたはずである．また，海外の人が旅行中の日本人を見たり，自分が日本を旅行しているときに女子高生の会話を聞いたり，テレビで日本の誇る女子高生のファッションを見ることはあるだろう．流行に感染するには，それだけで十分であろう．以上の考えをこの後の分析と対応付けるために，「共鳴」という用語で定義しておく．すなわち，複数のスレッドが共存することによって新しい話題が生まれるとき，これを「共鳴 (resonance)」というのである．

8.3.2 ■ KeyGraph と IDM の比較：簡単なテキストデータを例に

　同じコミュニケーションに対するテキストを，IDM と KeyGraph に対して適用した結果を比較する．ここでは，式(8.3)の簡単なコミュニケーションを例として説明する．

> D = Seg 0 *Mr. A : In the market of general construction, the customers decreased in these 10 years.*
> Seg 1 *Mr. B : You are right…Our company, making concrete and steel, is in the bad situation.*
> Seg 2 *Mr. C : his situation of the construction market induces a further decrease of customers. Our company may have to introduce restructuring for satisfying customers.*
> Seg 3 *Mr. B : My company may reduce the price of concrete steel and other materials.*
> Seg 4 *Ms. D : But restructuring may reduce the power of company.* (8.3)

　まず，式(8.3)のテキストデータ D に IDM を用いて可視化すると，図 8.18 を得る．影響度などの詳細は第 7 章を参照されたい．この図には，建設業の企業における作業内容についてのキーワードである「スチール」「コンクリート」などからなる木（左半分）と，顧客やマーケットといったキーワード（右半分）に分かれており，両者が別々のメッセージから発展したものであることがわかる．特に，話の主眼はこれらのうち右側の木であって，建設業の問題が社会情勢による市場縮小にあると会話参加者

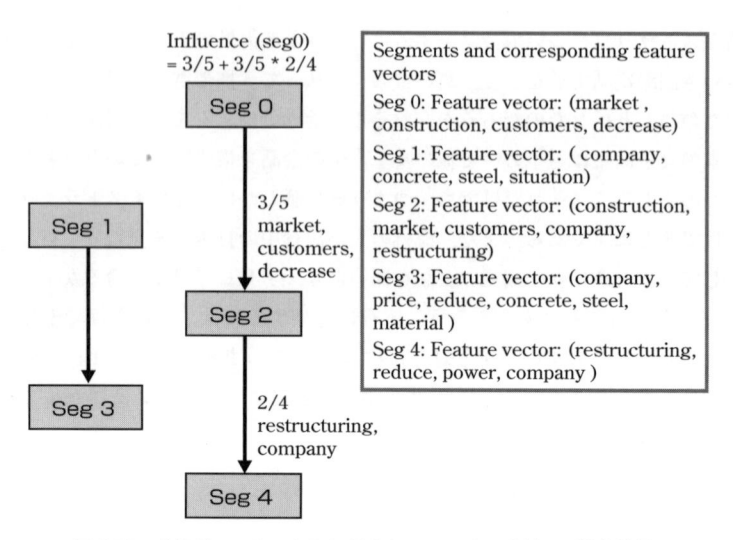

図 8.18 式(8.3)のテキスト D に対する IDM による分析・可視化結果.

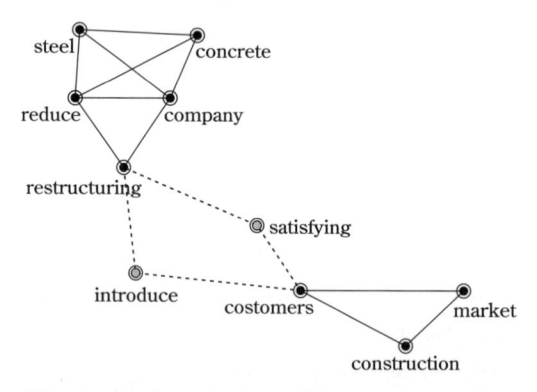

図 8.19 式(8.3)のテキスト D に対する KeyGraph の結果.

らが考えていることがわかる.

　しかし，この解釈は二つの理由で妥当ではない．まず，左側の木にある企業の活動内容は，市場があってこその活動のはずであるから．もう一つには，たった4人でこれだけの会話しかしていないのに，まったく互いの話を聞き合わない二つのコミュニティに分かれるのは不自然だからである.

　一方，式(8.3)のテキストデータ D を KeyGraph で可視化すると，図 8.19 を得る．この図には，建設業の企業についてのキーワード（上半分の島）と，顧客やマーケッ

トといったキーワード（下半分の島）があって，両者を「（上半分の島にあるリストラ策を）導入することにより（下半分の島にある顧客を）満足させる」という意味をもつ橋がつないでいる．

このようにして，二つの話題の間には関連があって，話題間の共鳴からリストラ策という概念が発生していることがわかる．IDM からは KeyGraph では可視化できない話題の深まりを見取ることができる一方，KeyGraph からは IDM では可視化できない Resonance without Response を見い出すことができる．両者の併用によって，コミュニケーションの全貌が把握できるのである．

8.3.3 ■ソフトドリンク（緑茶飲料）プレスリリース後の消費者の声の分析

日本ではペットボトルの緑茶飲料がソフトドリンクとして売られるようになり，様々なブランドが競争している．その中で，ダイエットに効果があるとされるカテキン成分を多く含む緑茶飲料という新しいジャンルが生まれたのは，ここ数年のことである．以下では，小サイズのペットボトルで販売された高濃度カテキンに関するプレスリリースが行われてから 30 週間の間に，消費者間でどのようなコミュニケーションが行われたかという分析を行う．ここでは，ある匿名性の高いオンラインコミュニティを分析対象とした．

全体で 780 件のメッセージからなるが，これを IDM は 49 件のセグメントに分割した．したがって，ここでのセグメントはメッセージに対応せず，いくつかの隣接するメッセージからなる．ここでは，コミュニケーションの順序の中である一定セグメント数の距離にあるセグメント対のうち，共通する単語数の多いものの間に応答関係があるものとみなした．このようにした理由は，扱ったコミュニティではメッセージ間の関係がスレッド構造で表されていないからである（第 7 章で言えば，メッセージ間の送信・返信関係を明示的に与えられていないデータに該当）．

図 8.20 に示す結果から，全体のコミュニケーションは大きく五つのブロックに分割されることがわかる．この図の細かい多数の矢印は，IDM における計算結果から得られたセグメント間の応答関係であり，太い矢印はセグメントの出現順序を現す．

ブロック A：カテキンのダイエット効果など，プラスのイメージ．
ブロック B：カテキンに対するマイナスのイメージ．
ブロック C：価格の高さに対する不満．
ブロック D：ボトルが小さく販売店舗が限定されているなど，販売方法への不満．
ブロック E：カテキン茶以外にもダイエット方法はあるという主張．

そして注目すべきことに，ブロックAとブロックBはほとんど逆の考えに貫かれ，互いに交流がないように見えるにもかかわらず，図8.20の太い矢印に見られるセグメントの出現順序からは，ほぼ同時にもつれあいながら展開している．そして，新しくブロックC以降が現れた段階では，ブロックAとブロックBの盛り上がりは停止している．

この現象を，同じデータをKeyGraphで可視化することによってとらえ直してみる．図8.21において，①はIDMにおけるブロックAに相当する話題の領域になっている．また，②はIDMにおけるブロックB，③はIDMにおけるブロックCとD，そして④はブロックEに相当する．実際，ここに示される太い矢印のように話題は進んでいたわけであるが，KeyGraphの結果がIDMと決定的に異なるのは次の二点

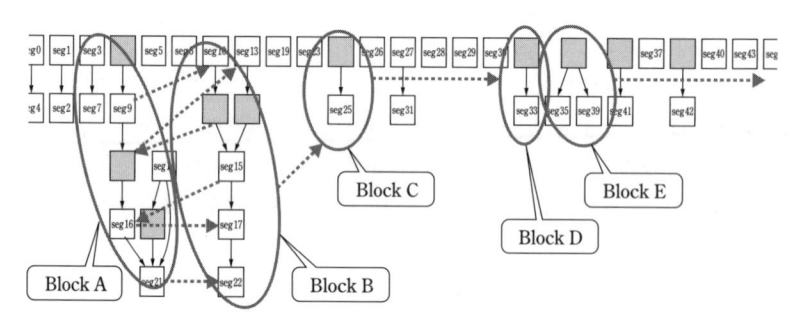

図8.20 高濃度カテキン茶についてのプレスリリースから30週間における消費者の声（オンラインコミュニティにおけるやりとり）に対するIDM結果

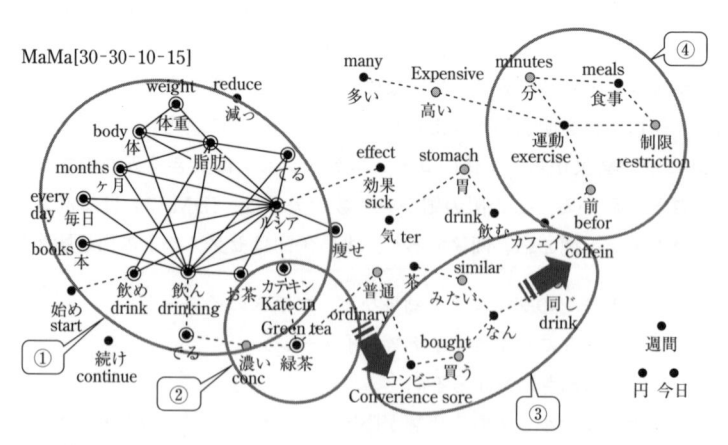

図8.21 高濃度カテキン茶についてのプレスリリースから30週間における消費者の声（オンラインコミュニティーにおけるやりとり）に対するKeyGraphの結果

8.3 ■反応なき反響：KeyGraph と IDM の併用によるコミュニケーション分析

である．

(a) KeyGraph からは，①と②が同時並列的に展開した話題であることがわからない．
(b) IDM からは，ブロック A から E まで話題につながりがあったことがわかる．

この(a)については IDM で理解されたことなので，KeyGraph が役割を果たす必要はない．チャンス発見プロセスの中で二つのツールを併用することは，多くの場合効果的である．そこで，上記(b)に焦点をあてて図 8.21 を視察してみると，次のように理解される．

・図 8.20 におけるブロック A とブロック B の差は，このドリンク商品のカテキンが高濃度であること（図 8.21 において①と②の境界にある赤ノード「濃い」に着目）の良い面と悪い面から生まれた違いであった．すなわち，ブロック A ではカテキンの濃さがダイエット効果の証として好感され，ブロック B では苦い緑茶というネガティブなイメージを起点に話が展開した．
・ブロック A とブロック B が共存した結果，結局単に濃厚に作った緑茶を飲んでいるだけではないかという共通の考えが発生し，ブロック C の「だとすると，ちょっと高いのではないか」という話題に集結した．
・一旦コミュニティがブロック C で意気投合すると，あとは販売方法への不満が煽られる展開に収束してしまった（図 8.21 の③に相当）．

このように，コミュニティ全体の話題展開の流れを理解することができるようになったのは，IDM と KeyGraph を併用した結果であって，KeyGraph が IDM より優れている，あるいはその逆というような意味ではないことについては念を押しておきたい．図 8.21 の太い矢印は IDM の結果から初めて書き加えることのできたものであり，「濃い」という少数だが根源的なキーワードに着目したのも，IDM においてブロック A とブロック B に相互作用があったと知った上で KeyGraph を観察した結果であった．

そして，これもまたチャンス発見，すなわち「意思決定を左右する事象」の発見である．「濃い」という単語の生起とその概念に着目し，「ただの濃い緑茶」だと理解されるという事象がコミュニティの中に発生したことが悪評の原因だと知ったならば，同ドリンク商品は家庭で濃い緑茶を入れても真似できないものだという情報を積極的に公開すればよいのである．ここでの発見は，その意思決定を決定的に左右するものである．

8.4 ■影響度と被影響度を用いたデータ要約によるシナリオマップの改善

8.4.1 ■チャンス発見のためのデータ要約とは

通常，データを圧縮するとデータ量が減るので，そのデータを解析すると様々な統計量が元のデータから変化してしまう．それに対し，元のデータの統計量を保存したままデータを圧縮するという問題がデータスカッシング技術である[8.14]．一方，データ要約とは，膨大なデータの中から本質的な部分だけを抽出したものを得て，これを元のデータの代わりとして扱うものである．

通常，データ要約は，要約した結果を人間が読むときに，元データを読むよりも全体の出来事の筋道を捉えることが容易となることを目的とする．

では，コンピュータでKeyGraphのようなツールを用いてデータの内容を可視化する場合は，元のデータを要約することによって可視性が向上するであろうか．例えばデータマイニングのプロセスにおいては，初期にノイズを除去するデータ洗浄が行われる[8.15]．データ洗浄によって本質的なパターンだけが得られ，ユーザにとって理解がしやすくなるのであるから，やはりデータから本質的な部分だけを抽出することはデータの本質をわかりやすく可視化する技術として無視できない．

しかしチャンス発見においては，第2章や前著[8.4]に示したように，データからノイズを削除するならば，本当に無意味であることが明らかである部分だけを削除するのにとどめなければならない．なぜならば，非常に稀な，あるいは例外的な事象もチャンスであるかもしれず，データから除去することができないからである．

では，どのような考え方でデータ要約を行うと，チャンス発見の目的に合致した要約ができるだろうか．本来，チャンス発見では，ある事象が起きたときの人間の選択肢によって，後に大きな影響を及ぼしてしまうということをとらえたいのである．すると，IDMが把握するような事象間の影響を見逃してはならないことになる．KeyGraphで得られるような無向性のシナリオマップも，可能ならば影響を与える事象と影響を受ける事象との間の関係を可視化することが要請されていることになる．

そこで本節に示すデータ要約手法では，まずデータ全体を適当な大きさのセグメントに時刻順に区切る．次に，各セグメントのうちで，他のセグメントに影響を与える度合いおよび他のセグメントから影響を受ける度合いの大きなアイテムを残すようにセグメントを要約する．各セグメントをこうして要約されたセグメントに置き換えた新しいデータは，KeyGraphによって可視化すると，元データにKeyGraphを適用し

て可視化したものよりも「影響する事象から影響を受ける事象へ」というシナリオに焦点を絞って把握できるものとなる．これは KeyGraph の効果ではなくデータ要約の効果であるから，他のツールを用いてマイニングを行っても，データにおける時系列的な変化の要因を探る上で有効な手法である．

8.4.2 ■影響度と被影響度を用いたデータ要約アルゴリズム

影響度と被影響度を用いたデータ要約アルゴリズム[8.16]は下記の手続きに従う．

Step ①：データの入力

長さ（アイテム数）n のデータ D が与えられたとする．ここで，e_j は第 j 番目のアイテム（D を事象系列とするとアイテムは事象に相当する）を示す．

$$D = e_1\, e_2\, e_3\, e_4\, e_5 \cdots e_n \tag{8.4}$$

Step ②：セグメント分割

D をセグメント分割して，m 個のセグメント $Seg_1, Seg_2, \cdots, Seg_m$ を得る．それぞれのセグメントを下記の内容とし，e_{sj} を j 番目のセグメントの最後のアイテムとする．

$$Seg_1 = \{e_1, e_2, \cdots e_{s1}\}$$
$$Seg_2 = \{e_{s1+1}, e_{s1+2}, e_{s2}\}.$$
$$\cdots$$
$$Seg_m = \{e_{s(m-1)+1}, e_{s(m-1)+2}, \cdots, e_{sm=n}\}. \tag{8.5}$$

Step ③：影響の大きなアイテムを残す

各セグメントのうちで，データ全体に対する「影響度」の大きなアイテムから順に，一定個数（あらかじめ定められた定数個）をとる：

$From(Seg_1)$，s.t.，$From(Seg_1) \subseteq Seg_1$．
$From(Seg_2)$，s.t.，$From(Seg_2) \subseteq Seg_2$．
$\cdots$
$From(Seg_m)$，s.t.，$From(Seg_m) \subseteq Seg_m$．

Step ④：影響の大きなアイテムを残す

各セグメントのうちで，データ全体からの「被影響度」の大きなアイテムから順に一定個数（あらかじめ定められた定数個）をとる：

$To(Seg_1)$，s.t.，$To(Seg_1) \subseteq Seg_1$．
$To(Seg_2)$，s.t.，$To(Seg_2) \subseteq Seg_2$．
$\cdots$

$To(Seg_m)$, s.t., $To(Seg_m) \subseteq Seg_m$.

Step ⑤：影響度，被影響度の大きなアイテムの合併をとる

下記の $Sq(D)$，すなわち各セグメント Seg における $From(Seg)$ と $To(Seg)$ をすべてのセグメントについて集めたものを元データ D の要約とする．

$Sq(D) = From(Seg_1)\ To(Seg_2)$.

$From(Seg_2)\ To(Seg_2)$.

…．

$From(Seg_m)\ To(Seg_m)$. (8.6)

これで，影響度と被影響度を用いたデータ要約の枠組みを記述したので，以下に影響度と被影響度の求め方など，具体的な計算手法を示す．

8.4.3 影響度と被影響度の計算

（1）対象データ

ここでは，後で元データと要約後のデータに対する KeyGraph の結果を比較するために，元データのままでも KeyGraph が扱えるようなデータを対象とする．

$D =$ unit 1. unit 2. unit 3. …, unit q, where

unit $1 = \{e_1, e_2, \cdots e_{r1}\}$，（一行が一つの共起単位となる）

unit $2 = \{e_{r1+1}, e_{r1+2}, \cdots e_{r2}\}$,

…,

unit $q = \{e_{e(q-1)+1}, e_{r(q-1)+2}, \cdots e_{rq} = en\}$. (8.7)

すなわちここで扱うのは，適当な区切れ目でピリオドが入ったようなデータである．いくつか例を示す．

・文章は単語それぞれがアイテムであり，ピリオドによって文の終端が区切られているので，この条件に該当する．

・文献[8.17]で扱ったように，地震履歴のデータの場合にも適当な大きさの地震（例えば M5.0 以上の地震）の直後にピリオドを挿入すると，そこでは大きなエネルギーが解放されて不連続な地殻運動が起きているという意味を持つことになる．したがって，地震の震源地となった活断層をそれぞれアイテムとする地震履歴データも上記条件に該当する．

・各地震で揺れたことが報告された地域名（和歌山南部，群馬北部など）をアイテムとし，各地震直後にピリオドを入れたデータも条件に該当する．

・肝炎患者における血液検査データは，すでに本書で扱ったように各患者の検査結果

8.4 ■影響度と被影響度を用いたデータ要約によるシナリオマップの改善

① 系列データ

$D = e_1\ e_2\ \ldots\ \ldots\ \ldots\ \ldots e_n$

② セグメンテーション（区切り）

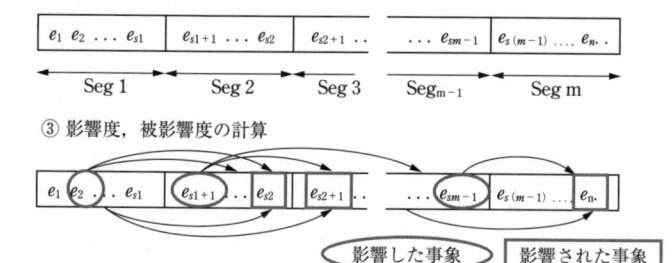

$e_1\ e_2\ \ldots\ e_{s1}$	$e_{s1+1}\ \ldots\ e_{s2}$	$e_{s2+1}\ \ldots$	$\ldots\ e_{sm-1}$	$e_{s(m-1)}\ \ldots\ e_n.$
Seg 1	Seg 2	Seg 3	Seg$_{m-1}$	Seg m

③ 影響度，被影響度の計算

（影響した事象／影響された事象）

④ 影響する事象と影響を受けない事象をマージする

$Sq(D) = e_2.\ e_{s1+1}\ e_{s1+2}\ e_{s2}.\ e_{s2+1}\ \ldots\ \ \ \ e_{sm-1}.\ e_n.$

図 8.22　影響度・被影響度に基づくデータ要約手続きの流れ

の終わりにピリオドを入れても，あるいは一回の検査結果の終わりごとにピリオドを入れても，ここで扱うデータの条件に適合する．

以上のように，ここで対象とするデータは，形式としては KeyGraph と同じだけの範囲が適用可能である．ただし，データの内容としてはデータの先頭から後方に進むのに従う時間の流れがあって，前方から後方に向けて事象から事象への影響が存在することが必須である．この点は，各共起単位の間に時間順序が存在する必要のない KeyGraph との相違点である．

（2）データのセグメント分割

データは Step ②においてセグメント分割される．この分割は，7.10.1 で述べた内容とまったく同様に行われる．すなわち，一定個数の連続する共起単位をウインドウとし，隣接するウインドウ間で特徴ベクトル間にある程度大きな違いがあれば，前後のウインドウで境界があるものとする．そして，この境界によってセグメント分割を行う（詳細は第 6 章の IDM, PAI における Step ②と同様）．すべてのセグメントの集合を S とする．

（3）セグメント中の各アイテムからデータ全体への影響度の計算と From (Seg$_t$) の抽出

IDM における手続きと同様に，セグメント Seg_{t1} からセグメント Seg_{t2} （$t_1 < t_2$）に向けて，もし両セグメントの特徴ベクトルのなす角度がある閾値より小さければ関連

が深いとみなし，S_{t1}からS_{t2}に向けて矢印を引く．ただしこの操作は，t_2-t_1があらかじめ定められた一定の幅より小さい場合にのみ行う．

そして，各セグメントSeg_tの中のアイテムwから，データ全体への影響を次のように計算する．すなわち，Seg_t中のwから矢印でつながったそれぞれのセグメントSeg_{t+a}への影響を，Seg_tからSeg_{t+a}までの有向パス上にある各矢印を介したwの影響度の積で表す．ここで矢印$Seg_a → Seg_b$を介したwの影響度は，Seg_bがwを含む場合はSeg_bの含むユニークなアイテム数の逆数であり，Seg_bがwを含まない場合は0である．そして，Seg_tの中のアイテムwからデータ全体への影響は，Seg_tから矢印でつながったすべてのセグメントへのwからの影響度の和として計算される．すなわち，Seg_tの中のアイテムwからデータ全体への影響は，以下のような式で与えられる．

$$Influence\_from(Seg_t, w)$$
$$= \sum_{\forall x \in \{t+1, \ldots m-1, m\}} \sum_{\forall path \in [Seg_t → Seg_x]} \Pi\, inf(w, Seg_a → Seg_b), \text{s.t.} \{a, b\} \subset path. \tag{8.8}$$

ただし$[Seg_t → Seg_x]$は，セグメントSeg_tを起点，セグメントSeg_xを終点とするすべての有効パスの集合を表し，各パスはその上にあるセグメントのひとつの系列で表される．すなわちSeg_tの中のアイテムwからの影響は，Seg_tからそれ以外のセグメント（Seg_x）に対して届くすべてのパス path 上で「path 上のすべての矢印（$Seg_a → Seg_b$）を解する影響度をかけ合わせた値」を求め，これをすべてのSeg_xに対して加算した値とする．また，各矢印を介したwの影響度は，

$$inf(w, Seg_a → Seg_b) = 1/|Seg_b|, \quad \text{if } w \in Seg_a \cap Seg_b,$$
$$inf(w, Seg_a → Seg_b) = 0, \quad \text{if } w \notin Seg_a \cap Seg_b$$

とする．そして，Seg_tにおける全体への影響度の高いアイテム集合として，$Influence\_from(Seg_t, w)$の値の大きさの順位で上位アイテムwが指定個数だけ選ばれる．これらが$From(Seg_t)$となる．

（4）セグメント中の各アイテムへのデータ全体への影響度の計算と$To(Seg_t)$の抽出

第6章に紹介した IDM では，各セグメントから全体への影響という考え方を基本としていたが，全体から各セグメントへの影響という考え方はまだ適用していなかった．一方，ここでは，各セグメントSeg_tの中のアイテムwへのデータ全体からの影響を次のように計算する．

すなわち，Seg_t の中の w に矢印でつながったそれぞれのセグメント Seg_x からの影響を，Seg_t への Seg_x からの有向パス上にある各矢印を介した w の影響度の積で表す．ここで，矢印 $Seg_a \to Seg_b$ を介した w への影響度は，前述の (3) と同様に計算される．そして，Seg_t の中のアイテム w へのデータ全体からの影響は，Seg_t に矢印でつながったすべてのセグメントからの影響度の和として計算される．すなわち，Seg_t 中のアイテム w へのデータ全体からの影響は，以下のような式で与えられる．

$$Influence\_to(Seg_t, w)$$
$$= \sum_{\forall x \in \{1, 2, \cdots, t-1\}} \sum_{\forall path\{Seg_x \to Seg_t\}} \Pi \, inf(w, Seg_a \to Seg_b), \text{s.t.} \{a, b\} \subset path.$$
(8.9)

Seg_t の中で全体への影響度の高いアイテム集合として，$Influence\_to(Seg_t, w)$ の値の大きなアイテム w の上位が指定個数だけ選ばれ，$To(Seg_t)$ となる．

最後に，アイテム集合 $From(Seg_t)$ と $To(Seg_t)$ を全セグメントについて合併し，式 (8.6) のとおり要約データ $Sq(D)$ を得る．

8.4.4 ■実データへの応用事例

以下，3種類の実データについて影響度・被影響度による要約を適用した結果を示す．ここでは，まずデータから明らかなノイズを取り除き（英語文章における "is" "the" など），式 (8.7) の形式に整形する．対象は肝炎データ，地震データ，文章である．そして，8.4.3 で述べた方法によってセグメント分割を行う．次に，下記の 3 種類のデータを KeyGraph によって可視化し，比較を行う．

データ①　元データ
データ②　各セグメントのうち式 (8.1) の tfidf によって表される重要度の高いアイテムを③と同じ一定個数だけ残す要約を行って得られたデータ
データ③　元データを上述の影響度・被影響度に基づいて要約したデータ

（1）事例 1：肝炎患者の血液検査データ

本書では何度か登場したデータである．元のデータには 771 名の肝炎患者の血液検査について詳細な検査結果データが収められていたが，ここではそのうち一名についてのデータを取り出して KeyGraph を適用した．

図中の記号はこれまでの肝炎患者データと同じで，X_H は X という変数の値が正常範囲より高いことを表し，X_L は正常範囲より低いことを表す．また，X_+ は X の値が増加していく途中であることを，X_- は X の値が減少していく途中であるこ

第8章■シナリオマップのモデル統合とその応用

とを表している．結果として，式(8.10)のようなデータに対してKeyGraphを適用することになる．ここで，各行が共起単位であり，式(8.7)における各行に相当する．

$$
\begin{aligned}
&\text{D\_hepatitis=CHE\_- GPT\_H GOT\_H ZTT\_H}\cdots, \\
&\text{Interferon ZTT\_H GPT\_H GOT\_H G-GPT\_-}\cdots, \\
&\text{G-GPT\_- GPT\_- CHE\_+,. }\cdots
\end{aligned}
\tag{8.10}
$$

この例では，元のデータそのまま（データ②）ではデータが小さいため，肝炎の悪化していく島と回復していく島の間には橋が見られない（図8.23）．tfidfを用いて要約したデータ2では，肝炎の特効薬であるインターフェロンが可視化された（図8.24）が，悪化と回復の間に存在する橋の位置にインターフェロンが表示されたわけではなく，シナリオマップは医師によっても理解されにくいものとなった．

一方，影響度と被影響度によって要約したデータ3（図8.25）では，悪化と回復の間の連結が明確になっており，ビリルビン値の高い高度に進行した肝炎からCREやUAなど腎臓関連の成分が変化し，炎症を伴う何らかの事象があって，その後回復する様子がわかる．このような炎症は，手術やインターフェロンなど強力な治療が施されたと見ることができるので，例えばこの患者が高ビリルビン・低尿酸（UA）の時期にあった時点を調べれば，効果を発揮した処置を知ることが可能となる．この場合は，確かにその時点でインターフェロン処方が行われていたことがデータの精査から

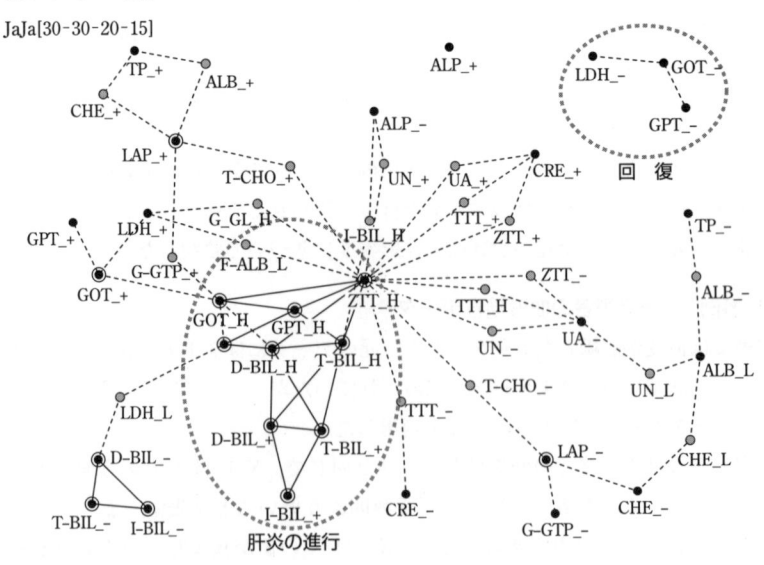

図8.23　肝炎患者のデータ①に対するKeyGraph．肝炎進行と回復を結ぶ橋が見えない．

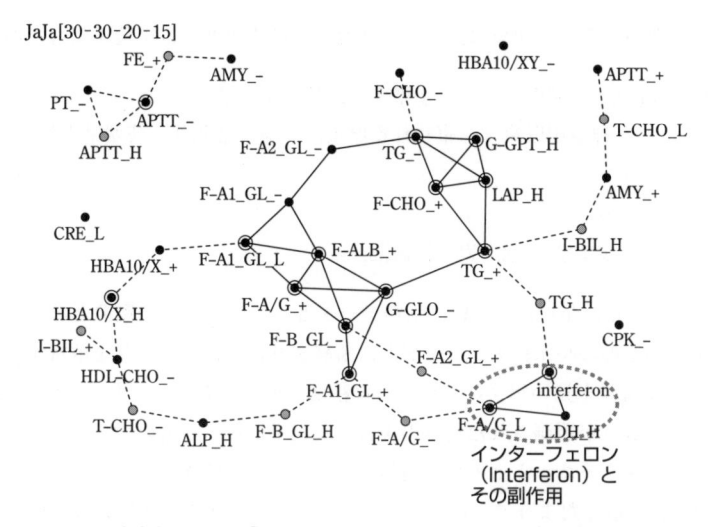

8.4 ■影響度と被影響度を用いたデータ要約によるシナリオマップの改善

図 8.24 肝炎患者のデータ②に対する KeyGraph. シナリオ理解が困難となった.

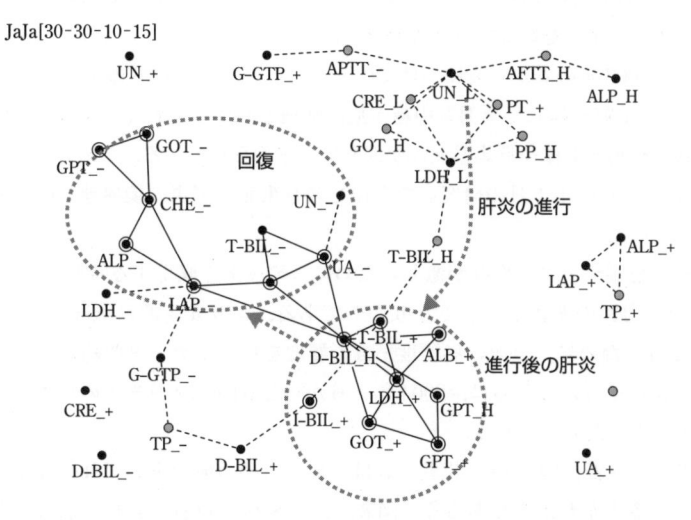

図 8.25 肝炎患者のデータ③に対する KeyGraph の結果. 治療を行ったタイミング,回復へのシナリオについての理解が 3 つの図の中で最も容易である.

確認されている.

(2) 事例 2：地震の履歴データ

文献 [8.18] における地震履歴データは,震源となった活断層の時間系列であった.一方,ここでは各地震において揺れた地域を式 (8.11) のように列挙してデータとし

237

た．各行で表された共起単位は，一度の地震における震度3以上地域集合である．

$$D\_quakes = 宮城県北部,\ 岩手県南部,\ 秋田県東部.$$
$$神奈川県東部,\ 東京都多摩東部,\ 埼玉県北部\ 茨城県南部.$$
$$\ldots$$
$$\ldots$$
$$宮城県北部,\ 岩手県南部. \tag{8.11}$$

　文献[8.17]にも紹介したように，地震データとしては各地震の震源となった地点の経度・緯度の座標の時系列データを震源活断層履歴に変換し，これを解析することによって要注意断層を見い出すことが相当な精度で可能である．一方，式(8.11)は，各地震において震度が観測された地点の集合を共起単位とするものであり，データとしては簡易にインターネット上の地震情報から得ることができる．

　文献[8.18]で示したように，KeyGraphの図において地震の頻度の高いいくつかの地域からなる島の間にあって，しかしデータの中でまだ高頻度で揺れていない地域は，近い未来に地震を起こす可能性が高い．

　例えば，2003年の春から夏にかけてのデータからは，図8.26のようにその後2004年10月に大地震を起した新潟県中越が危険地域として示されているほか，同地震で強く揺れた福島県会津や群馬県北部が的確にとらえられている．この時期の分析結果については，2004年1月の研究会で会津を含む東北と関東の境界地域の危険性として指摘していた．

　しかし，地震データは変動が激しいために，データを取得する時期によってKeyGraphの出力図の変化も大きくなりがちである．より安定的に意味のわかるKeyGraphを得るために，上記の影響度・被影響度を用いたデータ要約が役立つという例を以下に示そう．これらは，2004年1月から2004年12月までの日本全国の地震データを解析したものである．

　図8.27，図8.28，図8.29を比較すれば，地震活動の構造をいずれの図が最もよくとらえているかがわかるであろう．図8.27，図8.28では日本列島における大局的な地震の仕組みがよくわからない．一方，図8.29では山梨県中西部のように，いくつかの地震の巣と共起しながらもわずかな回数しか揺れていない地域が，要注意地域として注目される．この点は文献[8.17]において，1992年以前のデータから野島断層を示したいきさつと似ているし，山梨県中西部が震源となるとは限らず，近辺の関東地方における注意を呼びかけるべきとする内容の結果であるといえよう．

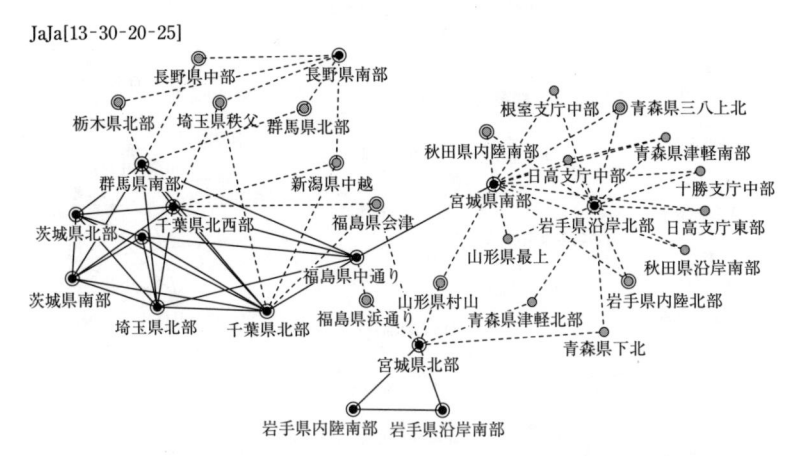

8.4 ■影響度と被影響度を用いたデータ要約によるシナリオマップの改善

図 8.26　2003 年 3 月から 8 月までの日本列島の地震を可視化した結果

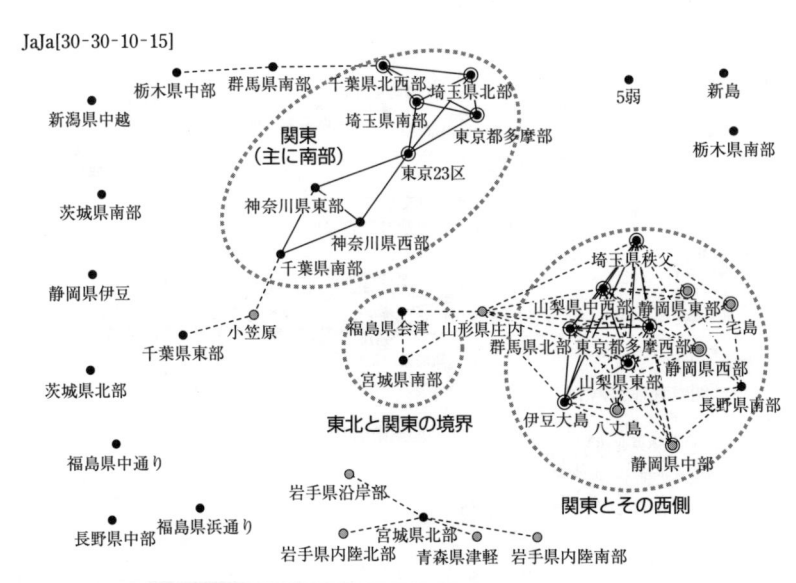

図 8.27　2004 年の地震履歴について，元データ（データ①）に対する KeyGraph 結果．日本における関東地方の南東部と日本北部の地震活動が分断されて見える．

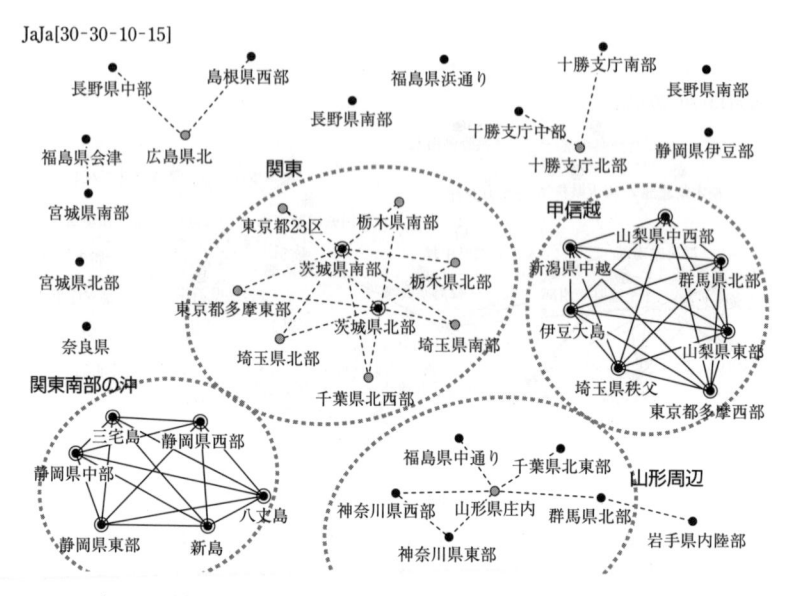

図 8.28 2004年の地震履歴データについてのデータ②に対する KeyGraph 結果．日本の各部の地震活動が，さらに分断されて見える．

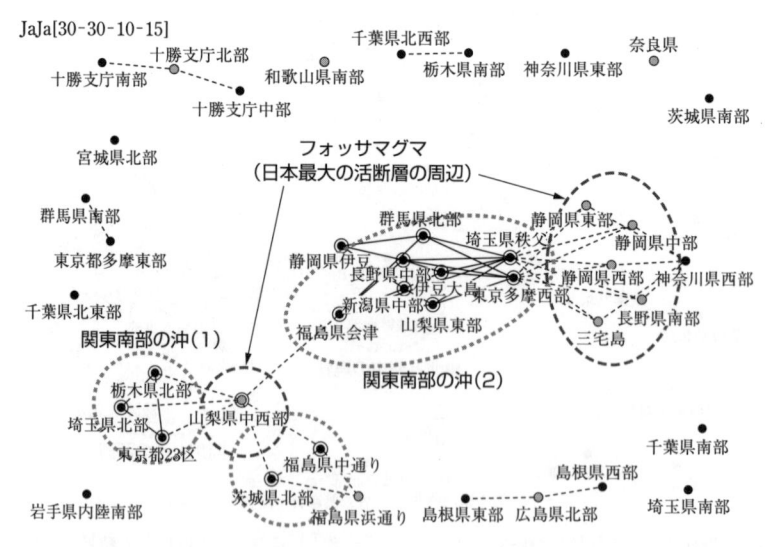

図 8.29 地震履歴データについてのデータ③に対する KeyGraph 結果．図 8.27，図 8.28 で分断されていた地域の間に山梨県中西部が現れ，様々な地震の巣の間でストレスを受けながらわずかに揺れている地域であることを示している．

8.4 ■影響度と被影響度を用いたデータ要約によるシナリオマップの改善

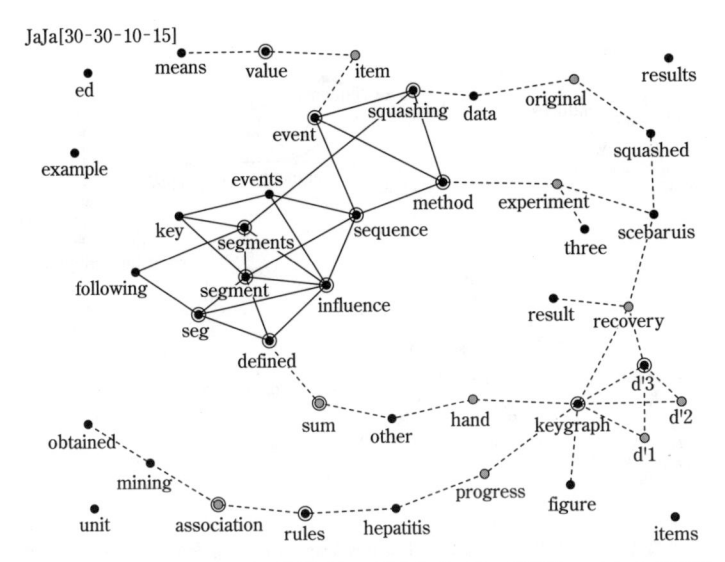

図 8.30 英語論文についてのデータ①（原論文）に対する KeyGraph 結果．original（「元データ」の意味），experiment など，研究作業に関する語が全体を司る構造を呈示している．

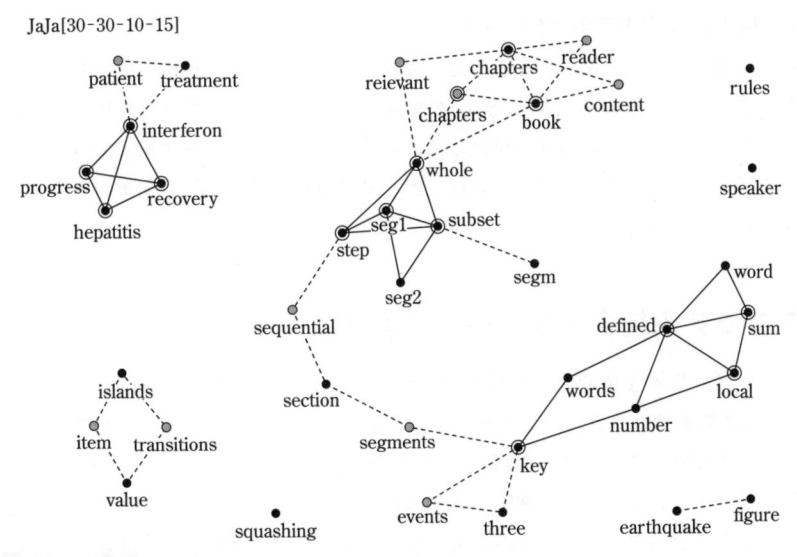

図 8.31 英語論文についてのデータ②に対する KeyGraph 結果．Segments, sequential など，技術の詳細に関する語が全体を司る構造を呈示．図 8.28 に比べると論文の主張に近いが，詳細に拘り過ぎる感がある．

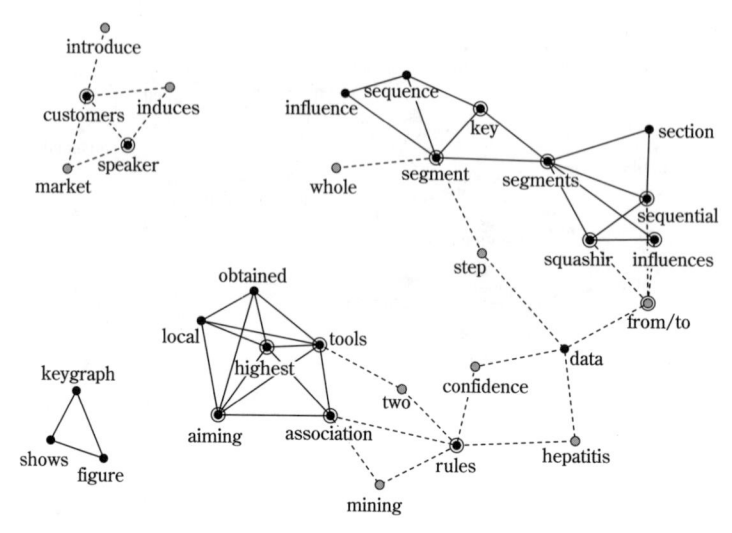

図 8.32　英語論文についてのデータ③に対する KeyGraph．From/to を重要語としてマーク．影響度だけでなく，被影響度も含めて各アイテムの重要度を計算するのが論文の提案であったので，この図は的確に著者の主張点を捉えた．

（3）事例3：文書のテキストデータ

　最後に文書データである．ここでは，今述べている影響度・被影響度に基づくデータ要約手法についての英語論文[8.16]を解析した．文書においては，ピリオドとピリオドで挟まれた文ごとが共起の単位となるので，それ以上のデータ形式についての説明は省略する．やはりデータ3におけるデータ要約が，最も正しく文章の本質を可視化する結果となった．

8.5　モデル統合アプローチの意味

　本章では，様々な角度から異種モデルのシナリオマップの統合方法を示した．8.1節から8.3節までは，異種のシナリオマップを人間のチャンス発見プロセスの中で統合したものであった．一方，8.4節に示したのは，異種のシナリオマップのモデルを計算手法の中で活かし，最終的に KeyGraph でシナリオマップを提示する自動化されたシステムを情報化する上での工夫として，統合アプローチをとったものである．

　シナリオマップのモデルを統合するこれらのアプローチは，いずれが正しいというわけでもない．8.3節で KeyGraph を木の根の絡み合いにたとえ，IDM を一本の木の構造にたとえたように，同じデータを見るときにとらえ方の異なるシナリオマップを

併用することが，この章で示した「統合」の意味である．実世界に関するデータは本来複雑なものであるので，ものの見方を限定していては見い出すことのできないチャンスがある．それを引き出すために，様々な角度からデータを見るためのアプローチが本章で述べた統合手法である．

参考文献

[8.1] 福田寿 他「マーケティングにおけるチャンス発見」(大澤幸生 監修『チャンス発見の情報技術』第17章) 東京電機大学出版 (2003)

[8.2] 松村真宏, 大澤幸生, 石塚満「テキストによるコミュニケーションにおける影響の普及モデル」人工知能学会誌, Vol. 17, No. 3, pp. 259--267, 2002

[8.3] Ohsawa, Y., "Scenario Understanding of Hepatitis Progress and Recovery by Annnotation-based Integration of Data based Scenario Maps", GESTS International Trans, Computer Science and Engineering, Vol. 22, N0.1., pp. 65-76 (2005)

[8.4] 大澤幸生 (監修・編著)「チャンス発見の情報技術」, 東京電機大学出版局 (2003)

[8.5] Salton, G., Buckley, C., "Term weighting approaches in automatic text retrieval", Information Processing and Management, 24 (5) pp. 513-523 (1988)

[8.6] 杉本徹雄 編著『消費者理解のための心理学』福村出版 (1997)

[8.7] Kushiro, N., Ohsawa, Y., "A Chance Discovery Process to Understanding Spiral Behaviors of Consumers", Proc. KES 2004, pp. 807-814 (2004)

[8.8] "Consumer Variety seeking among goods and service", Journal of Retailing and Consumer Services, Vol. 2, pp. 139-148 (1995)

[8.9] Payne, J.W., "The adaptive decision maker", Cambridge University Press (1993)

[8.10] Rogers EM, "Diffusion of Innovations, Third Edition", The Free Press (1982)

[8.11] Hippel, E.V., "Horizontal Innovation Networks-by and for users", MIT Sloan School of Management, Working Paper 4366-2 (2002)

[8.12] Washida, Y., and Kruse, E., "Analysis of Diffusion Patterns of Knowledge and New Technology Among Japanese Early Adapters", International Association of Management of Technology (2004)

[8.13] Ohsawa, Y., Matsumura, N., Takahashi, K., "Resonance without Response : The Way of Topic Growth in Communication", in Proc. The Third International Conference on Social Intelligence Design (2005)

[8.14] DuMouchel, W., et al, "Squashing flat files flatter", Proc. of the fifth ACM Int'l Conf. on Knowledge Discovery and Data Mining, pp. 6-15 (1999)

[8.15] Ohsawa, Y., Benson, N.E., and Yachida, M., "KeyGraph: Automatic Indexing by Co-occurrence Graph based on Building Construction Metaphor", Proc. Advanced Digital Library Conference (IEEE ADL' 98), pp. 12-18 (1998)

[8.16] Ohsawa, Y., and Matsumura, N., "Extracting Essence from Sequential Data based on Event Influence", Workshop on Chance Discovery: from Data Interaction to Scenario, The 22nd International Conference on Machine Learning (ICML 2005), Germany (2005)

[8.17] Ohsawa, Y., "KeyGraph as Risk Explorer from Earthquake Sequence", Journal of Contingencies and Crisis Management (Blackwell) Vol. 10, No. 3, pp. 119-128 (2002)

[8.18] Ohsawa, Y., "KeyGraph as Risk Explorer from Earthquake Sequence", Journal of Contingencies and Crisis Management (Blackwell) Vol. 10, No. 3, pp. 119-128 (2002)

第9章

データ結晶化：見えざるチャンスの発見へ

　一般的にデータに含まれているものは，観測できて，かつ記録する対象となるような事象だけである．すなわちデータには，あらかじめ重要であることがある程度わかっている事象についての情報以外は入力されない．少なくとも，観測する術のない事象をデータに記録することは不可能である．人工知能の世界では，これは一般化されたフレーム理論と呼ばれる問題[9.1]に関連し，機械に限らず人間にも完全に解決できない問題とされている（それ以前に当然といっても差し支えないであろう）．

　実のところ，すべての事象を完全に観測してデータに含める必要は，実用上では少ない．むしろ，データを解析するコンピュータの能力と結果の可読性を考慮するならば，ユーザの関心に対応する事象だけを過不足なくとらえて，データとして記録することが望ましい．しかし，安易に事象を選択すると，やはり重要な事象がデータから欠落してしまう．特にチャンス発見においては，人が見過ごしがちな事象が意思決定に及ぼす影響を理解することが目的であるので，データとしては入力されていない重要な事象の存在に気づくことも重要な要請となる．

　本章では，チャンス発見におけるこの本質的な難問に対する最新のアプローチ，「データ結晶化（Data Crystallization）」から生まれた手法を紹介する．この手法では，データに含まれないアイテム（あるいは事象）をダミーアイテムとして混入させ，その結果得られたデータをKeyGraphによって可視化する．そのとき，橋としてグラフ上に残るアイテムは有意味なダミーとして残留し，他のダミーアイテムはデータから消去される．KeyGraphにおける黒い（「島」の中の）リンクの数を増やしながらこの操作を繰り返し，同時にダミーアイテムのレベルを増加させていく．この「レベル」とは，もともとデータの背景にアイテム間の階層性が存在するとした場合に，ダミーアイテムがどの階層に属するものであるかを意味する．例えば，会社で課長たちと各課メンバーらからなる会話のテキストデータがあったとき，この会話に参加しない（すなわちデータに登場しない）部長は少し高いレベルのダミーアイテムとして可視化され，社長はさらに高いレベルのダミーアイテムとして可視化される．レベルを増加させながら上記の操作を繰り返すことによって，元のデータのどの箇所にどのレベルのダミーアイテム，すなわち隠れ事象が介在しているかが可視化されるよ

うになる．

9.1 ■データ結晶化が解決しようとする実問題

観測できない事象，あるいは観測できてもデータとして記録されない事象が存在し得ることは前述のとおりである．それらがどのような場合に重要となりうるのかをここで例示してみる．

繊維メーカーの例

繊維メーカーでは，KeyGraph を使ったシナリオマップに本物の生地サンプルを貼り込むことによって，自分たちが販売していながらその潜在的な人気に気づかなかった新商品の潜在的価値を見い出すことに成功した（第3章など）．では，自分たちがまだ販売していない，あるいは開発さえしていない商品についても，同じ方法の延長でデザインできるだろうか？

ヒューマンネットワークの例

ヒューマンネットワークについては，第2章に述べたように KeyGraph でも可視化できるし，第6章で述べたように IDM でも可視化可能である．そのほか，米国における Evidence Extraction and Link Discovery（EELD）[9.2, 9.3, 9.4]に関するプロ

図9.1　犯罪組織の真のリーダは見えていない？

ジェクトなどの影響を受けて，近年，ヒューマンネットワークの可視化手法は盛んに研究されている．では，データの中に重要なリーダーが現れないような場合はどうであろうか．テロリストの真のリーダーは新聞にも取り上げられず，データに残りにくいとしたら，あるいはリーダーは電子メールでのやりとりに参加しないとすれば，従来の方法の延長によって集団におけるリーダーの位置付けを可視化できるだろうか？

クラスタの可視化例

仮に，ある組織に属する全員が常にデータに含まれていたとしても，KeyGraphで可視化すると，集団がどうやっても複数のクラスタ（集団の一部分）に分割されて見えてしまうことがある．しかし，企業のようにメンバーたちが協働する組織では，一見ばらばらに見える人々が実は共通の目標に向かっているということが多い．会議の参加者名だけを羅列したデータから，そのような共通目標の存在を把握することはできるだろうか？

これらの問いについて，前章までに述べたチャンス発見の方法論から答えることのできる一つの可能性は，主体データを活かすというアプローチに見い出すことができる．すなわち，テロリストの専門家であれば，テロリストの集団についてネットワーク状に可視化したグラフを見ることによって，その背景にある様々な状況を想像することができる．例えば，データ $D1$ は六つのミーティングの参加者たちをリストアップしたもので，図9.2は $D1$ を KeyGraph によって適当なパラメータ設定で可視化したものである．

$D1 =$ (set 1) member1 member2 member3.
  (set 2) member1 member2 member3 member4.
  (set 3) member4 member5 member7 member6.
  (set 4) member5 member2 member3 member5 member7 member6.
  (set 5) member1 member2 member7 member6 member9.

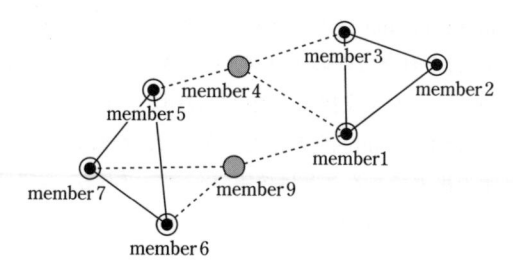

図 9.2 データ $D1$ を環境データとした KeyGraph の結果

第9章 ■ データ結晶化:見えざるチャンスの発見へ

(set 6) member5 member7 member6 member9. (9.1)

図9.2を見て,この犯罪組織(国際的なテロリスト集団であるかも知れない)について詳しい専門家(Intelligence Analystと呼ばれる)たちは,下記のように議論を行う.

Mr. X:member1, member2, and member3 are working together.
Mr. Y:And, member5 and member7 also form another group. I do not know member4...
Mr. Z:I guess member9 is the leader of the group in cluding member1, member2, member3, member5, member6, and member7. I am sure member4 is their secretary.
Mr. X:I think member5, member6, and member7 are of a group. Member9 forwards the message from member1, member2, and member3, to the group of member5, member6, and member7.
Mr. Y:Given that member4 is a secretary, who other than member9 can be the leader??
Mr. Z:Let me check the personal data of member4 again.

このように専門家らは,同程度に深い知識を持って推論するにもかかわらず,互いに少しずつ意見が異なる.その理由は,知識や経験の深さは同じでも,その経験の内容が異なり,それに応じて何が可能性の高い状況であるかという判断も異なるからである.議論に様々な視点が入る方が,第2章に述べたようにチャンス発見プロセスにとっては理想的な状態に近くなる.しかし,そのような議論について内容を読んでいくと全体としてまとまりが見えにくくなるので,図9.3のように議論の内容を可視化してみる.その結果,彼らは次のような考えを持っていると要約することができる.

---

member1, member2, member3 は一つのサブグループを構成し,member5, member6, member7 はそれとは別のサブグループを構成する.member9 はこれらのグループの間でメッセージを交換するだけの役割か,あるいはリーダーかのいずれかである.member4 は member9 の秘書であると思われるが,特に Z によれば,member4 が全集団の秘書であることは確実(sure)である.すると,リーダーが member9 でその秘書が member4 であろう.

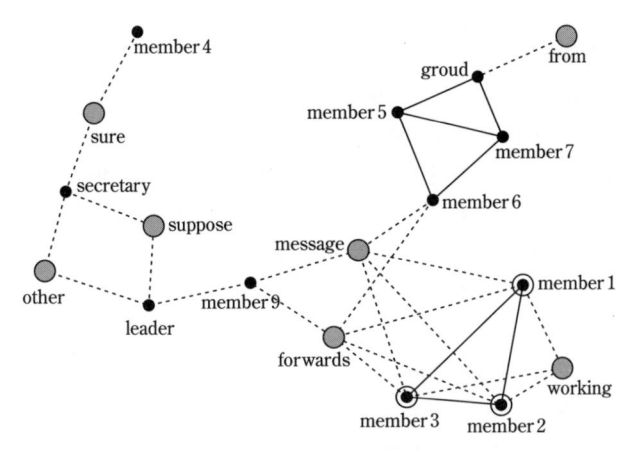

図 9.3 データ D1 についての KeyGraph に関する専門家らの考えを主体データとして，KeyGraph として可視化した結果

　図 9.2 と図 9.3 を比較すると，専門家らの考えを補うことによって背景に「秘書」や「リーダー」というデータに書き込まれていなかった各個人の位置付けが見えてくるようになる．しかしながら，この方法にも限界がある．member4, member9 がそもそもデータに現れていない場合，member1, member2, member3 からなるサブグループと，member5, member6, member7 からなるサブグループに分断され，その間の関係に上記のように発想を及ぼせることは難しくなる．もし想像力によって二つの集団の間に関係があることを理解しようとすれば，せめて両集団の間になんらかの共通点があることに気づかなければならないだろう．図 9.2 の場合は，その共通点として member4, member9 の介在が見い出されたのであるが，二人がデータに含まれていない場合はこの気づきを持つことが難しくなるというわけである．データ結晶化は，このような場合にもデータに欠けている要素を補うための手法として，最近からチャンス発見学において研究され成果を挙げている手法である．

9.2 ■データ結晶化ツールの基本アルゴリズム

　データ結晶化とは，KeyGraph のような可視化ツールによっては構造が見えにくいデータがあったとき，元々データに含まれていなかったダミーアイテムをデータに挿入することによって構造を可視化し，隠れていた構造を理解する方法である．
　データ結晶化には，下記のアルゴリズムに従う可視化ツールを用いる．

第9章■データ結晶化：見えざるチャンスの発見へ

```
[データ結晶化の基本アルゴリズム]
k:=1; Hidden_0:={}; line_0:={}; M₁:=a value given by the user;
for M₂=1 to M₁(M₁+1)/2 do
    for all i, j ∈ {0, 1, …, N} such that j ≤ i do
        if line_i = line_j then Insert(D, k, i, j);
    H:=KeyGraph(D, M₁, M₂, M₃:=M₁/2);
    for j=1 to N do
        If j ∉ H then Delete(D, k, j);
    If H ≠ Hidden_k-1 then
        Hidden_k:=H;
        for m=0 to k-1 do
            Delete(D, m, Hidden_m ∩ H);
            Hidden_m:=Hidden_m \ H;
        k:=k+1;
```

以下，このアルゴリズムの意味を説明する．このアルゴリズムは，N 行からなるデータ D（それぞれの行は文章における一文と同様にアイテム間の共起の単位である）に対して始動し，サイクルによって進行する．データの背景に階層的な構造を仮定したとき，第 k サイクルではその階層における下位から数えて第 k レベルのつながりを見い出そうとする．例えば企業組織において，第 p レベルのつながりをある工事現場で作業員を統率する監督者が司るとすると，いくつかの現場の監督者を率いる課長クラスの社員が第 $p+1$ レベルのつながりを司るリーダーであるということになる．

k_j は，データ D の背景に階層的な構造を仮定したとき，第 k レベルのつながりを司るために第 j 行目に挿入されるダミーアイテムである．このダミーアイテム挿入操作を Insert(D, k, i, j) で表す．この関数は，ダミーアイテム k_j を D の第 i 行に挿入することを意味する．アルゴリズムの第4行にあるように，もし第 i 行と第 j 行が同じ内容であれば，第 i 行に挿入するのは同じ内容の行のうち，番号が最小の j 行目と同じダミー k_j となる．line_i は，第 i 行に含まれるアイテム集合をさす（ここでは一つのアイテムを一度だけ数える）．

関数 KeyGraph(D, M_1, M_2, M_3) は，データ D に対して黒ノード数 M_1，黒リンク数 M_2，赤ノード数 M_3 というパラメータ設定で KeyGraph で解析することを示している．

各サイクルにおいて，KeyGraph(D, M_1, M_2, M_3) が M_2 を増やしながら一度以上働

き，関数 KeyGraph の返り値（後述）が直前の M_2 に対する結果から変化すると，次のサイクルに移る．ここでは，リンク数の指定を増やしても，実際に得られるリンクが変化しないことがあるという KeyGraph の特色を考慮している．すなわち，同じくらい共起度の高いアイテム対が多数あり，そのために指定された M_2 を超えて黒リンクが付加されることがある．その場合は，M_2 の設定値を増やしても黒リンクの本数はしばらく変化しないのである．

言い換えると，実際に黒リンクが増えて KeyGraph の構造が変化し，島と島の間の橋となるアイテムが変化した段階で「島がつながって新しい島となった」という状況を察知し，その場合だけ「より高いレベルで全体の構造をとらえるグラフが得られた」という意味で k 値を一つだけ増やすというのが 8 行目の if の条件である．M_2 は M_1 個のノードを結ぶリンクの最大本数，すなわち $M_1(M_1+1)/2$ を超えることはないから，M_2 がこの数に到達する状態をアルゴリズムの停止条件としている．

関数 KeyGraph の返り値 H は，KeyGraph の結果において橋の部分に該当するダミーが挿入されていた行番号である．Hidden_k は，レベル k において橋の部分に該当したダミーアイテムが挿入されていた行を示す．すなわち，レベル k において何回か M_2 を増加させても H が変化しない場合，それらの集合 H はすべて等しく Hidden_k として扱われる．

各サイクルにおいて，KeyGraph で得られた橋にあるダミーアイテムだけをデータ D に保留し，それ以外のダミーアイテムは削除する．これは，関数 Delete(D, k, j) によって行われる．この関数は k_j，すなわちレベル k における j 行目のダミーアイテムを，D の中のすべての出現位置において削除することを意味する．また，それまでにダミーアイテムを挿入済みの行において，現在のサイクルでもダミーアイテムが残留することになった場合は，過去のサイクルのダミーアイテムを削除し，新しいダミーアイテム，すなわち高レベルのダミーアイテムを残留させる．例えば，同じ人が企業の部長のような役割と課長のような役割をともに果たすならば，その人は実質的には課長ではなく部長の権限を有するはずであるからである．

このようにして，各サイクルにおいてデータにおける構造にとって重要性のあるダミーアイテムが，そのサイクルに該当するレベルについてデータに追加されていく．最終的にデータ結晶化の産物は，次の二つのものとなる．

ダミーアイテムの含まれた新しいデータ：ダミーアイテムは，元のデータには含まれていない隠れた構造を司る事象が存在した可能性と位置を意味する．例えば人の集団であれば，もともとデータに含まれていなかったが，ある会議を影から支援または指

第9章■データ結晶化：見えざるチャンスの発見へ

KeyGraph + データ結晶化の意味

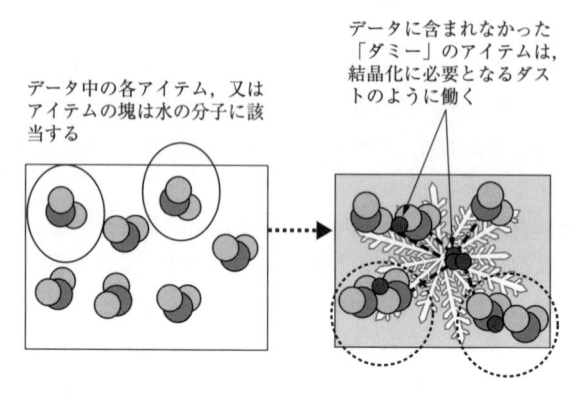

図9.4 データ結晶化は，水の結晶化になぞらえると理解しやすい．

導していた人がダミーとしてデータに追加される．その結果ユーザは，「この行（データにおける一つの行）に相当する会議には隠れたリーダがいて，見えないところで参加者に招集命令・指示を送っていたらしい」という解釈を行うことが可能となる．**ダミーアイテムの含まれるデータ D に対する $KeyGraph$ の可視化結果**：M_1, M_2, M_3 を調整することによって，元データに見られなかった隠れた構造を様々なレベルで提示することができる．

　データ結晶化のこの過程は，水の結晶化に似ている．空気中の水の分子は，空気中の塵の粒子を種として集まり，低温度で成長して雪の結晶になることがある．特に，ゆっくり温度を低下させると美しい結晶となる．データ結晶化の場合も，もともとデータの中になかったダミーアイテムを塵のようにあえてデータの中に混在させ，ゆっくりと一本一本 M_2，すなわち黒リンクの本数を増やして結晶の部分部分を大きく成長させていく．もし，一気に M_2 を増やして成長させてしまうと，結晶中の各レベルでダミーノードが入るべき位置を見逃してしまう．

9.3 ■データ結晶化ツールの動作例

　　$D1$ = Prof. U Prof. K Prof. O Prof. J.
　　　　Prof. Q Prof. M Prof. A Prof. N Prof. I Prof. S.
　　　　Prof. U Prof. K Prof. J Prof. I.
　　　　Prof. I Prof. J Prof. G.

9.3 データ結晶化ツールの動作例

$$
\begin{aligned}
&\text{Prof. O Prof. A Prof. U Prof. I Prof. N.}\\
&\text{Prof. N Prof. L Prof. U Prof. M.}\\
&\text{Prof. F Prof. G}\\
&\text{Prof. F Prof. G Prof. U.}\\
&\quad \ldots\\
&\quad \ldots\\
&\quad \ldots
\end{aligned} \tag{9.2}
$$

具体的かつ単純な適用例を示す．図 9.5 は，式(9.2)におけるデータ $D1$ を可視化したKeyGraph の結果である．このデータは，ある大学内のある学際的な専攻の教員らが専攻会議室で会議を行った履歴から，各会議の出席予定教員を書き連ねたものである．赤ノードの個数（M_3）を大きく設定しても，図 9.5 のようにいくつかの島ができて，その間の橋は見い出せない．この専攻にはいくつかの小さなグループがあって，それらのグループの間には会議を介した関係があまりないように見える．このデータについては，黒リンクを増やすと解釈不能な人間関係が可視化され，図が複雑になるばかりであった．これは先述の雪の結晶のたとえで述べたように，ダミーノードを入れずにリンクだけを急に増やしたために，階層的な構造を理解できないような図が表示されたということである．急冷しても美しい結晶ができないのと同じである．

そこで少しずつダミーアイテムを加え，黒リンクを増やして島を大きくし，またさらに高い階層のダミーアイテムを増やしていくというデータ結晶化手法を用いると，

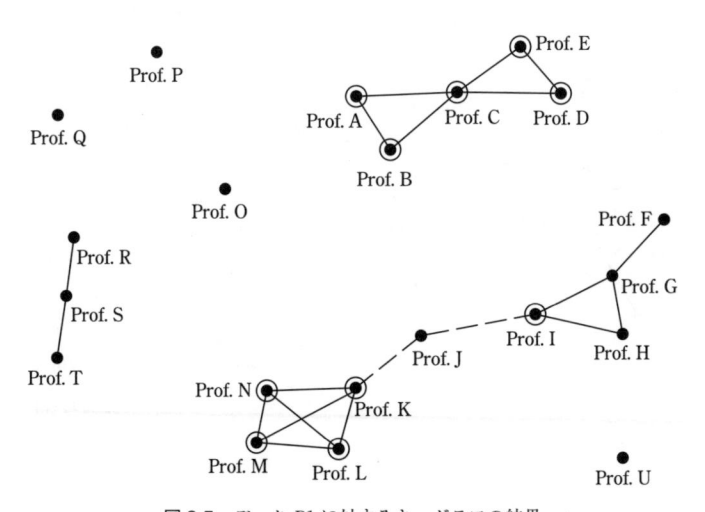

図 9.5 データ $D1$ に対するキーグラフの結果

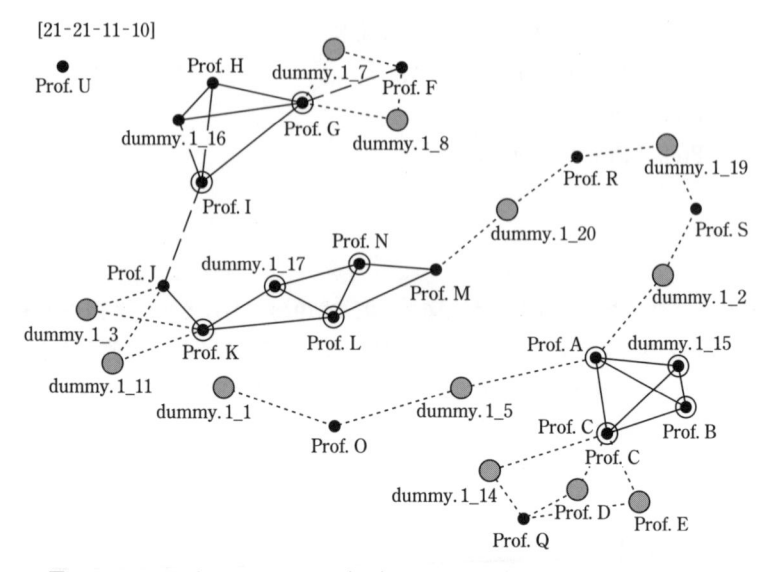

第 9 章■テータ結晶化：見えざるチャンスの発見へ

[21-21-11-10]

図 9.6　k=1 におけるダミーノード（1_x）をデータに挿入し KeyGraph で可視化．

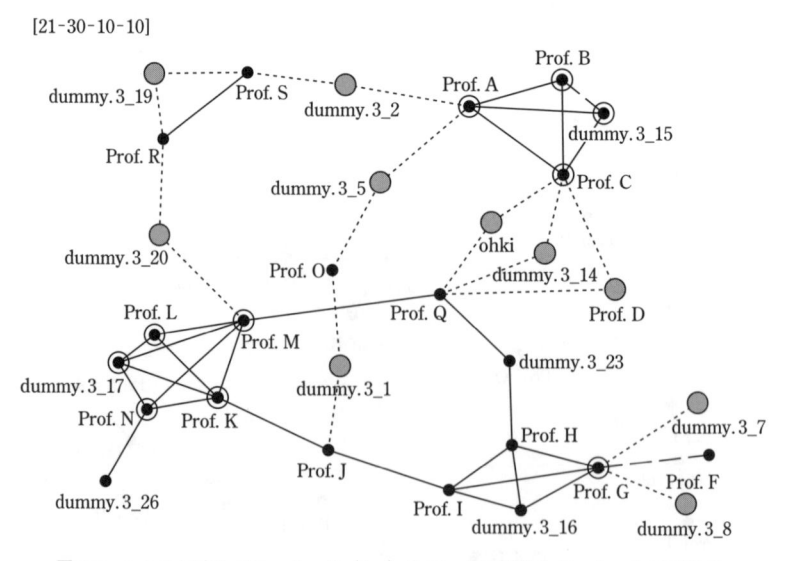

[21-30-10-10]

図 9.7　k=3 におけるダミーノード（1_x）をデータに挿入し KeyGraph で可視化．

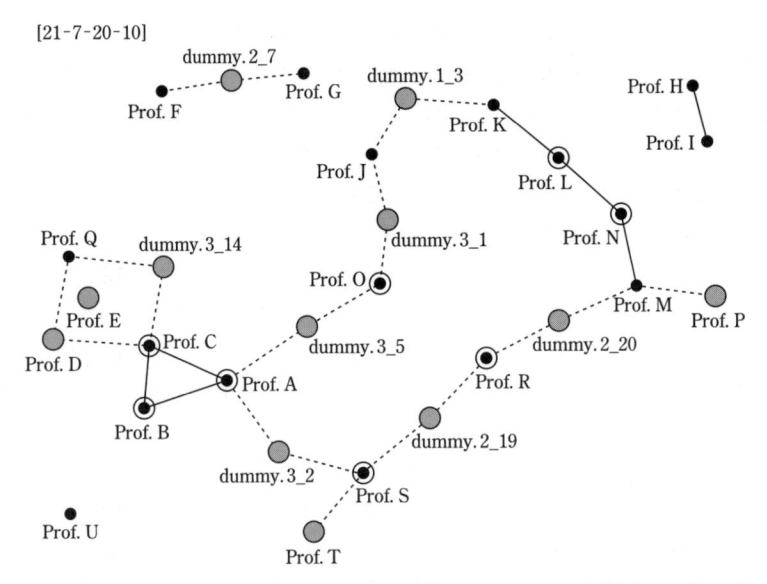

図 9.8 $k=3$ におけるダミーノード（3_x）をデータに挿入し KeyGraph で可視化．ただし，図 9.7 よりも黒リンクの数 M_2 を減らしている．

まずレベル 1（$k=1$）では図 9.6 の結果を得る．この図では，dummy.1_2, 1_3, 1_5 などが赤いノード（図では灰色の小円で表現）となって島々を結んでいることがわかる．これらのダミーだけをデータに残し，他のダミーは削除した．すると，図 9.5 では孤立しているように見えた Prof.O は，実は隠れたリーダー，あるいは専攻を牽引するなんらかの目的意識によっていくつものサブグループと結ばれていることがわかる．

次に，レベル 2（$k=2$）の処理となる．レベル 1 では $M_2=21$ に指定されていた黒リンクであったが，M_2 を一つずつ増やしてその値が 25 になった段階で KeyGraph の島々の大きさが変化した．その段階で挿入された 2_x（x は D1 の中で各ダミーアイテムが挿入された行番号）のうち，いくつかはグラフに残ったが，それらはすべて 1_x のいずれかと同じノード対を結ぶ位置に現れた．そのような場合，2_x と同じ箇所に現れた 1_x をデータから削除し，2_x だけを残す処理を行った（アルゴリズムの中の Delete 関数に従ったもの）．

同様にレベル 3（$k=3$）では，レベル 3（$k=3$）における値から M_2 を一つずつ増やし，M_2 が 30 になった段階で KeyGraph の島々の大きさが変化した．このレベルでグラフの中に残った dummy.3_x のうち，1_x または 2_x と同じ場所に現れた場合は

1_x, 2_x をデータから削除し，3_x だけ残した．このとき，図 9.7 のようにダミーノードは最高レベル 3_x のもの以外はまったく図に残らないことになった．この後，さらに黒リンク数の設定 M_2 を増やしたところ，リンク数 50 で全体が一つの島となり，島の間の橋による構造の可視化はなされなくなった．したがって，アルゴリズムが停止（M_2 がすべてのノード間に張られる設定値 $M_1(M_1+1)/2$ に到達）するまでに KeyGraph が意味のある構造を示した最高レベルは，$k=3$ となった．

上記のように，図 9.7 では可視化結果に最高レベルのダミーしか残らないのは一見，貧相な情報であるように見えるが，アルゴリズムの結果としては当然である．その理由は，レベル 3 では $k=3$ における島が可視化されるので，その間の橋として現れるダミーも $k=3$ におけるダミー，すなわち 3_x という形のノードのみとなりがちだからである．もし，高いレベルのダミーと低いレベルのダミーを同時に可視化し，専攻全体の階層構造を見たいのであれば，図 9.8 のようにここまでにデータに追加したダミーを残したまま M_2 を減らして（$M_2=7$）KeyGraph によって可視化すればよい．その結果，Prof.O はこの専攻の最高レベルのリーダーと直結する，あるいは，専攻全体の進む方向を考える話題で他の教員と関係していることがわかる．また，Prof.K や Prof.J といった若手の教員の間については，実はレベル 1 のダミーが関係を司っているという実際の人間関係の特徴を正確にとらえている．図 9.5 ではばらばらに分かれて見えていた専攻の構造が，一つのまとまりとして可視化されていることがわかる．

9.4 ■チャンス発見プロセス上におけるデータ結晶化

データ結晶化ツールの結果は，必ずしも一意に解釈できるものではない．この事情は，チャンス発見に用いるシナリオマップを見たユーザにとって一般に存在する問題であって，データ結晶化特有のものではない．しかし，データ結晶化の場合には，ダミーノードがレベル数と行番号という数字の組合せで表されるため，その意味を理解することは第 9 章までに示した KeyGraph における赤ノードを理解することよりもやや難しい．

そこで，チャンス発見の二重らせんプロセス（第 2 章）が一層効果を発揮することになる．すなわち，図 9.5 を得た段階でプロセスを止めずに，さらに図 9.5 からユーザがどのように専攻内部の人間関係のシナリオを理解したかという内容を書きとめ，その内容を再び可視化するのである．図 9.5 を見て，専攻内部のあるメンバーが書いたメモは下記のようなものであった．

9.4 ■ チャンス発見プロセス上におけるデータ結晶化

- Prof.K, Prof.L, Prof.M, and Prof.N are professors on mathematical analysis of business data. Prof.A, Prof.B, and Prof.C are of computer engineering. Prof. Q is also of computer science, but is just moving to different school.
- The top level (3_x) dummy nodes link Prof. O and professors, Computer Science, in {Prof. J, Prof. O}, {Prof. A, Prof. O}. Prof. O was the department head two years ago, and should be linked to the dean. The dean of the business school might be linked to Prof. O via a good relation, althonght he nerer joined the meetings.
- The next level (2_x) dummy nodes connect pairs e.g. {Prof.F, Prof.G}, {Prof.R, Prof.S}. They were discussing the management of each department, which is relevant to the department heads, i.e., middle-class sub-leaders.
- The next level (1_x) dummy nodes link pairs e.g., {Prof.K, Prof.J}, etc. These links correspond to proposals and acceptations by young staffs such as Prof.K and Prof.J, i, e, j., bottom-up proposals. The

(…後略)

　二重らせんプロセスに従って，この主体データを KeyGraph によって可視化したのが図 9.9 である．この図からわかるように，レベル 3_x のダミーはたしかに専攻の

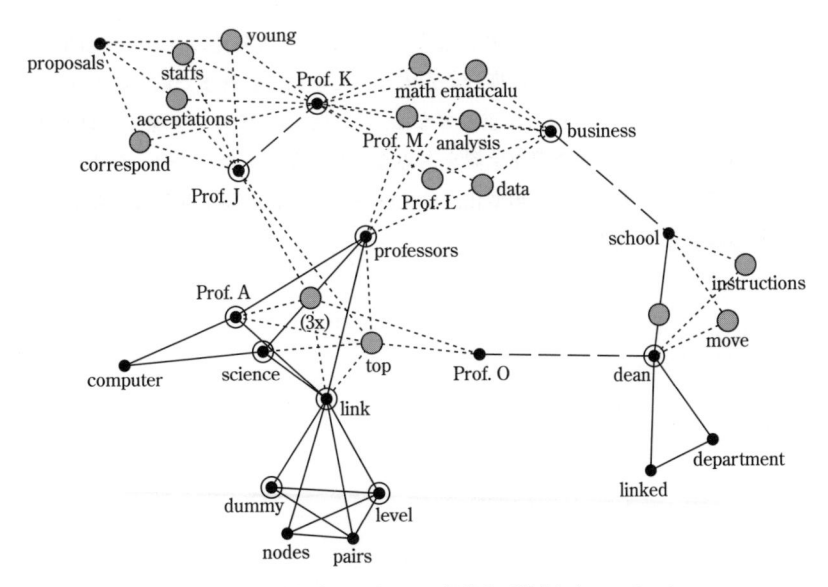

図 9.9　図 9.8 を視察した人による解釈を可視化した KeyGraph

高いレベルの運営に関係しており，Prof.O は高いレベルの運営に関する話題で登場・発言する人物であると考えられるほか，ダミーノードの具体的な意味を把握するための概念が新たにグラフに表現されている．また，Prof.K, Prof.J は若い教員で，彼らがボトムアップに専攻への提案をあげていく様子を見て取ることができる．これらは，チャンス発見プロセスを利用することによって具体的な意味を持たないダミーアイテムを解釈して，具体的な意味を持たせた結果にほかならない．

9.5 ■ データ結晶化の展望

　データ結晶化は，データに含まれなかったアイテムの存在と，データ全体におけるそのアイテムの位置付けを可視化するという新しい問題に取り組むための有力な手法である．上記の解析のほか，メーリングリスト参加者からあえて主要人物を削除し，その結果残ったデータを結晶化させて可視化すると，ちょうど削除された主要人物に相当する箇所にダミーアイテムが復活するなど，精度の高い結果が得られている．

　本章に紹介した手法はデータ結晶化の基本アルゴリズム[9.5]までである．さらにユーザーが，データ結晶化のプロセスの中でシステムに積極的に働きかけるヒューマンインタラクティブアニーリング[9.6]のような方法も開発され，多方面への応用が進められている．

　しかし本章に述べたように，取り組もうとするチャンス発見の対象とする世界が，観測不能な背景原因に影響される度合いが大きいために，これまで以上に人間の「チャンスへの気づき」という能力が重要となる．したがってチャンス発見プロセスは，データ結晶化において一層重要な位置を占めることになる．今後，データ結晶化を実用化する上で，このプロセスの類型化，チュートリアル化も要請されると考えられるが，それらは改めて別著に示したい．

参考文献

[9.1] 松原仁「一般化フレーム問題の提唱」(マッカーシー, J., ヘイズ, P.J., 松原仁『人工知能になぜ哲学が必要か』) 哲学書房 (1990)

[9.2] Senator, T., "EELD Program", http://www.darpa.mil/ito/research/eeld/EELD_BAA.ppt (2001)

[9.3] Kovalerchuk, B., "Relational Text Mining and Visualization", Knowledge-Based Intelligent Information Engineering Systems and Allied Technologies (KES 2002), pp. 1549-1554, IOS Press, Amsterdam (1999)

[9.4] Upal, M.A., "Performance Evaluation Metrics for Link Discovery Systems", Proceedings of the Third International Intelligent System Design & Applications, Springer-Verlag, New York, pp. 273-282 (2003)

[9.5] Ohsawa, Y., "Data Crystallization: Chance Discovery Extended for Dealing with Unobservable Events", New Mathematics and Natural Computing, Vol. 1, No. 3, pp. 373-392 (2005)

[9.6] Maeno, Y., Ohsawa, Y., "Human-Computer Interactive Annealing for Discoverying Invisible DarkEvents", IEEE Transaction on Industrial Electronics (2006)

第10章

おわりに

　本書では，主としてチャンス発見技術の背景にあるシナリオマップについて，その原理となる定義およびそのモデル化について述べてきた（図10.1参照）．

　チャンス発見に関する一本一本独立した論文を集めたものとは異なり，本書は第1章から始まるチャンス発見における本質的な概念の定義，第2章におけるヒューマンファクターを含むチャンス発見プロセス議論を経て，これらを元にして，第3章では可視化技術の基礎となるシナリオマップの定義を発展させた．この第3章における一般的なシナリオマップを様々な用途に応じて特殊化する形で，その後の第6章までは各種モデルによるシナリオマップを紹介した．そして，第3章における2階層シナリオマップを拡張した多階層シナリオマップとして，ポテンシャルモデルによるシナリオマップを第7章に紹介し，その適用例と今後の展望を述べた．

　これらの各種モデルはそれぞれに長所を持ち，同時に短所を持つので，併用あるいは統合によって実用におけるチャンス発見の効果を高めることができる．この観点から第8章では，第7章までに述べた各種シナリオマップの併用・統合の手法とその適用例を示した．最後に第9章においては，チャンス発見のこれまでの枠組みを乗り越えて，データの中に含まれないチャンスまでをも発見して理解するための支援技術としてデータ結晶化手法を示した．

　このように，チャンス発見技術は理論体系とその拡張の路線を踏んで発展しているものであることを理解すれば，読者が新たに独自のチャンス発見技術を研究し開発する上でも参考になるであろう．応用面についても，ここまでにマーケティング，製品デザイン，地震危険地域発見，肝炎データの解析，コミュニケーション分析，ヒューマンネットワーク分析など，様々な事例を織り込んだ．チャンス発見の応用範囲は，今後も様々な分野に展開すると考えられる．特に，以下に述べるような分野での新たな発展が今後期待される．

10.1 ■マーケティング分野におけるシュミレーション

　本書に示したようにモデル体系に立脚したシナリオマップを考え，マーケティング

第 10 章 おわりに

定義 1.1～1.8
（チャンス，コンテキストなど基礎概念）

↓ 定式化

定義 1.9
（シナリオ・マップ）

↓ 変形

定義 3.2
（2階層シナリオ・マップ）

↓ 拡張

定義 7.1
（多階層シナリオ・マップ）

― 具体化 →

ネットワークモデル（第4章）
［ツール］KeyGraphなど
［応用範囲］
・コミュニティ分析
・肝炎患者集団，地震データ解析
・消費者集団の行動分析
・新商品開発，ヒット商品の販売シナリオ創出

↓ 機能拡張

フローモデル（第6章）
［ツール］IDM, PAIなど
［応用範囲］
・コミュニティ分析
・肝炎個別患者，地震データ解析
・個別消費者行動分析

ポテンシャルモデル（第7章）
［ツール］
・重力ポテンシャルモデル
・電磁場ポテンシャルモデル
・簡易ポテンシャルモデル
［応用］
・消費者集団，社会
・個人消費嗜好
・ラグビーなどチームワークのシミュレーション

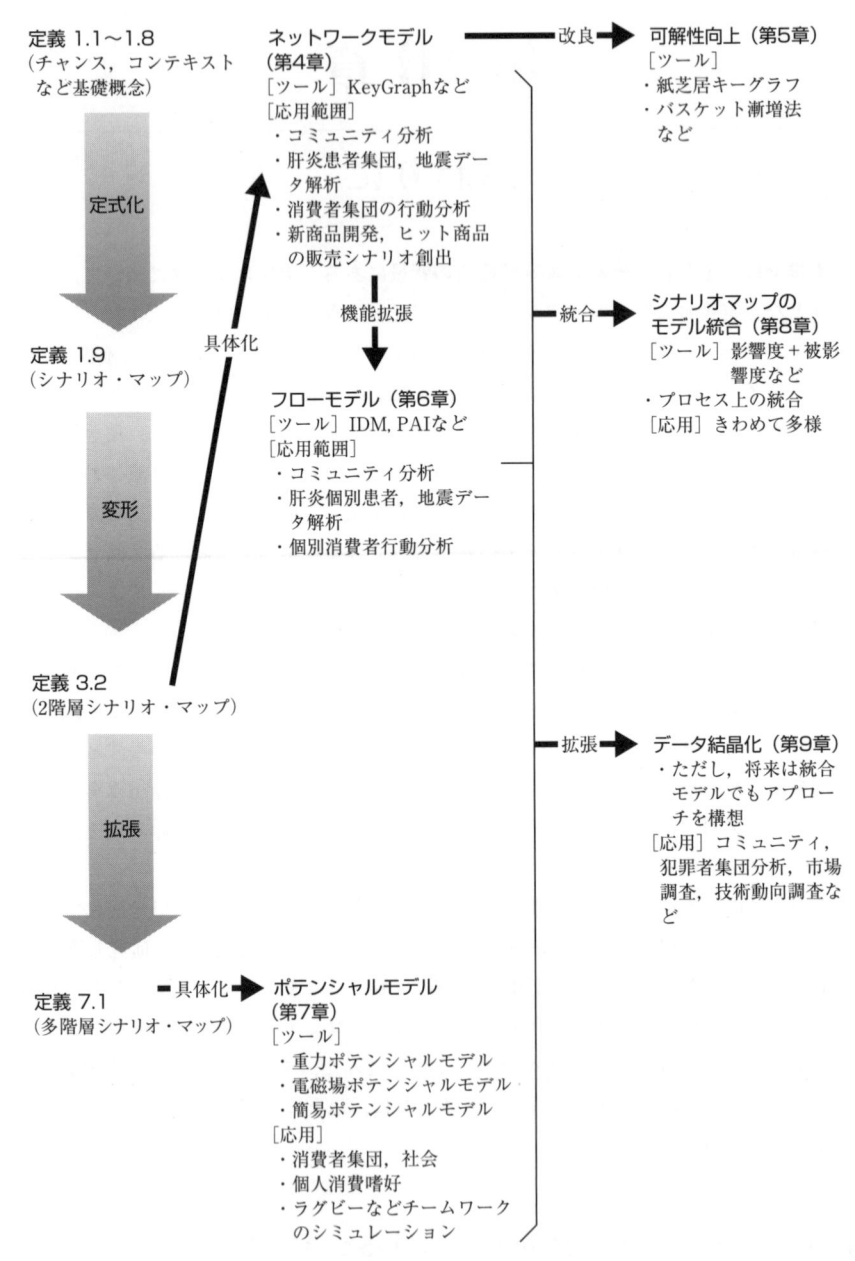

― 改良 → **可解性向上（第5章）**
［ツール］
・紙芝居キーグラフ
・バスケット漸増法
など

― 統合 → **シナリオマップのモデル統合（第8章）**
［ツール］影響度＋被影響度など
・プロセス上の統合
［応用］きわめて多様

― 拡張 → **データ結晶化（第9章）**
・ただし，将来は統合モデルでもアプローチを構想
［応用］コミュニティ，犯罪者集団分析，市場調査，技術動向調査など

図 10.1　本書における定義体系とシナリオマップの各種モデルとの関係

応用にとって適切なチャンス発見手法を開発することにより，データというものの各種ビジネス現場への貢献度が向上するであろう．特にポテンシャルモデルの登場によって，個別の商品間の関係からコンテキスト志向のマーケティング戦略を創造することができるようになり，さらにポテンシャルモデルの登場によって市場のシミュレーションに対する基礎的な理論立てが整ったことは，この向上に寄与すると考えられる．

10.2 ■システムデザイン分野

本書の第4章に紹介したように，チャンス発見の技術は新製品開発および販売について効果を発揮してきた．その効果は年月とともに精緻化され，導入企業も製造業を中心として増加している．このような製品デザインへの応用を超えて筆者らが期待しているのは，システムデザインへの応用である．古田一雄（東京大学工学系研究科）によれば，システムデザインとは，「要素の単なる寄せ集めではない特性や振舞いを示すシステムを分析し，本質を解明し，新しいシステムを創造していくこと」である．古田の主張するように，20世紀の最後の四半世紀に現れた異常気象，大都市ターミナルでの人の流れ，証券市場での株価変動など，自然，人間，社会にまつわるいろいろな課題を取り上げると，様々な要素がリンクしてその間の関係性から創発される機能やダイナミクスは，これまでの「ものづくり」におけるデザイン技術では制御のしようがない．形の見えにくい人間活動，公共政策，市場，社会制度など各種システムの挙動と互いの影響を考慮したサービスなど無形財までをヒューマンシステムとしてデザインする「ことづくり」にとって，チャンス発見におけるシナリオの創造技術はこれまで以上に効果を発揮するであろう．従来の工学が「製造業のための学問」の色彩が強かったのに対して，工学系の学生たちが情報産業やサービス産業にも進出しようとする中で，チャンス発見手法のように新産業の創出に貢献する工学的技法が希求されていると考えている．

10.3 ■プロジェクト型ビジネス分野

昨今のビジネスシーンは一層の専門性が進む一方で，ボーダーレス化や複合化・融合化も進んでいる．この傾向が強まっている代表的な分野が，会計士・税理士，弁護士・弁理士，経営コンサルタント，建築家，エンジニア，医療機関，さらには教育機関や政府関連機関など，プロフェッショナルサービスと呼ばれるものである[10.1]．

例えば，昨今重要性が高まっている無形財の一つとして知的財産権が挙げられるが，その一つであるビジネスモデル特許は，弁護士・弁理士，経営コンサルタント，コンピュータシステムの専門家，さらには金融に代表される各業務・事業分野の専門家などが確固たるフォーメーション/タスクフォースを組まなければ，権利確保や係争案件への対応が困難な問題である[10.2].

また，激変する環境の変化に対応するためにビジネスプロセスの変革・最適化に取り組む企業が相次いでいるが，ビジネスプロセスを最適化するための情報技術としてERP（Enterprise Resource Planning：統合業務パッケージソフトウェア）やSCM（Supply Chain Management：サプライチェーンマネジメントシステム）は標準パッケージソフトウェアとして一般的になりつつある．このような標準パッケージソフトウェアを利用する形でビジネスプロセスの変革・最適化を推進するためにも，コンサルタント，ITベンダーなどがフォーメーション/タスクフォースを組んでプロジェクトを進めていく必要が強まっている．さらに，新商品デザイン会議やアートの共同制作といった各々の場においても，様々な役割を担うメンバーが結集してプロジェクトを推進していくことことが必須となる．こうしたプロジェクト型ビジネスのフォーメーション/タスクフォースの構成に対して，本書で述べてきた

● チームワークにおける有能なリーダとフォロワの起用（第6章など）
● チームワークにおける重要な局面の発見（第8章のラグビーの例など）
● 創造的かつ合意形成の可能なコミュニケーション（第4章の応用関連節など）

など，チャンス発見技術から提供できるエンパワーメントはすでに第一線のビジネス現場で着々と導入が進められている．

10.4 ■教育と防犯

チームによるチャンス発見手法は，共同作業を行うメンバーの間に共感性を育てることも指摘されている．これは，同じシナリオマップを見て互いの想像する実世界のシナリオを共有しようとするからであろう．第7章に紹介したアンケート調査の解析からも，共感性を育てる共同作業の教育は，若者を犯罪への衝動から防ぐ効果もあると筆者は信じている．第9章に述べたデータ結晶化技術は，筆者が筑波大学に在籍していた頃，組織犯罪の解析に関連する研究者からのデータ提供も頂いて研究を進めることができたものである．教育，犯罪要因の摘発など，多様な視点から社会平和に貢献できればそれ以上の幸せはない．

10.5 ■医療

　各種の病気に関する情報がインターネットに流れるなど，一般人が持つ病気への警戒心は高まりを見せている．病院の混雑はますます激化し，一人の患者あたり医師が対応できる時間が短縮する「3分間診療」の時代が始まった．その3分間で，医師は患者から何を聴取できるだろうか？　妥協して，血液検査や画像診断のデータからだけ診断する傾向が高まるのは危険である．本書でも例示したように，血液検査も患者についての不完全な情報に過ぎないので，やはり医師の解釈が患者の運命を左右する．画像診断も，医師の優れた経験と状況判断がなければ正確な判断材料とはならない．やはり患者の訴えを聞き，顔色を観察し，これを諸般のデータと統合して意思決定をしなければ大きな間違いを犯す危険を招くことになる．

　このようにして，判断の難しい患者については様々なデータを，それぞれのデータを得意とする医師が集まって解析するような動きが必須となる．筆者らは2006年から Multi-Data Mining と称するワークショップを，International Council for Science の専門委員会 CODATA (Committee on Data for Science and Technology) を起点として立ち上げている．これは，異なる視点を持つ人々が共通の問題解決や知識共有を実現するため，独自のデータを持ち寄って意見交換を行う技術に関する研究会であり，言うまでもなくチャンス発見研究に端を発する．

　患者の訴えを十分に理解する Narrative Medicine，該当する過去の報告を適切に参照する Evidence Based Medicine，西洋と東洋の医療を統合する統合医療，着々と進められる電子カルテの整備といった近年の動向を活かし，チャンス発見手法により人命を救う研究もスタートさせつつある．

　実際にはあと20余り，筆者の目指したい適用分野を記載したいと思うのであるが，季節はいま7月である．チャンス発見手法の発展とともに忙しい筆者であるが，それ以上に大学は若者たちのエネルギーとともに暑く，忙しい．ここらで筆をおき，若い読者にもチャンス発見の未来を引き継いで頂ければ幸いである．それがどのような名の分野としてであっても，やはり誠に幸いである．

参考文献

[10.1] 白井義男 監修『コトラーのプロフェッショナル・サービス・マーケティング』ピアソン・エデュケーション（2002）(Kotler, P., Thomas, H., Bool, P.N., "Marketing Professional Services, Forward-Thinking Strategies for Boosting Your Business, Your Image and Your Profits", Prentice Hall（2000）

[10.2] 中嶋秀隆，香月秀文 訳『世界一わかりやすいプロジェクト・マネジメント』総合法令出版（2005）(Baker, S., Campbell, G.M., Baker, K., "The Complete Idiot's Guide to Project Management", Alpha Books（2003）

■索引■

【ア行】

アイテム　70
アクティブマイニング　78
アノテーション　58, 61, 211
アブデューサ　139
アンケートデータ　29

意識の変遷　132
意思決定　1, 4, 9
一貫性　150
医療応用研究　80
インタフェース　52

ウインドウ　150
ウェーバー　22
売れ筋　104

鋭活性語　165
影響度　231
影響普及モデル　149
エピソード　83

岡崎直観　86
オピニオンリーダ　158
オンラインコミュニケーション　30, 31

【カ行】

下位シナリオ　55
階層性　47
χ二乗値　75
外部データ　24
会話プロトコル　30
確信度　34
確率　3
可視化　4, 15

カスタマーリレーション　14
価値　22
価値観　10
価値転換層　222
活性化　162
活性伝播法　160
活性伝搬モデル　163
紙芝居 KeyGraph　119
ガルブレイス　5
肝炎解析　209
肝炎進行シナリオ　207
環境データ　24
環境とのインタラクション　5
還元主義　5
関心　22, 98
肝生検　78
観測事象　81
観測不能な背景原因　260
関与　219
関連性　37

キーアイテム　72
キーワード抽出　73
気象　29
気付き　104
共起　63
共起グラフ　71
共起単位　70
共起度　71
協調仮説推論　135
共通原因　77
共鳴現象　224
局所的な赤ノード　96
金融工学　11

269

■索引

空間配置　37
空間配置によるシナリオマップ　58
空間配置モデル　69
クラスタ　20
クリーク　36
グループ　166
グループインタビュー　30, 31, 165

経験　26
形態素解析　88
血液検査項目　78
結束性　150
ゲノムチップ　30
原因と結果　127
現在の状況　95
減衰パラメータ　163

語彙的結束性　150
高活性語　165
構造化　148
行動　5
行動主体　49
行動ファイナンス理論　5
購入ブランドアスペクト　216
購入ブランド分布　214
購買頻度　63
高頻度語　63
効用　23
合理性　5
顧客のクレーム　14
コストに基づく仮説推論　139
コストベネフィット理論　219
ことづくり　265
コミュニケーション　51
コミュニケーション可視化　58
コミュニケーションの活性化　37
コンテキスト　2, 8, 9
コンピュータ　21

【サ行】

再現性　5
財務データ　30
サブサンプションアーキテクチャ　86

時間順序　128
時間的な連続性　121
時系列　119, 127
自己知覚水準　219
支持度　34
事象　6
事象間の関係の可視化　63
地震予知　209
地震履歴データ　29
システム工学における3視点　216
自動化　104
シナリオ　2, 9
シナリオの階層構造　53
シナリオの発案　90
シナリオマップ　8, 45
島　36
社会心理学　19
写真付KeyGraph　93
自由回答　29
主観　16, 28
主観的評価　178
主体データ　24
主張　161
出現頻度　20
準備された心　98
上位シナリオ　55
状況　6, 9
状況遷移　12
条件付き抽出　89
状態遷移確率　137
消費行動分析　213
消費者行動ダイナミクスチャート　217
消費者行動のシミュレーション　222
商品価値　7
商品のヒット　19

■索引

情報構造　216
触視覚補完型 KeyGraph　65
食品消費　29
人工知能　19
新製品　6
信頼関係　26

推論エンジン　135
スーパーマーケット　207
数量化Ⅲ類　60
数量変化　57
スモールワールド　34, 107

制約　28
セグメント　152
接続行列　163
遷移確率　12
潜在的価値　248
選択肢　10
選択式アンケートデータ　29
選択肢集合　10

相関ルール　132
想起　162
相互作用　25
相互情報量　76
創造　12

【タ行】
大局的な赤ノード　96
多階層シナリオマップ　175
多次元尺度構成法　59
ダミーアイテム　247
単純なデータへの絞込み　114

知識　26
知識ベース　135
チャットシステム　149
チャンス　1
チャンスの価値　23

チャンス発見のプロセス　54

提案　22
低頻度語　63
データ　29
データ可視化　38
データ結晶化　247
データ要約　230
テキスト読込み　87
電子カルテ　267
電子掲示板　149
伝承者　146

統合医療　267
等高線図　176
洞察　27
トリガとなるような話題　147

【ナ行】
内部データ　24

二重螺旋プロセス　94
二重螺旋モデル　23
認知　5
認知プロセス　21

ネットワークモデル　65

ノイズアイテム　70

【ハ行】
媒介影響量　152
徘徊型ポテンシャルモデル　183
背景知識　138
ハザード　11
橋　35, 61
バスケット　64
パターン　69
バネモデル　77
ハブ　72

271

■索引

バラエティシーキング　219
半順序集合　45
反応なき反響　223

被影響度　231
ピックアップデータ　29
火付役　146
ヒューマンネットワーク分析　156
ヒューマンファクター　16
評価指標　8
ひらめき　98
ビルディングブロック　36

フォーメーション分析　190
フォロワ　146, 156
不確実性　4
不確定性　1
プライミング効果　162
古田一雄　265
フローモデル　65
プロジェクトマネジメント　187
プロフェッショナルサービス　265
文同定　88

ベイジアンネットワーク　137
変化点理解　135

包括アーキテクチュア　86
飽和　98
ポテンシャルエネルギー　175
ポテンシャル分布　176
ポテンシャルモデル　65
ポテンシャルモデルによるシナリオマップ　178

【マ行】

マーケティング　209
マーケティング学　19
松村真宏　147
窓　127

マルコフモデル　137

未知事象　34
未来の提案　95
ミンツバーグ　5

メーリングリスト　149
メッセージ間の返信関係　149
メッセージチェーン　32

モデル統合　207

【ヤ行】

有機的なフォーメーション　188

要約データ　235

【ラ行】

ランダム性　4

リーダ　146, 156
利益　27
リスク　11
流行普及理論　222
リンク数漸増　112

類似度　152

連結グラフ　20, 161
連想関係　164

【ワ行】

輪切り KeyGraph　119
話題境界　150
話題のまとまり　150

【英数字・記号】

2階層シナリオマップ　57, 62
2ちゃんねる　19

■索引

CBA　　139
CCMA　　136
chance discovery　　1
coherence　　150
cohesion　　150
connectivity　　35
cosine 値　　76
Cost based Abduction　　139
Cost based Cooperation of Multiple Abducers　　136
CRM　　14

Data Crystallization　　247

EC　　143
EELD　　248
Evidence Based Medicine　　267
Evidence Extraction and Link Discovery　　248
Explanatory Coherence　　143

Goldberg　　36

Huberman　　36

IDM　　149
Index Navigator　　136
Influence Diffusion Model　　149

Jaccard 係数　　75

KeyBird　　185
KeyGraph　　20
KeyGraph の線状化　　120

Multi-Data Mining　　267

Narrative Medicine　　267
Netscan プロジェクト　　149

Overlap 係数　　76

PAI　　160
peril　　11
PictorialKeyGraph　　93
Polaris　　73
POS データ　　29，207
Priming Activation Indexing　　160
Priming Effect　　162
PUG 指標　　36

reach　　105

Spreading Activation Model　　163
Sympson 係数　　76

TFIDF　　151

Web リンク構造　　30

χ二乗値　　75

273

＜著者略歴＞

大澤幸生(おおさわ ゆきお)

　1990年東京大学工学部卒，1995年東京大学工学系研究科にて博士（工学）．大阪大学基礎工学研究科，筑波大学ビジネス科学研究科，JST研究員，東京大学情報理工学研究科特任助教授などを経て，東京大学工学系研究科助教授．非線形物理学，人工知能，経営学における研究活動から「チャンス発見学」なる新分野を創始（2000）．これは意思決定にとって重要となる事象を発見する情報技術を開拓する研究領域で，開催された会議は日亜欧米で30件余．現在はIEEEのSMCソサエティにデザイン＆マーケティングの委員会を結成するほか，経済産業省と共同で産業人材確保にチャンス発見手法を適用するなど，冒険は尽きない．

著書：『チャンス発見の情報技術』（共著・監修）東京電機大学出版局（2003）
　　　『知識マネジメント』オーム社（2003）
　　　『チャンスとリスクのマネジメント』（共著）朝倉書店（2006）
　　　『ビジネスチャンス発見の技術』岩波書店（2004）
　　　『情報社会とデジタルコミュニティ』（共著）東京電機大学出版局（2002）

チャンス発見のデータ分析
モデル化＋可視化＋コミュニケーション→シナリオ創発

2006年9月30日　第1版1刷発行	著　者　　大澤幸生
	学校法人　東京電機大学
	発行所　東京電機大学出版局
	代表者　　加藤康太郎
	〒101-8457
	東京都千代田区神田錦町2-2
	振替口座　00160-5-71715
	電話　（03）5280-3433（営業）
	（03）5280-3422（編集）

印刷　三美印刷(株)　　　　　　©Ohsawa Yukio 2006
製本　渡辺製本(株)
装丁　福田和雄（FUKUDA DESIGN）　Printed in Japan

＊無断で転載することを禁じます．
＊落丁・乱丁本はお取替えいたします．

ISBN4-501-54200-4　C3004

データ通信図書／ネットワーク技術解説書

ユビキタス時代のアンテナ設計
広帯域，マルチバンド，至近距離通信のための最新技術

根日屋英之，小川真紀 著
A5判　226頁

ユビキタス通信環境を実現するために必要となる，広帯域通信，マルチバンド，至近距離通信に対応したアンテナの設計手法について解説．

ユビキタス無線ディバイス
　－ICカード・RFタグ・UWB
　　・ZigBee・可視光通信・技術動向－

根日屋英之・小川真紀 著
A5判　236頁

ユビキタス社会を実現するために必要な至近距離通信用の各種無線ディバイスについて，その特徴や用途から応用システムまでを解説した．

スペクトラム拡散技術のすべて
CDMAからIMT-2000，Bluetoothまで

松尾憲一 著
A5判　324頁

数学的な議論を最低限に押さえることにより，無線通信事業に関わる技術者を対象として，できる限り現場感覚で最新通信技術を解説した一冊．

ディジタル移動通信方式　第2版
基本技術からIMT-2000まで

山内雪路 著
A5判　160頁

工科系の大学生や移動体通信関連産業に従事する初級技術者を対象として，ディジタル方式による現代の移動体通信システムを概説し，そのためのディジタル変復調技術を解説する．

リモートセンシングのための
合成開口レーダの基礎

大内和夫 著
A5判　354頁

合成開口レーダ（SAR）システムにより得られたデータを解析し，高度な情報を抽出するためのSAR画像生成プロセスの基礎を解説．

ワイヤレスブロードバンド技術
IEEE802と4G携帯の展開，OFDMとMIMOの技術

根日屋英之・小川真紀 著
A5判　192頁

移動通信を主体としたユビキタスネットワーク社会の実現に向けて注目を集めるワイヤレスブロードバンドについて，その技術的側面を中心に解説した．

ユビキタス無線工学と微細RFID　第2版
無線ICタグの技術

根日屋英之・植竹古都美 著
A5判　192頁

広く産業分野での応用が期待されている無線ICタグシステム．これを構成する微細RFIDについて，その理論や設計手法を解説した一冊．

スペクトラム拡散通信　第2版
高性能ディジタル通信方式に向けて

山内雪路 著
A5判　180頁

次世代無線通信システムの基幹技術となるスペクトラム拡散通信方式について，最新のCDMA応用技術を含めてその特徴や原理を解説．

MATLAB/SimulinkによるCDMA

サイバネットシステム㈱・真田幸俊 共著
A5判　186頁

次世代移動通信方式として注目されているCDMAの複雑なシステムを，アルゴリズム開発言語「MATLAB」とブロック線図シミュレータ「Simulink」を用いて解説．

GPS技術入門

坂井丈泰 共著
A5判　224頁

カーナビゲーションシステムや建設，農林水産，レジャーなど社会システムのインフラとして広く活用されているGPS技術の原理や技術的背景を解説した一冊．

画像処理技術関連図書

カラー画像処理とデバイス
ディジタル・データ循環の実現

画像電子学会 編
A5 判 354 頁
テレビやデジカメなどネットワーク機能を備えた機器間における高画質の確保などの解決に必要な画像・信号処理技術について解説。

電子透かし技術
デジタルコンテンツのセキュリティ

画像電子学会 編
A5 判 232 頁
一般的な文書から各種画像，音楽情報における電子透かし，またはステガノグラフィや生体認証など周辺の技術までを網羅して解説。

画像処理応用システム

精密工学会画像応用技術専門委員会 編
A5 判 272 頁
重要な基礎技術として各分野に広く波及する画像処理応用技術。精密工学会画像応用技術専門委員会の10年以上にわたる知見をまとめた，技術者・研究者必携の一冊。

ディジタル情報流通システム
コンテンツ・著作権・ビジネスモデル

画像電子学会 編／曽根原登 著
A5 判 308 頁
ブロードバンドが一般に普及した社会におけるディジタルコンテンツの生産・流通・消費の技術とサービスの課題を明らかにして，その技術的解決方法について解説した。

マルチメディア通信工学

村上伸一 著
A5 判 218 頁
マルチメディア通信技術を基礎からやさしく解説した入門書。インターネットや携帯電話の普及にともなう新技術までを取り上げた。

ビジュアルコンピューティング
3 次元 CG による画像生成

画像電子学会 編
A5 判 228 頁
CG について基礎的な知識を身につけた技術者・研究者に向けて，最新技法および実生活との接点や専用ハードウェアの革新等，先端的技術について解説する。

指紋認証技術
バイオメトリクス・セキュリティ

画像電子学会 編
A5 判 220 頁
実用的な生体認証（バイオメトリクス）技術の代表である指紋認証に関する技術解説。

可視化情報学入門
見えないものを視る

可視化情報学入門編集委員会 編
A5 判 228 頁
可視化情報学とは，目に見えない情報を目に見える情報として取り出し，現象の解明に利用する学問である。本書は，この学問の内容を多岐にわたって紹介する入門書である。

指紋認証技術
バイオメトリクス・セキュリティ

画像電子学会 編
A5 判 220 頁
実用的な生体認証（バイオメトリクス）技術の代表である指紋認証に関する技術解説。

画像処理工学

村上伸一 著
A5 判 182 頁
初めて画像処理工学を学ぶ人を対象として，その技術の概要および応用技術について解説。理工系大学・大学院における画像処理技術の入門的教科書としてまとめた。

＊定価，図書目録のお問い合わせ・ご要望は出版局までお願い致します。

知的情報処理技術

チャンス発見の情報技術
ポストデータマイニング時代の意志決定支援
大澤幸生 監修・著
A5判 372頁

チャンス発見という概念，チャンス発見に対する社会や科学からのニーズ，そして応用事例について，関連する各分野から最先端の研究者たちによってまとめられた一冊。

オークション理論の基礎
ゲーム理論と情報科学の先端領域
横尾真 著
A5判 152頁

オークション理論とは，ゲーム理論をベースとして，電子商取引の最適化と社会効用の最大化を実現するための研究である。本書ではその基礎について，身近な実例を参照してわかりやすく解説した。

メタデータとセマンティックウェブ
曽根原登 編著
A5判 248頁

メタデータやセマンティックウェブの普及した背景から，基礎となる技術，標準化動向，実際の応用事例まで網羅。理論的・技術的理解を深め，ビジネスへの活用法を示唆する。

インターネットと＜世論＞形成
間メディア的言説の連鎖と抗争
遠藤薫 編著
A5判 362頁

インターネットが新たなコミュニケーション手段として組み込まれた社会における世論形成の諸相を記述・分析・考察した一冊。

入門 独立成分分析
村田昇 著
A5判 258頁

信号の統計的な性質を利用して異なる特性を持つ信号を分離・抽出する信号処理あるいは多変量解析の問題として統一的に定式化され，これらを統合するものが独立成分分析である。本書では体系的に基礎的な内容をまとめている。

ベイジアンネットワーク技術
ユーザ・顧客のモデル化と不確実性推論
本村陽一・岩崎弘利 著
A5判 172頁

不確実性を含む事象の予測や合理的意志決定に利用することのできる確率モデルの一種であるベイジアンネットワーク。そのモデル化技術の応用について解説した。

スモールワールド
ネットワークの構造とダイナミクス
ダンカン・ワッツ 著
A5判 316頁

スモールワールド現象について論じた最初の書籍。その後のスモールワールドという新しい知見を獲得するプロセスが興味深く解説されている。

セマンティック技術シリーズ
オントロジ技術入門
ウェブオントロジとOWL　CD-ROM付
AIDOS 編著
B5変型 158頁

ウェブオントロジ言語（OWL）を中心として，エージェント技術からオントロジを概観し，ウェブの分散環境でのオントロジ記述のためのOWLを解説。

センサネットワーク技術
ユビキタス情報環境の構築に向けて
安藤繁 他編著
A5判 244頁

情報通信端末の小型化・低コスト化により，大規模・高解像度の分散計測システムを安価に構築できるようになった。本書ではその基礎技術から応用技術までを解説している。

リモートセンシングのための
合成開口レーダの基礎
大内和夫 著
A5判 354頁

合成開口レーダ（SAR）システムにより得られたデータを解析し，高度な情報を抽出するためのSAR画像生成プロセスの基礎を解説。